上海教育丛书

综合卷

典藏版

赵宪初与南洋模范

高 屹
李雄豪

等编著

上海教育出版社
SHANGHAI EDUCATIONAL
PUBLISHING HOUSE

《上海教育丛书》历届编委会

总　序

建设一流城市，需要一流教育。办好教育，最根本的是要建设好教师队伍和学校管理干部队伍。

在长期的教育实践中，上海市涌现了一大批长期耕耘在教育第一线呕心沥血、努力探索，积累了丰富经验的优秀教师；涌现了一批领导学校卓有成效，有思想、有作为的优秀教育管理工作者。广大优秀教育工作者教育教学和管理工作的经验，凝聚着他们辛勤劳动的心血乃至毕生精力。为了帮助他们在立业、立德的基础上立言，确立他们的学术地位，使他们的经验能成为社会的共同财富，1994 年上海市领导决定，委托教育部门负责整理这些经验。为此，上海市教育局、上海市中小学幼儿教师奖励基金会组织成立《上海教育丛书》编辑委员会，并由吕型伟同志任主编，自当年起出版《上海教育丛书》（以下称《丛书》）。1995 年上海市教育委员会成立后，要求继续做好《丛书》的编辑出版工作。2008 年初，经上海市教育委员会领导同意，调整和充实了《丛书》编委会，并确定夏秀蓉同志任执行主编，协助主编工作。2014 年底，经上海市教育委员会领导同意，调整和充实了《丛书》编委会，确定尹后庆同志担任主编。《丛书》的内容涵盖了基础教育和中等职业教育的各个方面，包含有较高理论水平和学术价值的著作，涉及中小学教育、学前教育、师范教育、职业教育、校外教育和特殊教育，以及学校的领导管理与团队工作，还有弘扬祖国优秀文化、促进国际教育交流等方面的著作，体现了上海市中小学教育改革与发展的轨迹，体现了上海市中小学教育办学的水平与质量，体现了优秀教师和教育工作者的先进教育思想与丰富的实践经验。《丛书》出版后，受到广大教师、教育工作者及社会的欢迎。

　　为进一步搞好《丛书》的出版、宣传和推广工作，对今后继续出版的《丛书》，我们将结合上海教育进入优质均衡、转型发展新时期的特点，更加注重反映教育改革前沿的生动实践，更加注重典型性、实用性和可读性。希望《丛书》反映的教育思想、理念和观点能起到抛砖引玉的作用，引发大家的思考、议论和争鸣；更希望在超前理念、先进思想的统领下创造出的扎实行动和鲜活经验，能引领当前的教育教学改革工作，使《丛书》成为记录上海教育改革历程和成果的历史篇章，成为广大教师和教育工作者的良师益友。限于我们的认识和水平，《丛书》会有疏漏和不尽如人意之处，诚恳地希望广大读者提出宝贵意见，帮助我们共同把《丛书》编好。

《上海教育丛书》编委会

序　言

　　读了由高屹与李雄豪等编著的《赵宪初与南洋模范》一书,甚感亲切。南洋模范中学(南模)是我的母校,在我成长的过程中,在我几十年当教师和做教育行政工作的过程中,我得益于母校的太多了。当年作为教育界的小辈,有机会多次在学校活动和教育会议上,聆听已经年事很高的赵老当面的教诲。在徐汇区教育局工作期间,与当年曾在南模工作过的张启昆、朱家泽、张茂昌、李雄豪、顾奎华等同志有过很多的交往,我在他们的身上看到了南模与赵老精神。我在位育中学工作期间,与赵老的儿子赵家镐搭档,从家镐校长的身上也可以看到赵老朴实的家风。

　　《赵宪初与南洋模范》以翔实的资料,生动地展现了一代名师和一所名校,阅读它,给今天的办学留下了可资借鉴的宝贵财富,更可以给现实中备受困扰的基础教育改革提供一些良策。

　　"我把一生许愿给了南模",这是赵老的敬业情怀。一辈子当教师,在一所学校从教七十年,这在教育史上可谓罕见。赵老的"桃李满天下"是实实在在的,有南模的同事估算,赵老在课堂上教过的学生约有一万人。"常年辛辛不觉苦苦,终日忙忙不甘碌碌",这是赵老给当年南模教师生态的经典概括。教师有敬业精神,学校有一支敬业的教师队伍,这是铸就一所名校之首要。

　　爱生如子,"但愿老师抬贵手,不拘一格出人才",这是赵老对学校同事们的教诲。和蔼可亲,总是笑眯眯的,这是南模学生对他的集体记忆。去年,我有幸陪同六六届的校友李源潮夫妇回母校,尽管他在南模求学只有短短的一年,但他仍然记得,当年他在一节几何课上感觉老师在作图讲解中有误,即举手提问,这位资深的老教师让他上黑板说明，并当堂肯定了他，课后老师还约他到办公室，赠送了一册数学课外阅读书籍以示鼓励，自此他学习数学的兴趣更浓了。一个学生对发生在三十八年前课堂上的一件小事记忆清晰，可见学生们对母校老师的感受和感激。

"三角赵"，是南模学生对赵老教学水平的最高赞誉。离开母校几十年，著名的美籍华人学者向赵老鞠躬致意感谢老师，说中学课程都已忘记，唯有赵先生教的"三角"还记得。多少南模的毕业生，都感受到这所学校"双基"为本、因材施教、寓教于乐的教学特色。曾经的毕业生聚餐会上，白发苍苍的老学生们都会情不自禁地用赵老教的腔调齐声背起三角公式，赵老则轻描淡写地说道，我这样做不外乎：一是调动学生特别是水平低的学生的学习积极性，使数学课上得不至于令人枯燥头痛；二是拳不离手，曲不离口，经常反复，就容易记住，也算是一点基本功。名校之名就在于有这样一批手里有绝活的教师。

南模之所以成为沪上的名校，是因为有好的校长，好的校风，同时在校长的周围有若干志同道合的骨干班子，与校长同心同德长期合作。具有优良传统的学校就得益于有稳定的校长和骨干队伍。学校的领导和骨干队伍要稳定，这是赵老办学治校的经验之谈。校长久任其位，对学校既有感情，也可以大胆作一些设想，施展他的抱负。南模的一批骨干教师与校长志同道合，把教育作为终身事业，多年的积累使他们在教学中有一定特长，受到学生尊敬。因此，稳定人事是非常重要的。

校长、教师的敬业精神，爱生如子的教育观念，一批能让学生终生记住的教师，因稳定的人事而积淀的优良校风，这些要素铸就了南模的品牌，也是赵老在南模毕生的实践。

我希望更多的教育工作者阅读和学习《赵宪初与南洋模范》，愿今天的南模师生能秉承赵老的办学精神和办学经验，继续推进学校的发展；也愿南模有效的办学经验为今天办人民满意的教育继续发挥模范的效应。

2013 年 10 月

（上海市教委副主任）

目录

Contents

219 附录四：　校友文摘

第一章

一代名师

1998 年 4 月 17 日凌晨 4 时 25 分,受上海市南洋模范中学万千学子崇敬的名誉校长赵宪初先生,因病医治无效,在上海华东医院逝世,享年 92 岁。4 月 25 日上午,在中共上海市委统战部、上海市南洋模范中学主持下,上海市有关领导、社会各界人  士和南洋模范中学的教师、学生、校友,聚集在龙华殡仪馆为一代名师赵宪初先生送行。殡仪馆大厅门口悬挂着挽联"七十年教书育人,九二载磊落人生"。大厅里布满了花篮和花圈,两侧悬挂着民进上海市委撰写的挽联:"园丁毕生甘苦,壅土施肥,栉风沐雨,欣看桃李争春,香飘四海;战士无限忠诚,出谋献策,沥血呕心,共赞肝胆报国,德耀千秋。"

今天,我们要认识学习传承这位毕生致力于人民教育事业,桃李满天下,被教育界公认的德高望重的老教育家的道德学识和宝贵经验,就必须从赵宪初先生的家乡浙江嘉善西塘和他整整耕耘了七十年的南洋模范中学校园里开始寻觅。

第一节 "南洋"① 九年育英才

一、西塘少年

中国伟大的教育家孔子一生孜孜以求的人生目标:修身齐家治国平天下。

这,正是千百年来中华儿女所追求的崇高境界!

也是中华民族几千年来所形成的共同价值观!

更是中华好男儿给自己刻写的励志铭!

简言之,

平天下:达到天下太平,百姓安居乐业。

治国:有治国雄才大略。

齐家:家庭和睦,和谐相处。

修身:君子之风,严于律己,慎独处世,谦和待人,善于学习,不断追求,超越自我;是一种诚如孟子所言"劳其筋骨,苦其心志"的磨砺过程,是一种玉琢成器的过程。

中国几千年文化,就是这样熏陶了一代代高风亮节、为人师表的中华民族优秀儿女,以及一代代具有爱心、善心、觉悟的古道热肠的知识分子。

上海市南洋模范中学原校长、名誉校长赵宪初,就是这样一位中国知识分子的杰出代表!

赵宪初一生从事教育,七十年如一日,在南洋模范中学辛勤耕耘。他师德高尚,为人谦逊,乐观通达,不但深受南洋模范师生员工的尊敬和爱戴,而且也深得上海民众的尊重和敬仰。

这样一位教育大家、一代名师,深接故乡地气。

赵宪初的故乡、出生地为浙江省嘉兴市嘉善县西塘镇,地处中国富饶的、人杰地灵的杭嘉湖平原。

嘉兴自古崇文好学。"罕习军旅,尤慕文儒","文贤人物之盛前后相望","在宋为文物之邦,至今士多兴于学,处廛者亦类皆鸿生硕彦"。"衣冠之物,焕然可观"。"好读书,虽三家之村必储经籍","田野小民皆教子孙读书"。

人问何为嘉善？答曰：地嘉人善。具有七千年历史、六千年农耕文化的嘉善，素以鱼米之乡、丝绸之府、文化之邦名扬天下。嘉善地处浙江省东北部，江浙沪两省一市交会处。马家浜文化遗址证实，7000 年前，先民已在此处渔猎与种植。在明清两代，嘉善一共贡献了状元 2 人、进士 213 人。嘉善更是全国 26 个巍科大县之一。一般认为，巍科比进士更能反映一个地区的文化实力，也就是今天人们讲的"软实力"。②

赵宪初的出生地西塘镇，隶属嘉善县。西塘是江南六大古镇之一，也是古代吴越文化的发祥地之一。西塘历史悠久，人文资源丰富，自然风景优美。早在春秋战国时期就是吴越两国的相交之地，故有"吴根越角"和"越角人家"之称。到元代初步形成市集。西塘与其他水乡古镇最大的不同是，临河的街道都有廊棚，总长近千米，似颐和园的长廊。在西塘旅游，不怕淋雨晒太阳。

西塘地势平坦，河流密布，有 9 条河道在镇区交汇，把镇区分划成 8 个板块，古称"九龙捧珠""八面来风"。遥想当年古镇，薄雾似纱，河道两岸，粉墙林立，瓦屋倒影。黄昏时，夕阳斜照，渔舟唱晚，灯火点点，在这样一个如画如歌的诗境里居住的人们，怎不人才辈出啊。

西塘在唐开元年间（713—741）就已建有大量村落，人们沿河建屋、依水而居。南宋时村落渐成规模，形成了市集；元代开始依水成市，集镇商业开始繁盛起来；明清时期已经发展成为江南手工业和商业重镇。西塘人自豪地说："我们西塘是春秋的水，唐宋的镇，明清的建筑，现代的人。"

据赵宪初日后回忆，赵家老宅的位置是在西塘镇北栅四贤祠弄之北。北栅当年是西塘镇上第二条热闹的街道，前面面临市河，河道自南向北，通向北面广大的农村。市河自南而北，有四座桥，依次俗称南塘桥、中塘桥、北塘桥和卧龙桥。在卧龙桥的桥洞下，河面上有一木栅，可以把河道交通关闭，故称北栅。赵家的老屋临街有三开间的门面，前后四埭（西塘方言，意思相当于"进"）。头埭是店面，开的是泰号南货店；二埭是货栈；三埭是茶食作坊；四埭是灶间。房子朝东向。只有头埭是二层楼，下面是店面，楼上是店员伙计的宿舍。从三埭开始又向北延伸，有一个三间的栈厅和两间二层朝南的楼房，这便是家里的住房。祖父母住在楼下，父母亲住在楼上。这种前店后家的格局，在西塘的一般商业家庭中是十分普遍的。赵宪初就出生在这样的二层楼上，幼年也住在楼上，直到走出西塘，负笈申江。③

笔者为了尽可能真实地写出赵宪初故乡的神韵,曾漫步当年他的出生地西塘北栅街,在赵家老宅前伫立良久,望着静静的河水,心中不由地遐想……古有"仁者乐山,智者乐水"之说,遥想其中的奥秘,思索着西塘的水是否孕育了他的灵气与智慧。

1911 年,辛亥革命胜利,结束了中国两千多年的封建帝制,随着革命浪潮汹涌澎湃,民主共和观念深入人心。辛亥革命对封建教育制度的否定,促使新的教育思想、模式在中国出现,对新式教育的渴望,影响着每一位有思想、求变革的知识分子。

辛亥革命的洪流同样也影响着古老的西塘镇,在人们的思想和风俗习惯上发生不小的变革。第一是男人剪辫子。赵宪初年龄虽小,也有一条小小的辫子,大概三四寸长,不是拖在脑后,而是绕在头顶上。有一次,一位表兄来到他家,一剪刀就把他的小辫子剪掉了,于是赵宪初好长时间剃光头。第二是女人不再缠足。他家的姐妹总算没有受缠足之苦。第三是办新式学堂。"我就是在辛亥革命以后,民国元年(1912 年)春季入学的,进的是洋学堂,没有进过书塾。新式学堂,上课下课,有课间休息,还有体操课、唱歌课,等等。不再像评弹《三笑》里的华太师的两个儿子那样,一天到晚关在书房里读天地玄黄和赵钱孙李了。"第四是女子也有名字了。这也算是妇女解放和男女平等。④

赵宪初的父亲赵元灿是一位秀才,光绪二十五年(1899 年)己亥科考进嘉兴府学,考取秀才时为虚岁 17。当时已是清朝末年,辛亥革命爆发前夕,清廷迫于维新运动形势,光绪三十一年(1905 年)就废除了科举制度,故赵元灿在科举路上已没有机会了。后来他到上海,就读于新式学堂龙门师范(现上海中学前身),是1908 年龙门师范第一届毕业生。因为已是秀才再去读师范,国文根底很好,而且又喜欢数学,加上用功勤奋,赵元灿以第一名的成绩毕业。赵元灿在龙门师范,不但接受了变法维新的新思想,而且读了日文和英文,还学习了格致(自然科学)、地理之类,在四书五经之外,学习了不少科学和世界知识。

赵元灿毕业后,曾在嘉善县做过教育科的科长,办理新式学堂。嘉善县魏塘镇上第一个高等小学的校舍,是他经手建造的。那时西塘也办了一个高等小学和一些初等小学,赵元灿都参与其事。他还担任西塘区的学务委员,管理小学的人事、财务等事。翻开嘉善教育史,赵元灿可为当地新式教育的积极开拓者、实践者。无疑,这些天赋才华对日后赵宪初的教育思想、教育模式的奠定和发展起着莫大的影响。辛亥革命以后,赵元灿担任西塘乡的名誉自治委员,是当时自治委员(相当于乡镇长)陆谨涵的助手,因为只做事不领薪水,所以叫作名誉自治委员。在嘉善县组织商会的时候,他又担任了嘉善县商会的董事。因而他是学、政、商三方面都管的有众望的地方绅士。

说到赵元灿,又不得不提起赵宪初的祖父赵友琴,他是一位知书达理的老人,虽未考上秀才,但却有读书人的情怀和悟性。赵宪初的祖父祖母性情慈祥,平时很少疾言厉色,但在一些重要关头,却勇敢果断。赵友琴于1917年,即赵宪初11岁时病故,时年71岁。祖母享年93岁,一直活到抗战前逝世。

赵宪初生于清光绪三十三年,阴历九月二十一日,公历为1907年10月27日,是年为丁未年,生肖属羊。他出生时,家里长辈有祖父母和父母,共三代人,他排行老二,上面有一位姐姐,一家六口人,其乐融融。

赵宪初作为赵家第一位"男丁",名字起得很"潮流",很具有民主共和宪政思想。因为其父亲赵元灿经历了当时轰动朝野的戊戌变法,又在上海龙门师范接受三年新式教育,受康梁的变法维新思想影响颇深。赵宪初出生时,清廷被迫宣布立宪,故赵元灿先生为刚出生的儿子取名为型,字宪初。"型"的意思是宪法已有了初步的典型,"宪初"就是立宪开始了。可见赵元灿作为新旧教育的见证人和比较者,已经没有过去许多中国人希望自己的孩子将来能做官发财、光宗耀祖的旧思想,而对新事物、新观念完全热情拥抱了。

赵家人为人处世的实干、平和、谦逊、质朴、勤劳以及家庭的和睦影响着童年时代赵宪初的性格。

1912年,即民国元年,赵宪初虚龄6岁,其父就让他进新办的洋学堂,这个学堂最初叫苹川小学堂,是西塘镇最早的小学。苹川小学堂就在赵家旁边,从赵家后门出去,便是小学的操场。读了半年,苹川小学堂改为高等小学堂。于是赵宪初上学就要穿过四贤祠弄,到古桐村新造的西塘第一初级小学了。有意思的是,那时国文课第一课只教一个字"人",完全是"新思维"下的课文内容了,第二课教两个字"手、足"。当时也有算术课,教阿拉伯数字。用的书写工具,国文还是笔墨纸砚,做算术则有石板及石笔。

四年初级小学毕业后,升入嘉善县第二高等小学。课程有国文和读经。国文也是有课本的,都是文言文,如陶潜的《桃花源记》等。读经读的是《论语》。在高等小学里,从二年级开始学英文了。其他有算术、历史、地理、理科等,当然还有体操、唱歌、画图、手工。完全是新式教育,已经没有过去传统的私塾式的封闭教育和扼杀孩子天性的死记硬背式的教育,而注重全面发展。赵宪初从小读书就显示出悟性。在学文言虚词"而"的用法时,教国文的倪老师讲了个故事。说从前有一个学生不会用"而"字,老师给他写了一条批语:"当而而不而,不当而而而,而今而后,已而而已。"十八个字中用了十个"而"字。赵宪初从此领悟了"而"字的用法,而且终生不忘。⑤

童年时代的赵宪初生性老实,胆小怕事,不善交际。但有两件被视为"出格"的事情值得一提。在他十来岁的时候,有一位表舅父续弦结婚,母亲带他去吃喜酒。几个同学坐在一桌,小客人居然也猜拳饮酒。别人输了拳常常是偷偷把酒倒掉,而他输一拳就老老实实饮一杯酒,也不知吃了几杯,吃得烂醉如泥,跌倒在天井里,回到家里睡了一天一夜。从此,他再也不敢饮酒。另一件事是赵宪初在学校里学会了踩高跷,能够在高跷上与人玩打架游戏,谁先跌下就算谁输。他还能在学校的墙顶上走来走去。最危险的是,在西栅环秀桥的石栏杆上和人比赛谁走得快。如一不小心,跌进河里,就有性命之忧。除此之外,赵宪初还会踢毽子,而且会那种难度很大的双脚离地的踢法。由于他踢毽子本领好,还常常去关帝庙的大殿上表演或参加比赛。⑥

在赵宪初小学时代所受的教育中,特别要指出的是四书五经中的《论语》。《论语》作为启蒙教材,对孩子的教育影响是深远的。

《论语》集中体现了孔子的儒家文化思想,作为传统文化,对新式学校的学生进行德育教育也是非常有益的。《论语》中的许多精彩语言,如"三人行必有我师焉","己所不欲,勿施于人","择其善者而从之,其不善者而改之","默而识之,学而不厌,诲人不倦","智者乐水,仁者乐山","见贤思齐焉,见不贤而内自省也","学而不思则罔,思而不学则殆","知之为知之,不知为不知,是知也","学而时习之,不亦乐乎","士不可以不弘毅,任重而道远"。孔子上述这些千年不衰的名言,在赵宪初孩提时代的心中打下了深深的印记。

也许一个 10 岁的孩子对这个文化启蒙还不是十分清晰,但是在一个新式的教育环境中学习中国儒家文化创始人孔子的思想言论,对其将来终身从事教育工作肯定是非常重要的。赵宪初在待人接物、教学和管理上,始终如谦谦君子,日后成为一位德高望重的教育家,与此是分不开的。就像南洋模范中学原校长朱家泽所说,"赵老待人,谦和平易","度量宽宏","待人态度和治事精神,深感德操高尚","赵老以勤俭敬信,自勉勉人,力行示范"。[⑦]

注释:

① "南洋"是中国古代的地理称谓,不仅仅是指新加坡等国家,而是泛指东南亚。在清代到民国初年,也称江苏以北的沿海省份为"北洋",江苏以南的沿海省份和海域为"南洋"。上海和天津是南北洋大臣的主要驻节地。甲午战争后,在变法维新思潮的影响下,兼有洋务和维新思想的实业家、时任天津海关道的盛宣怀先在天津创办中国近代第一所正规大学堂——北洋大学堂,并同时筹划在上海创设南洋公学,而南模中学的前身正是南洋公学附属高等小学校。

② 见嘉兴、嘉善、西塘政府网页。

③ 赵宪初《八五自述》。

④ 赵宪初《一个辛亥革命时期儿童的回忆和感想》,此文为1991年应上海人民广播电台所属浦江之声电台纪念辛亥革命八十周年征文,被评为一等奖。

⑤ 赵宪初《八五自述》。

⑥ 赵宪初《人生最快乐的时期》,见《儿童时代》1986年9月号。

⑦ 朱家泽《力行"勤俭敬信"的典范》,见《一代名师赵宪初》23页。

二、求学"南洋"

1919年,12岁的赵宪初由父亲陪同走出西塘,到上海求学。他父亲曾经在上海龙门师范读过书,知道上海的南洋公学附设中学和小学,于是就要赵宪初报考南洋附小。

当时的南洋附小经过陈懋治、林康侯、沈叔逵三位校长的苦心经营,已经成为遐迩闻名的学校。它不单单招收上海本地的学生,还有来自全国各个省市的外地学生。据附小二十周年纪念册记载,有来自江苏苏州、昆山、无锡、常熟、南京、南通,浙江吴兴、慈溪、嘉善、绍兴、杭州,安徽舒城、歙县,湖北汉口以及广东顺德、潮阳、南海、香山等地的学生。他们都是慕名而来报考南洋附小的。而附小招生考试的要求十分严格。1972年以后，赵宪初在《回忆南洋附小》一文中详细叙述了当年的情景：

　　"五四"运动刚过，我在西塘的第二高等小学毕业，学完了小学的七年。那时整个嘉善县境，没有中学。再要升学，就要到外地去了。那时最近的是嘉兴。嘉兴有三个中学。两个是男女中，一个叫二中，是省立的。当时的中学，一府设一个。浙江省共有十一个府，就是杭、嘉、湖称为下三府。还有宁、绍、台、会、严、衢、温、处，称为上八府。中学的名称，是全省统排。第一中学在杭州，嘉兴的就叫省立第二中学。另外一个是基督教办的私立中学，叫秀州中学。还有一个女师，叫嘉兴女子师范。杭州当然也可以去考。但我父亲自己在上海龙门师范读书毕业，对上海情况比较熟悉。他知道上海徐家汇有一个大学，叫南洋公学，是国人自办的。这个学校学风比较淳朴，并有附属中学和附属小学。按理我在西塘已毕业于高小，到外面去当然应该考中学。但上海的中学程度较高，不易录取。所以他要我去考南洋公学附属小学，在高小三年级插班，再读一年高小，打好基础。我当时虚年龄为13岁，还不大懂事，一切自然听从父亲的安排。在暑假中，我和两位同学，一位姓王，一位姓陆，都由家长陪同，一道去上海南洋公学附属小学。到上海后住在郑家木桥（今福建路）一爿叫华商旅馆的。到期乘电车到徐家汇，参加入学考试。那时南洋附小的招生制度很特别，不论你投考哪一年级，国文（作文题一个）、算术的题目都是一样的。国文当然只是作文一篇，算术题是由浅入深的。将来看你达到什么程度，就取入什么年级。如果要考高小二、三年级的，则要加试英文。在做好算术以后，再向监考老师索取英文试卷。我年幼无知，没有见过世面。作文和算术考好之后，看见人家已有缴卷离场的，我就也缴卷离场。不久之后，报上公布了录取名单。我被录取了，其他两位同学，则没有被录取。①

　　暑期以后，父亲陪赵宪初去学校报到。经过两周试读之后，出榜分班，赵宪初总算被分入高小三年级乙班。但是第一次离家住读的赵宪初，在学校也出了不少洋相。后来，他也作了生动的描述：

　　我是第一次离开家庭住宿校中。到校报到以后，父亲叮嘱了一番就走了。南洋公学附属小学是在南洋公学大学部之内。父亲离开时，我依小校门而望，看父亲离去，心里非常寂寞，泪如雨下。但目前已无亲人，也无可奈何了。

　　我到学校时一共有三件行李。一是铺盖，二是箱子，三是网篮。这是学校规定的，不许多带。关于日常用品，虽然大多齐备，但却缺少一样最重要的东西，就是面盆。我又不敢向同学借用，所以第一天是在走廊里一只公用的洗手盆里揩面的。上海有自来水，我并不知道。用来洗脸的水也是隔夜的不干净的水。这是第一个洋相。

虹桥路初小部

　　我于是急急忙忙写信给父亲，报告要一只面盆。我知道父亲住在郑家木桥华商旅馆。信纸信封和邮票，也都是带来的。父亲告诉我，写信每次贴一枚3分的邮票。我按照这样做了，把信投进学校里所设的邮箱中。没有多少时候，一位老师找我谈话，说这封信是你的吗？我说是的。他说你这张邮票已经不能用了。原来我贴邮票时，把邮票放在窗槛上涂糨糊，而窗槛上很脏，所以污损了。他说我已经替你换贴邮票寄出去了。这是我的又一次洋相。

　　我的信寄出以后，大概隔一天，我父亲就买来了脸盆，是一只铜面盆，他还是希望用国货。其实学校里同学用的都是搪瓷面盆。我这一只铜面盆在学校里是独一无二的。这只面盆我后来一直用到中学里，直到国货的搪瓷面盆出货，我才换去。这不能算洋相，但总是有点土里土气。②

　　南洋附小的莘莘学子中,后来进入社会不乏名人。如著名的爱国报人邹韬奋,便是南洋附小第10届(1913年)毕业生,当时他的学名是邹恩润。邹韬奋在当年同届毕业生中名列第一。[③]

　　南洋附小在学生管理方面制定了极为严格的"章程"。学生全部在学校寄宿,平时不准走出小学校门,星期日才允许出小学校门,到中学部和大学部去看望亲友,也不准离校回家。每隔四个星期方能回家一次。平时每天晚上学生必须晚自修,逢到星期六回家,星期日晚上也必须回学校自修。外地学生必须由家长或亲友来领回。

　　时隔60年以后,在20世纪80年代,当年的附小学生已经变成古稀老人,回忆起儿时,生动而有趣的学习生活仍历历在目:

　　　清晨起身钟"当当! 当当!"以后,接着沈校长或林、朱两先生在走廊上几声干咳,这几声咳嗽的效力比钟声还大,不管冬天多冷,赶快起身穿衣,整理床铺后下楼直奔操场,由校长或体育教员领导做健身操,林或朱在四周散步点名(每一学生有固定立位),早操后始准盥洗。早、午、晚三餐须先在礼堂排队,一至六报数,或训育员吹哨鱼贯进入餐厅,六人一桌(因为都是小孩,餐桌亦小),校长和训育员至少有一人临时插入某一桌共同进餐。下午四时下课后,工友藉打扫为名,把学生统统哄出课堂,打扫后课堂上锁,这时楼上宿舍门尚未开启无处可走,于是操场上顿时热闹起来,各种球类运动上场,直到晚餐前半小时,训育员吹哨停止运动,因为运动后马上吃饭是有碍健康的。同时在一段时间内,除了球类活动外,有学习国术、童子军各种活动,自治会各种活动。学生自治会在南模叫南洋模范市政府,自治会主席叫市长。正当各种活动起劲的时候,整容室理发师阿棠拿了小名簿到处找学生去理发,大约两星期轮到理发一次,名单预先排好,逐日由训育员交与阿棠,理发是用推剪自右耳鬓向左横推,再由左推回来,细细的几根胡须连修面亦只需两刀、三刀,洗洗头就算理好了,为时不足10分钟。小孩子最没有耐性低了头坐在理发椅上,阿棠高速度的技术,常会赢得同学们的赞赏。晚七时至八时上自修课,八时以后自由活动,可是训育员又在楼下吹哨叫洗澡,洗脸洗脚可自由向老虎灶取热水,澡盆只有几只,只好排好名单,轮流使用,训育员进入浴室点名。九时一刻打睡眠钟后,训育员再到每间卧室去点名,同时校工在走廊上每间相当距离放一大尿桶,挂上一盏煤油风灯,九时半打钟熄灯,一天的作息算是完了。但是远远的有木屐声传来,有一名校工白天睡觉,晚上背了步枪巡查守夜。我想要是真的碰上小偷,这支老爷步枪恐亦不管用,工友故意穿上木屐,屐声把小偷吓跑算了。

南洋公学附属小学校舍

每天有板有眼的生活好不容易等到周末放假,似乎应该出去玩玩,但是校方规定每一学期,只准离校六次,每一学生有一出校记录卡片,多一次不行,少几次倒可以,还规定必须家人来领。

在学生生活方面,按照校训"俭"字的要求,有严格的规定。学生有三不准:不准存钱,不准带钥匙,不准带吃的东西进校。每学期缴费时附缴零用金25元,学生每周可开单购物一次,由学校照单代购,多少钱只要签个字,出纳员代付并代记账,买的东西不外文房四宝和皂巾等等,吃的只准买一角五分钱一磅粗而且厚的饼干,还得校方装入白铁盒集中保管。4时下课后,开放约20分钟取饼干时间,过时不候。肚子饿得咕哩咕叽时别小看这几片粗饼干,真是香甜松脆,这是唯一合法的零食。学生衣箱上钥匙,集中挂在训育处墙板上,大约是怕小孩子丢了钥匙难办,同时在上课时间,训育员尽可安心进入学生卧室检查箱笼,看看有无违禁品。[④]

由此可见,办学者不尚浮虚,平实任事,辛勤培养学生的一片苦心。少年时代的赵宪初,在南洋附小的日常学习生活的潜移默化之中,接受了南洋勤俭敬信、爱国自强的精神滋养和教育。

南洋附小为什么能够从小到大,愈办愈好,跻身于江南名校?

1921年,在"交通大学上海学校附属高等小学"20周年纪念的时候,沈叔逵主事概述了附小的办学特色:

一是招生时严格挑选学生,所谓"门槛高"。由于学校附属于大学之内,校舍与上中院成鼎足之形,与其他小学相比较,规模宏大;而且学程可以从小学一直到大学,总共12年而无须转学。所以社会上财力宽裕、志趣远大的家长,都愿意将子弟送到附小来学习。因此,每年学校招收五六十个学生,总会有三四百名学生来报名,学校就有可能通过严格考试,择优录取学生。

二是教学程度高,所谓"要求严"。附小能够实行高标准严要求有其独特的基础和环境,由于招生的门槛高,学生的文化就略有根底;而交大中院的程度年年在提高,附小的毕业生要与中院的要求相衔接,这样就不得不急起直追;加之附小隶属于交通部立学校之下,教育部门对此也就不加干涉。而教师的因材施教,使学生不觉其难,不知不觉之间"舟随潮长而增高,马喜路宽而加速"了。

三是经济上得到社会各方的支持。学校日常开支全靠学生学费和公家补贴,而校舍修理等费用,得到家长们的慨然资助。

四是同人爱生敬业的精神。全校员工穷年累月与学生共同生活,不知其老之将至。学校遇到困难,无不共赴艰险,愿为学校贡献自己的绵薄之力。⑤

赵宪初作为沈叔逵校长的学生,十分敬重沈校长,日后在教育思想上许多方面追随沈校长,一直以"唯天生才皆有用,他人爱子亦如余"作为自己的座右铭。

1920年9月,赵宪初从南洋公学附小毕业,直接升入南洋公学附属中学。当时中学的学生大部分是附小升上来的,共有两个班。中学部当时为四年制。大学部校长唐文治完全是一个旧式的学者,在附中提倡国文,每年要举行国文大会(即作文比赛),但也提倡西学。当年南洋公学附中开设的课程,除了国文、修身、法制等是中文教材外,其余的数学、物理、化学、历史、地理、经济等课程都选用英文教材,赵宪初主要靠学习这些课程为日后的英语打下了很好的基础。中学一年级时国文教师教《左传》上的《郑伯克段于鄢》等名篇,国文课本是唐文治自己编的,先生在课堂上摇头晃脑地高声朗读,同学有时也跟着朗读。英文一周有16节之多,教英文课文、英文文法、会话;数学是英文本的算术,还有博物课,大概类似于现在的生物课。还有上体操课,是枪操。学校有百来支真枪,比较重,赵宪初人小力气小,他就选用木枪。需特别指出的是,当时中学部设有修身课,课本是大学部校长唐文治自编的,名称叫"人格",内容是从四书五经上摘录的精华。到了中学二年级,又学了西洋史、经济学和法制。西洋史和经济学都是英文课本,法制则是用中文课本讲当时的宪法。赵宪初在附中成绩名列前茅,毕业时为第二名,在二年级、三年级时,还得过学校几次奖。⑥对于南洋附中的老师和学习生活,赵宪初终生难忘。1982年,他曾深情地回忆他的启蒙老师甘养臣。他说:

> 我是一个中学数学教师,我教过许多年的中学几何。我自己的几何知识,是在交通大学附属中学肄业的时候,由我的老师甘养臣给我启蒙和打好基础的。那已经是六十年前的事了。甘老师是广东人,是天津北洋大学毕业的。那时候我们读的课本是英文的,书名叫《温斯两氏平面几何学》。教师讲课也用英语,夹着一些中文的解释。我们那时的程度并不十分整齐,所以甘老师的讲课,不论用英语讲还是插用中文讲,都是一个字一个字地念得很慢很清楚,而且往往要反复讲两遍。……我后来也到中学里教平面几何。我开始教平面几何时是完全照搬甘老师的办法的。我觉得效果也还不差。其实让学生逐渐模仿一些三段论式的逻辑论证,既是打好基础,也是培养能力。当然,后来随着时代的发展,我的教法也逐步有所发展。但慢吞吞地把一些重要内容一个字一个字地反复念几遍的方法,我直到现在还很喜欢这样做。……甘老师传给我们学生的另一个重要的方面,是认真的教学态度和简朴的生活作风。他教我们一年平面几何,天天有一堂课,似乎从来没有请过假。那时交大附中的教师待遇还是不低的。但甘老师衣着简朴,冬天的那顶帽子也很破旧了。我们学生也不会因为甘老师没有漂亮的衣服而看不起他,相反的却更加对他尊敬。
>
> 我受甘老师的教育到现在,已经整整六十年了。老师的音容笑貌,还历历如在目前。甘老师为我打好了几何的基础,也给我们做老师的作出了很好的榜样。⑦

1924 年夏,赵宪初在南洋大学附中毕业,即升入大学部。当年年轻的赵宪初初知国事,却为国家前途担忧。60 年以后,他在《两个甲子年》一文中,有这样的回忆:

　　凡是六十一岁以上的人,都已经是两次遇到甲子年了。上一次的甲子年,是一九二四年,那年我刚刚十八岁。记得这一年有"齐卢之战",军阀齐燮元与卢永祥,分据江浙两省,为争夺上海,相互交战,老百姓却受难遭殃。老百姓最怕的是败兵抢劫,丘八爷一到,鸡犬不留。迄今回忆,犹有余怖。……上一个甲子年,我刚进大学读书,初知国事,懂得国家兴亡,匹夫有责。当时国弱民贫,我们都希望要有三个改变:一是改变国家长期分裂混战的局面,使国家统一起来;二是改变受外国欺侮的局面,要把外国侵略势力赶出去;三是改变市场上洋货充斥的局面,要振兴我国自己的实业。从北洋军阀时代到国民党统治时代,这三个希望始终一个也没有达到。到了一九四九年,新中国成立了,中国人民站起来了,这三个愿望终于完全成为事实了。两个甲子年,六十年过去了,我这个当年的青年,现在也垂垂老矣,然而精神振奋,前途光明,比起南宋爱国诗人陆放翁的"但悲不见九州同","家祭毋忘告乃翁"的郁郁情绪,心境要舒畅得多了。⑧

也许这"三个改变"的愿望,也从内心深处左右着赵宪初选择专业吧。当时交大有四个系,称为学院,一是电机,二是机械,三是土木,四是铁道管理。当时可以自己选择专业。赵宪初当时在中学里数学有超出常人的天赋,同时也考虑到自己动手能力上稍逊些,于是选了电机工程。隔了几十年,他还记得自己手工的"蹩脚":

　　南洋附小的体育课就是童子军课。我对这个课没有多大兴趣,成绩平平。星期天在校就是搞童子军比赛之类。我在小学读了一年,童子军的初级也没有完全及格。手工课教竹工,我也不会做。常常做坏。有一次,一位同学做了一个东西,自己不满意,重做一个。他看我缴不出东西,就把他做坏的给我缴上去,居然得九十分。手工后来又教过裁衣服,自己做了一条短裤,放假拿到家里,我母亲把它一拉,所有的线都脱离了。我的手工,图画,童子军等,都是很蹩脚的。⑨

由此也可以看出年轻的赵宪初在做选择时,就本着实事求是的态度。凡事求实的作风,以后一直贯穿于他的为人处世风格上。

1927年赵宪初读完大学三年级时,他父亲去世了。此时,他21岁,家里还有年迈的祖母和母亲。他兄弟姐妹共六人,大姐已经出嫁,下面还有三个妹妹,一个弟弟,都还在中学读书。他是长子,应该回家支撑这个家庭了,但他非常想完成自己的学业。他母亲懂得儿子的心愿,就决定自己挑起管理家务的担子,让赵宪初顺利读完大学的最后一年。然而从四面八方传来的消息中,他也感觉到这一年对于中国,对于自己的母校——南洋附小来说注定是不平凡的一年。交通大学决定不再办附属初中、小学,但同意原来的这部分附属学校可以改为私立,经费由学生家长筹划;附小附中仍在交大校内南院原址继续办理;原有的学生初中毕业之后,仍允许不用考试升入交大预科。于是,原来的南洋公学附属中小学变成上海私立南洋模范中小学,沈同一先生担任第一任校长。

在这个动荡的岁月,赵宪初即将面临毕业。在赵宪初大学毕业的1928年,他祖父和父亲都已经病故了,祖母和母亲都健在,他的弟弟妹妹们还在继续读书,照顾家人的重担这时全部压在了赵宪初的身上。出国自然无从谈起,继续自己的本专业做一名工程师,又觉得自己的动手能力不行。出不了国,做不了工程师,赵宪初面临着择业的难题。

而私立南洋模范中小学建立伊始,急需人才来充实教师队伍。沈同一校长曾经在南洋附小教过赵宪初一年的体操和手工。虽然这两科都不是赵宪初所擅长的,但是他在读书的时候,数学成绩特别好,给沈校长留下深刻的印象。现在赵宪初适逢毕业,所以沈校长托赵宪初的同学来问他是否愿意回南洋模范教书。

赵宪初从南洋附小到南洋附中再到南洋大学,程门立雪,九年辛勤求学,打好了坚实基础,经过一番思考,赵宪初做了他人生当中最重要的一个决定——回母校教书。当初促使他作出决定的原因现在看起来其实很简单。有工作总比没工作好,而且他父亲原本也在老家做过小学老师,颇受乡人尊重,另外家人都在西塘老家,学校有寒暑假,方便照顾家人。同时赵宪初在性格上似乎也适宜于做老师。综合各方面

考虑,赵宪初答应了沈校长的要求。57 年以后,赵宪初有过一段"自白":

> 我是在旧社会里开始当教师的。我为什么愿意选择教师这一不为人重视的工作呢?这倒可以说一说。我是读电机工程的,但我有自知之明,对工程工作做不好。在旧社会,人与人之间是往往要钩心斗角的,我读书倒还聪明,应该说成绩还不差,但只是书呆子。社会交际不习惯,没有对付人的本领。而教师工作,对象是年轻的学生。只要你能够把所教内容讲清楚,学生就满意了。我觉得这种工作比较单纯,自以为可以胜任,所以就选择了教师工作。做了五年十年,要再改行就困难了,就这么做了一生的教师。⑩

中国从此少了一个杰出的工程师,却多了一个教育家。也正是从这一年开始,赵宪初也借助南洋模范这个平台开始了自己辉煌的教育历程。

从那一天起,赵宪初在南洋模范一干就是 70 年。南洋模范的精神滋养了赵宪初,赵宪初用自己毕生精力和才智发展了南洋模范的精神,赵宪初与南洋模范水乳交融,密不可分。

注释:

① 赵宪初《回忆南洋附小》,见《我和南模》第三辑 38 页。

② 赵宪初《回忆南洋附小》,见《我和南模》第三辑 38 页。

③ 见《南洋附小毕业纪念刊》(廿四年,第十届)。

④ 张学鼎《忆南模》,见《我和南模》第三辑 32 页。

⑤ 见《交通大学上海学校附属高等小学二十周年纪念刊》。

⑥ 赵宪初《八五自述》。

⑦ 赵宪初《六十年前的老师》,见《新民晚报》1982 年 8 月 19 日第 5 版。

⑧ 赵宪初《两个甲子年》,见《新民晚报》1984 年 2 月 5 日第 5 版。

⑨ 赵宪初《九十自述》。

⑩ 赵宪初《一门三代做教师的自白》,见《赵先初教育文集》287 页。

第二节　辛勤耕耘七十春

一、始为园丁

1928 年,赵宪初决定应聘,和沈同一校长当面约定后不久,沈校长就寄来了聘书。9 月 1 日,秋高气爽,赵宪初怀着别样的心情,从华山路交通大学的校门漫步走向南洋模范中小学。他走过一段铺满阳光的短桥,桥下似乎并没有水,过了桥就是交通大学高大的门墙。进大学校门以后,沿着大门的水泥路走去,南边就是交大的女生宿舍,再向前 50 米,南面就是南洋模范校园的起点了。他站住了,向南面望去,他知道从这里沿着篱笆向南的直角线一直延伸到虹桥路(现改造为广元西路),虹桥路与校园之间是一条死水浜。篱笆便是南洋模范的边界线,篱笆的北边是南洋模范的一片大操场。大操场之外,还有在教室南面、北面和东面及前面的篮球场,称为小操场。环绕着大操场内的足球场、网球场的东南边,还有 300 多米的跑道。东面北面的小道与交大之间也有铁丝网的篱笆。当时的学生一般规定是要住宿的,除了规定回家的时间外,没有假条不得私出校门,这条弯曲的篱笆线便成了学生与来探望的家长或学生与走读的同学话别、分手之处。时间已经过去 10 年,父亲陪着他第一次到南洋附小报名的情景,以后他和同学们一起在操场上玩球的情景,他在篱笆边上焦急地等待父亲来接他的情景……仿佛又一一呈现在眼前。他回过神来,继续往前走过一条小道,就到了南洋模范的校门。被称为“南院”的南洋模范校园景色平平,绿化植物很少,只有靠近虹桥路边水浜的岸边种植了几棵银杏树,虽未成林,倒也别有情趣。校园离开闹市较远,十分清静。赵宪初踌躇满志地走进上海南洋模范中学,踏上了人生的新起点。

赵宪初刚到学校上课,当时的教务主任童君乐就安排他执教两个年级。初三数学,每周七课时,有平面几何与代数,初二数学,每周六课时,全部是代数。当时南模用的教科书都是英文版的,赵宪初当年在南洋公学附小读书时用的教材也是英文版的,所以对于大学刚刚毕业的赵宪初来说是驾轻就熟的。赵宪初曾经这样回忆他第一次踏上讲台的情景:

第一次上课，虽然我心中不慌，但奇怪得很，自己听到声音在发抖，控制不住。我一边读课本上的英文绪论，一边用中文解说，必要时，在黑板上做一些例题演示，大概讲了大半节课，就讲到一个习题了，于是就布置作业，让同学们在课堂上做，一直到下课为止。①

这堂课可能是赵宪初一生中最漫长的一节课，最后以学生当堂完成作业来结束，这恐怕也是很多新老师都会遇到的。从紧张开始，关键是这种紧张会持续多久，对教学有多大的影响。对于赵宪初来说，第一课上完后，马上就在另一个年级上课，而在这节课上，声音不抖了，教态更自然了。这两节课，赵宪初证明了自己没有辜负沈同一校长的厚望。那一年，赵宪初还不足 21 岁。

那时的赵宪初比他初二、初三的学生大概就大七八岁，学生总是喜欢年轻的老师，因为他们和自己年龄相仿，有共同语言。在学生的心目中，他圆脸戴副眼镜，平头，脸上一直带着微笑，没有一般老师的那种不苟言笑的威严，所以同学们都很愿意亲近他。70 年以后，当年他的学生还能够清楚地记起：

在每天下课后到晚饭前一段课余时间，他常同我们一起参加活动。大概他在大学期间，可能算不上运动健儿，所以对同学们的正规体育比赛活动，很少参与，而参加最多的一项运动，是七八个乃至十来个同学站成一圈，互相抛掷排球。大家相处都熟了，个别或少数同学不免就显露了不分尊卑地"肆无忌惮"了。当时同学中有一种爱给老师起绰号的风气，不知哪一班的同学首先给老师提了一个"伯剌子先生"的绰号，随后甚至连"先生"的称呼也被省略了，径呼为"赵伯剌子"了。或许起绰号的那位同学，原有小看或失敬的含义，但随岁月的推移，先生的认真教学，而待人接物，总是平易近人，从来少有疾言厉色，常是一副笑容可掬的样子，因而久而久之，"赵伯剌子"的称呼日益普及，遍及全校，成为同学对先生一种亲昵而又爱戴的尊称了。②

亲近归亲近，年轻归年轻，然而要想在南洋模范立足，要想得到学生们的尊重，对于刚刚踏上教学岗位的赵宪初来说，最关键的是还要有一手过硬的教学本领，能让学生服你。对于一位新老师，最基本的要求就是能把知识讲清楚，也许因为从小喜爱数学,也许是因为赵宪初天生就有做老师的气质,或者可以说他真心想把自己的本事传授给学生们,作为一名新老师,在很短的时间里,便得到了学生的认可。每次讲完课,赵宪初这位新老师总会问学生:"我这样讲课你们懂不懂?"学生说:"你讲得比较清楚。"听到这种反映,赵宪初的感受"当然是很舒服的"。话语虽然朴实,但却道出了一个新老师最真实的想法。

赵宪初从一开始做教师起,就能够关注到他所教班级的每一位学生,并且特别关心学习上有困难的学生,耐心地鼓励和帮助他们跟上班级的进度。一位在1935年南洋模范高中毕业,后来成为航天部第一研究院总工程师的学生,曾经回忆刚进南洋模范赵先生关心他的情景:

> 我在1930年插班到南洋模范中学初中二年级,风华正茂的赵宪初老师教我们代数。在原先学校里,我认为代数课枯燥乏味,上课不爱听,学得不好。记得头一回遇到赵老师课堂测验,我就考了个不及格。在走廊里正难过,听到有人叫我的名字,我心中纳闷,作为新来的插班生,同班同学没几个能叫上我的名字,谁叫我呢?回头一看,竟是赵老师。显然赵老师觉察了我的心情,他亲切说道,这次考不好,不用怕。这里隔一个星期就测试一次,事先都不通知的。你只要专心听课,做题就不觉厌烦,下次一定会考好。简简单单的一番话,说在点子上,化解了我的惶恐和惭愧。加上他那高超的授课艺术,确实能引起学习的兴趣,我的成绩得以迅速赶上。赵老师体察学生于细微,他能叫出每个学生的名字,谙熟每个学生基本情况和座位,在讲台上眼睛一扫,便知谁缺课,而且总是设法为其补课。我想,这些看似细枝末节,却透射出赵老师对教育事业之钟爱,对教学对象饱含深情。③

南模当时只有初中和高小,每个年级基本上一个班,高小之下还有一个相当于初小四年级的预备班。六个年级六个班大概有二百三四十人,教职工只有二十三人,勤杂人员约八九人,学校规模是很小的。正因为如此,有时候会出现师资不够的情况。1928学年第二学期,学校又要求赵宪初兼教英文。因为教英语,赵宪初的课时每周增加到18节课,同时教四种课程。对于这么繁重的教学任务,赵宪初并没感到特别累,他很超脱地认为自己在学校里面是最年轻的,校长给自己安排多上课,是看得起自己,自然愿意多挑担子。另外任课多了,工资也增加了,家庭负担也可以相应减轻了。在 1928 学年结束的时候,赵宪初不但增加了工资,而且聘书上的聘期也从半年改为一年。

1928 年,交大与南洋模范达成约定,南洋模范初中毕业生还可以同以前一样升入交通大学预科。但是到了 1930 年,交通大学决定逐年取消预科,不再招收新生。这样南洋模范又遇到了一个棘手的问题——初中毕业生去哪里?为了解决这个问题,学校决定自办高中,先办高一,逐年增加,学生基本上就是本校的初中毕业生。因为新办了高中,理化和外语的课程更多了,又请了一些教师,赵宪初也开始兼教高一年级的数学课了。

1930 年,对于赵宪初个人生活来说也是颇具纪念意义的一年。在这一年,他按"父母之命,媒妁之言"与同乡周循箴喜结连理。婚礼虽然是当时所谓的文明结婚,但仍然用花轿去迎亲。赵家还特地为他造了一栋二层的楼房,作为新房。周循箴也是嘉善人,家里也是开南货店的。两人在结婚前从未见过面,但她的祖父周锡康与赵宪初的父亲是朋友,既可称世交,也可谓门当户对。婚后大约半个月,赵宪初就回上海学校上课了。妻子留在西塘家中,赵宪初通常一两个月才能请假回去几天,到寒暑假才能够相聚。直到 1939 年,因时局较乱,老家西塘也不太平。为此赵宪初奔走多时,在上海徐家汇附近的天平路怡村租了一间客堂,让妻子儿女迁居上海,建立了小家庭。一年半以后迁至华山路上的天佑里,住了六年。每逢假期,他们全家就回西塘,与老母亲好好热闹一番。④

新办高中后,南洋模范的教学工作日趋繁忙,到了 1931 年,原任教务主任辞职。赵宪初在此之后一直协助沈同一校长处理考试计分和安排课表等工作。但这总非长久之计,一个学校必须要有一位常任的教务主任。这时候的南洋模范教师中,既懂英语又能教数理化的老师并不是很多,而学校规模日趋扩大,各项工作层出不穷,亟需一位细致认真、文理兼通的老师来处理教务。沈同一校长经过长期考察,觉得赵宪初是一个合适的人选。出于对校长的信任,赵宪初义不容辞地接下了这个任务。后来在谈到当时出任教务主任的想法时,赵宪初说:

> 好在那时学校规模不大,校长又终日在校,随时可以请示。我的责任,主要是考虑课程安排,选择教材(那时课程安排和教材课本,各校自行决定),

办理考试,计算成绩,以及处理教学上的偶发事项。工作内容相当于现在教导处的教务员。既没有教研组,也没有听课等要求,上课是由教师负全责的。好像现在的"承包",所以工作还比较简单,我自信也可以胜任。⑤

1931 年赵宪初正式走马上任,从此一做就是将近 30 年。人们都称赵宪初是"老校长",但是赵宪初很长时间是管理教务工作,他自己也说喜欢教务工作。赵宪初的教务工作确实出色而且富有特点,从他在新学期的开学发言中我们就可以知晓一二。校友周宝和在回忆文章中有绘形绘声、惟妙惟肖的记录:

> 开学第一天,沈同一校长致开学辞后,宣布聘请赵宪初先生担任教务主任,并请赵先生讲话。说完之后就见一位先生,中等身材,白白胖胖,身穿白夏布大褂,足登白帆布白橡皮底鞋,从从容容走上讲台,将头发左右一分,不慌不忙侃侃言道:今天是本校开学的日子,既然开始上课,必然要有一位教务长喽,格末要请啥人做格个教务长呢? 沈校长请吴采人先生做,吴采人先生不肯做。沈校长请张仲田先生做,张仲田先生不肯做。请来请去请不着人,乃末请着仔格我出来哉。我想,我哪能有资格做呢? 我讲我不来事,乃末沈先生一定要我做,我想我到底做拉不做呢? 自己也决不定,于是到"小糊涂"(上海一个测字的江湖术士)跟头去测个字吧,不想一测,测出来是一个"止"字,我想"止"是叫我不要做呀,但是"小糊涂"讲:"侬教书先生看字是看字格意义,我俚测字先生看字是看字格形状。'止'字是一'步'格一半,所以是一步格一半,向前半步。"
>
> 我听了后慢慢想,今朝开学典礼按照外国规矩,像牛津剑桥之类,一定要在大礼堂讲台上,身披黑色道袍,头顶方帽子,博士还要戴金穗子,银鬓白发,有板有眼格念一套说辞。我们不是外国人,也不是大学,可也不能这么"稀松"呀。⑥

和现代众多大学校长的毕业辞相比,赵宪初先生的这段开学致辞一点也不逊色,声情并茂,是赵宪初先生一生行事为人作风抱负的写照。从这段致辞中我们可以看到这位年轻的教务主任在管理和教学上的民主风格。

20 世纪 30 年代是上海发展的黄金时期,南洋模范也迎来了它新的一轮发展。从 1927 年起,"南洋模范"开始自成规模。起初,名为"中小学",其实只有"初中"和"高小"两个学段的学生。据学校历年学生的统计资料,1927 年秋季开学,初中学生 112 名,高小学生 68 名,总计 180 名学生,还是一所规模小而不全的学校。第二年增设高小预备班(即初小 4 年级),高小学生共有 112 名,初中学生 122 名,总共 234 名学生。随着时代的发展,交通大学撤销了原有的预科班,南洋模范初中毕业生就无法直升大学预科,所以,在 1930 年,南洋模范增设高中部,开始招收高一学生 38 名。两年以后,高中学生共有 129 名,初中学生共有 148 名,高小学生共有 142 名,总共 419 名学生。为适应社会的需要,至 1934 年,学校又在虹桥路租赁校舍,增设初小部,招收小学一、二、三年级的学生。同年,高中学生共有 145 名,初中学生共有 178 名,小学学生共有 183 名,全校总共 506 名学生。至此,南洋模范发展成为一所从小学到高中的十二年制的完全中小学校。

当时南洋模范总体教学水平高,因为在教师配备上,南洋模范一贯注重聘请高学历有经验的教师。例如算学教师聘请南洋大学土木科学士,物理教师聘请交通大学机械科学士,英语教师聘请美国威斯康星大学硕士,法文教师聘请震旦大学文学士,西洋史教师聘请美国哈佛大学政治硕士,军事教官聘请中央陆军军官学校毕业的教师等,以形成一支高质量的深受学生欢迎的师资队伍。

南洋模范是一所特别注重数学的学校。30 年代赵宪初的数学课在南模已是初露头角,他上的课不但没有让学生对数学产生畏惧,相反深深地吸引了学生,使得学生全身心投入到对数学的热爱中,并且终身受用。许多学生都说:"在所有的科目中,我最感兴趣的是初二的代数课。"听老校友回忆说,有一次上课,天气特别闷热,午后学生上数学课都昏昏欲睡,赵先生没有说一句责备的话,却突然拉长声调,有板有眼地唱了起来:"零,一,零,负一,一,零,负一,零,啥人背勿出,马上吃手心。"逗得同学们哄堂大笑,顿时睡意全消。[⑦]

语言生动,逻辑性强,是赵宪初上课的一大特色。赵宪初教授几何、三角时讲解清楚,演算有序,常在上课讲到一个段落时,忽在黑板上出一些数学题,限时交卷而且前十名交卷者各有加分。他上课时总是循循善诱,想方设法把乏味的内容通过各种比喻,使学生能够形象深刻地理解书本的内容。赵老师在黑板上进行例题演示,有时故意停顿下来,让先理解的同学情不自禁轻缓地说,与赵老师一唱一和,生动有趣,收到效果。他讲课吐字清楚,丝丝入扣,富有韵味,把讲课节奏与学生的思维同步活跃起来。不知不觉下课铃响了,他的话音戛然而止,余音在教室里仍然回荡着,让你细细品味。有学生们说:"赵老师的魅力在于解惑目的达到了,并引发我们无限的想象力,使我毕业以后数十年仍获益匪浅。"

年轻的赵宪初不但是一位肯用功求上进受学生欢迎的教师,而且是一位有追求有理想有活力的教师;年轻的赵宪初即将在南洋模范脱颖而出,一步一步向前,渐有大成之象。

注释:

① 赵宪初《在"南模"六十年》,见《一代名师赵宪初》165 页。

② 汪祖鼎(1935 届校友)《受学生普遍尊敬和爱戴的"伯刺子先生"》,见《一代名师赵宪初》183 页。

③ 任光融(1935 届校友)《赵宪初老师教书育人点滴》,见《一代名师赵宪初》180 页。

④ 赵宪初《八十自述》。

⑤ 赵宪初《在"南模"六十年》,见《一代名师赵宪初》166 页。

⑥ 周宝和(1936 届校友)《淡泊明志,宁静致远》,见《我和南模》第二辑 46 页。

⑦ 高锴(1949 届校友)《魂牵梦萦忆南模》,见《我和南模》第三辑 140 页。

二、教学一绝

1937 年 7 月 7 日,卢沟桥事变爆发,中华民族开始了全面抗战。同年 8 月 13 日,淞沪会战打响,上海成为主战场。经过数月的鏖战,中国军队粉碎了日本侵略者三个月灭亡中国的迷梦,但终因实力上的差距,上海沦陷。

旧上海被人称为"十里洋场"。从 1842 年(道光二十二年)《南京条约》以后,清政府就允许英国商人同眷属在上海寄居。后来,英国领事巴富尔又以欺骗讹诈的手段要求上海道宫慕久划出一块专供英商居住的土地。1845 年 11 月 29 日,由上海道公布的《上海租地章程》明文划定洋泾浜(今延安东路)以北,李家庄(今北京路)以南的土地租借给英国人,作为建筑房屋及居住之用。次年 9 月,又议定以边路(今河南路)作为西界,这块面积大约 830 亩的土地,后来就称为"英租界"。此后,各国侵略者在上海纷纷设立租界。1849 年,法国在上海现在的徐汇区、卢湾区一带开辟法租界。由于交通大学位于华山路以西的中国地界,在法租界的外面,所以首先被日军占领,成为日军的军营。

在这种情况下面,当时校舍仍在交通大学南院的南洋模范中小学,不得不撤出交大。在匆忙撤离中学校损失了大量的仪器设备和资料图书。由于一时未能找到合适的校舍,先就暂借附近华山路上的复旦中学上课。一个学期以后,租赁了法租界姚主教路(今天平路)200 号的一幢花园洋房作为校舍,继续办学。据说这幢洋房原是前清负责海关的一位官员的私产,该官员在姚主教路上建造了南北两幢式样大体相同的楼房,南面的一幢国民党时期曾经被用作警察局,1949 年以后成为华光中学的校舍。到 1986 年,徐汇区教育局撤销华光中学,南面的这幢楼房被夷为平地,成了南洋模范中学的操场。而北面的一幢楼房,从 1938 年起,就成为南洋模范的标志性建筑,后来被称为"红楼",直到 1998 年建造"艺体楼"时才被拆除,这是后话。

南洋模范迁入法租界姚主教路 200 号以后,开始了第二个十年的办学新时期。

抗战以前,上海的人口大约是 300 多万,原本住在租界的不过 230 万人。1937 年 8 月 13 日,日本侵略上海,由南市、闸北以及四郊的上海居民大批逃到租界。随着日军大规模侵略中国,内地特别是江浙一带的殷实人家也纷纷逃难,涌入上海,这样就使租界的人口陡增 100 多万,达到 350 万人以上。这些外来人口的子女要在上海求学,就有许多家长慕名将孩子送进南洋模范。于是,在扩大男生学额的同时,在 1938 年秋,学校决定增设女子部,招收女生。1941 年,又在学校旁边租得房屋,举办幼儿园。这样,从幼儿园到高中,南洋模范就成为一个完整的基础教育体系了,而且男女生兼收。特别是南洋模范开设的女子部,为女生的求学创设了一个良好的学习环境。1938 年秋季,第一年招收初中女学生 30 名;到1941 年秋季,开始招收高中女学生 36 名。由施懿德主持女子部。她 1935 年毕业于中央大学教育系,毕业后留校,在中大附中做教师。抗日战争爆发,她带了孩子逃难到上海,投奔寄父沈同一,寻找安身之处。从 1938 年起,她在南洋模范教了

13 年女学生;直到 1951 年,撤销女子部,男女生合并学习,她才开始教男学生。女子部设在校园内红楼西北边一幢二层的楼房里。楼房的底层辟作教室,二楼作为学生和教师的宿舍。在楼房外面,用竹篱笆围住,成为男生的"禁区"。施懿德对于学生的学习和生活,管理十分严格。当年女子部的学生回忆:

> 南模女子部给我印象较深的是严格扎实的教育,朴实的生活作风,学生一律蓝布旗袍,白袜,黑鞋;上体育课蓝布卡其裤,白衬衫,球鞋,一律短发,不准梳辫子,烫发。……朴实的作风,认真的工作态度,一直影响我一生。[①]

作为教务主任的赵宪初,在创办女子部时十分尽心尽力。施懿德曾经说过这样一段感激的话:

> 1938 年,我进入南模工作,创设女子部。赵宪初已是中学部的教务主任兼高中数学教师。当时这个学校是蜚声海外卓有声誉的名牌学校。我进校工作,当然萧规曹随,一切按男中部的成规办事,举凡课程设置,人事安排,都在赵老的具体指导下进行。他生性乐于助人,提携后进,他这位识途老马的亲切指引,使我毕生难忘。[②]

赵宪初也在女子部担任数学课,颇受女生的欢迎。在女学生的眼里,他春秋冬总是长袍一袭,夏天则是中式白对襟短褂和白长裤。

南洋模范自从迁出交通大学自立门户以后,赵宪初作为教务主任除了主管课程和教学以外,还得应付各个方面的杂事。后来他曾经说过应付流氓敲诈的旧事:

> 旧上海的私立学校,大多数是靠学费收入来维持的,南洋模范中学也是这样。因为南模学生多,收费大,经济情况还比较宽裕。于是地区的一些地痞流氓,逢时逢节,就要到学校敲诈勒索,收取陋规。这些小流氓与当时的伪警察局是互相勾结的。我们开始时也曾天真地向伪警察局报告过,可是他们的答复是:"小流氓无非要一点钱,为数也不会太大,你们还是省事一点,给点

钱算了，否则出了什么事情，我们也没有办法。"这样一年三节，循例开支，习以为常。③

旧社会流氓与警察相互勾结，所以学校不敢去报告警察，又怕得罪这些小流氓，于是常常要校长暂时避开，让一位职员出来与小流氓周旋，讨价还价讲斤头。诸如此类的事情，赵宪初也得管。

抗战时期，上海处于孤岛之中，为了应付日本帝国主义的干扰，学校被迫开设日语课。由于同学们痛恨日本侵略，抵制奴化教育，全班同学商定以恶作剧来戏弄老师。一天下午第一节日语课前，预备铃声响后，大家进入教室关上教室门户和外墙百叶窗，一起蹲在课桌下，教室内一片漆黑，鸦雀无声。老师进教室不知究竟，大发雷霆，责令打开窗户，追查是谁的主意。赵宪初和担任日语课的教师施熙台，耐心地对学生们做工作："我们大家仇恨日本帝国主义的心情是可以理解的，但在现在的情况下，设立日语课也是无可奈何，不然上面便会派日本人来。我们把日语当作一门学科，学好了可以多一门知识，同样会有用处的，当然并不是要我们学了日语去当汉奸。"这番话语重心长，对大家很有启迪，使学生们的情绪缓和了下来。

沈同一校长在 1945 年夏，为第 13 届高中毕业纪念刊写的"序"上，对抗战时期南洋模范办学之艰辛，"同人之匡赞"，说了一段十分中肯的话：

> 我校之有高中自民国十九年（1930 年）秋始。当时以交大停办附中，初中毕业者苦无升学，故有添办高中之举。二十二年（1933 年）夏，高中第一届毕业，只三十余人，大都升学，兼有少数就业，二者均能为母校争光。二十八年（1939 年）夏，以学校迁入租界，交通便利，来学者众，应学生家长之需，添设女中。去年女高第一届毕业，升学者不若男中之多，然成绩尚能差强人意。今夏男高第十三届，女高第二届，又临毕业之期，男女同学毕业者在百五十人左右，可谓盛矣。回忆初办时一无把握，唯本办理初中之旨切实进行。对于功课之厘定，学生之选别，教师之延聘，莫不详为审慎；幸得同人之匡赞，同学之切磋，虽在戎马仓皇之世，犹能弦歌不辍，按步进行，升学就业，各得其所，虽无甚兴，聊资纪念，是亦值得之一事也。④

这一时期,教务主任赵宪初一边竭诚辅佐沈校长发展南洋模范,一边悉心教课,是他教师生涯中特别重要的时期。这时,他总结自己10年来数学教学的实践经验,编写出《三角学》教材;他钻研教学艺术,练就一手教学"绝活",形成独特的教学风格。从20世纪40年代的校友回忆赵宪初的数学课给他们留下的印象的相关文学中间,可以看到他上课的风格和"绝活":上课思路清晰,教态生动,语言幽默,激发学生学习数学的兴趣。

我一直记得当时赵宪初老师如何引起我们对数学的兴趣。他上课总是笑眯眯的,在课桌间走来走去,一会儿上黑板推导个公式或解个例题,一会儿又走到我们中间来。讲课不仅思路清晰而且十分风趣。我在西安交大任教时也模仿他的风格,取得了良好的教学效果。⑤

赵先生曾教我班初二的代数和高一的三角,讲解十分生动。在讲抛物线时,为了让初二学生能够记住其英文字,赵先生用粉笔头掷出一个曲线,说:"抛物线,parabola,就是'怕老婆啦',就是这个弯腰的形状。"同学们印象极深。⑥

赵先生讲的课,同学们不但容易接受理解,而且可说是一种愉快。有一些比较枯燥的内容,由他讲来,同学们听得津津有味。有些三角公式,他要同学们和他一起用抑扬顿挫的声调朗读,在容易出错的地方,又用特殊的加强的声音,如两角和的余弦公式,$\cos(A+B)=\cos A\cos B-\sin A\sin B$,等式两边的中央的正负号相反,所以读到等式右边中央的正负号时,便用拖长的重音,这样便加深印象不会弄错了。⑦

赵宪初上课引入"读书百遍,其义自见"的传统教学法,带领学生诵唱数学公式,成为教学一绝。

赵老师踱着方步,从讲台这一端走到那一端,口里朗朗背着三角公式。他背一个公式,同学们跟着背一遍,反复地背,犹如启蒙私塾背三字经,一辈子忘不了。⑧

赵先生给我们最深的印象是他认真的教学态度和高超的教学艺术。我们初中的代数、立体几何和高中的三角都是他教的。他讲课时条理清晰,分析透彻,概念明确而且非常生动,能把本来枯燥的数学讲得轻松愉快,趣味盎然。回想起在课堂上全班同学跟着他一起用抑扬顿挫的声调大声朗诵代数和三角公式的情景,至今历历在目。赵老师就是用这样精心设计的方法使我们理解和牢记数学的基本概念而终身不忘。在去年毕业 50 周年庆典大会上,刘岩应邀代表海外的级友发言,首先当着赵先生的面用几十年前赵先生讲授的语调背诵了一元二次方程式的解根公式 $2a$ 分之负 b 正负开方 b 方减 $4ac$,以表示对赵先生教授的深刻印象和由衷敬意。不料全场一唱众和,形成了大合唱,唱完了,众老同学哈哈大笑,赵先生也笑了。的确如果拿"深入人心"这一词来形容赵先生的教学效果,实在是当之无愧。⑨

赵宪初上课提倡并实践"举三反一"和"事后 100 分"。

赵老师对同学成绩的考核,不像一般老师那样定期进行月考、中考,而是不定期地在某节课的最后留下 10 至 15 分钟,发给每人一份试题小纸条,随时进行突击性测试。这样虽然在测试当时,不免让同学感到一阵紧张,但习惯以后,却因减轻了中小考的负担而显得轻松愉快。⑩

名誉校长赵宪初先生,经过长期的教学实践提出了事后 100 分的学业评价观,即对学生来说,一次测验即使是有些知识没掌握或计算有差错,但事后要把这方面有关问题弄懂,弄懂了就是 100 分,这才是教育的目的。⑪

我从自己狭隘的教学经验来看,总觉得孔丘的"举一隅而以三隅反"的要求似乎高了一点。真正能够一下子就举一反三的人,我看是不多的。我的学生中,如果能够举三反一,我已经觉得孺子可教也。为什么呢? 因为要"反",那就先得掌握规律。一般来说,一类事情,一类题目,只碰到一次,做过一个,就能掌握规律,恐怕是不可能的。规律总是归纳出来的,总结出来的,要遇到相类的事情,相类的题目好多次,才能总结异同,得出规律,推而广之,然后能"反"。[12]

赵宪初在教学中对不同的学生因材施教,着力培养学生学习方法,培养逻辑推理能力和解题能力。

数理化是南模的强项,而这恰恰是我的弱项。尽管如此,半个世纪过去了,多少往事如过眼云烟,早已踪影全无,可是5年南模生活中老师独特而精彩的授课方式,令人没齿难忘。教我们代数的赵宪初先生将最重要的代数公式配以节拍,朗朗上口。他用上海话领唱,全班和唱。这一吟唱的显性效果使这些公式如刀刻般刻在学生的大脑皮层上,以致连我这个见了数学就头痛的学生,事隔数十年之后依然能够原腔原调地准确背诵。更不可忽视的是它的隐性效果,它在不知不觉中培养了学生"千头万绪抓要领"的意识。在庞杂纷繁的事物中,找出规律,逻辑归纳,便可理清头绪,破解难题。[13]

赵先生认为学习数学的方法,并不在于单单记忆定理公式的内容,而在于理解和掌握,他提倡"三W"的治学方法:What——这个数学命题告诉了我们什么;When——它在什么条件下成立;Why——它为什么会成立[14]。

不论是代数的概念,代数的解题,几何的定理,几何的论证,在教学中都经常有为什么的问题,这就是分析,这就是逻辑思维。将来所学的知识,不用是会忘记的,但教这些知识过程中所培养的逻辑思维能力是不会忘记的,而且这些能力,可以迁移到数学以外,对我们的工作能力有重要的影响。教师的教学工作,必须重视这些,不但要发展那些成绩好的学生的思维能力,也要注意发展那些成绩较差的学生的思维能力,要让这些学生感觉到也能够想,也能够想得出,这就叫循循善诱。[15]

　　赵宪初上课,坚持运用跨学科知识,引导学生广见博识。他平时善于学习数学以外的知识,所以眼界开阔,知识广博,因而能在数学教学中,不仅将知识传授给学生,更试着教授学生学习的方法,提高学生综合运用的能力。

　　　　每每忆及赵宪初恩师教的投影几何、三角和高中平面几何……更在高中平面几何课目中,使我学会如何善于综合分析,立体思考各种复杂问题。
　　　　在讲授拓扑学常识时,赵宪初慢条斯理地说:"在一张纸条的中间画一条中线,把纸条的一端翻转 180 度再和另一端接起来,一个蚂蚁就可以沿着这条中线一直爬下去了……"
　　　　赵宪初教三角和立体几何,用的是英文教材。他自己编著的《三角学》,也采用了国外的教学材料。在教学过程中,赵宪初不仅讲解教授立体几何的概念,还把每一条英文定理从英文语法的角度教学生如何去理解,启发他们如何阅读英文书籍,还常常在授课时使用英语,教学生用英文写试验报告。这不但教授了学生知识,还为他们以后阅读英文教材打下牢固的基础。[16]

　　赵宪初可谓"学而不厌""诲人不倦",他一边认真教书,一边努力读书,提升自己的专业素养。他读书面广,被同事称为"赵百晓"。由于他自编教材《三角学》,而且三角课上得精彩,当时班上的同学私下里都称他为"三角赵"或"赵三角"。学生给先生起外号,似乎不恭不敬,但它却表明南洋模范的学生对赵宪初的敬佩和赞颂。

注释:

① 朱锦云《忆》,见《我和南模》第三辑 87 页。

② 施懿德《怀念我的老朋友——一代名师赵宪初》,见《我和南模》第二辑 12 页。

③ 赵宪初《流氓敲诈碰壁记》,见《新民晚报》1984 年 5 月 11 日第 5 版。

④ 沈同一《南模毕业纪念刊·序》(卅四年,第十三届)。

⑤ 陈正包(1950 届校友)《饮水思源、怀念母校》,见《我和南模》第一辑 143 页。

⑥ 华润熙(1947 届校友)《回忆南模》,见《我和南模》第二辑 92 页。

⑦ 薛沐雍(1951 届校友)《十二年南模杂忆》,见《我和南模》第二辑 139 页。

⑧ 程怀澄(1949 届校友)《南模情结》,见《我和南模》第二辑 237 页。

⑨ 刘刍、章希博(1947 届校友)《赵老师永远活在我们心中》,见《我和南模》第二辑 105 页。

⑩ 汪祖鼎(1935 届校友)《受学生普遍尊敬爱戴的"伯剌子先生"》,见《一代名师赵宪初》182 页。

⑪ 寿学勤、张亚安《谈数学教学中的人格教育》,见《一代名师赵宪初》230 页。

⑫ 赵宪初《"举一反三"与"举三反一"》,见《赵宪初教育文集》196 页。

⑬ 李海瑞(1949 届校友)《难忘母校恩泽》,见《我和南模》第三辑 186 页。

⑭ 萧麟(1963 届校友)《一日受教,终生难忘》,见《我和南模》第一辑 217 页。

⑮ 赵宪初《怎样当好初中数学老师》,见《一代名师赵宪初》160 页。

⑯ 刘恩科(1949 届校友)《感谢母校的三年教诲》,见《我和南模》第三辑 274 页。

三、教导后生不害人

1945 年秋,中国人民在抗日战争中取得伟大胜利。国民党政府立即派遣大批官员到收复区进行接收,蒋介石甚至委任南京伪国民政府行政院副院长周佛海,作为负责接收上海市的行动总指挥部的总指挥。此时,抗战期间逃难到四川等内地的江浙沪一带的家庭也纷纷返沪,上海居住人口陡然上升。许多殷实的家庭慕名将子女送往南洋模范就读,南洋模范的男生部和女生部都有了相应的扩大。为此,校方在 1946 年底着手筹划拓展校舍。当年的学生在回忆天平路总校的旧景时说:

> 南模的大门在天平路上,门前有有轨电车道,不时有电车经过,还有接送有钱学生的小汽车,相当热闹。但一拐弯却是一条相当荒凉的泥石路(即广元路),路旁种了一些树干甚细的梧桐树。由华山路往南便是徐家汇,肇家浜在此拐弯,此浜是一条又臭又黑的污水河。河中停泊着一些船民以此为家的破木船,河岸是一条又高又窄的泥路。每天早晨从漕河泾来的菜农到此便下岸将肩挑的两筐青菜在河中沉没,俟青菜吸满污水后,再挑起到华山路卖。青菜边挑边滴水,将泥路变成又湿又滑的阎王路,我走到此就再也不敢往前了。①

在60多年前,徐家汇地区还远离上海繁华的中心城区,处于城乡接合部。而位于天平路的南洋模范中小学却已经成为上海家喻户晓、无数中小学生向往的一所名牌学校了。

当年南洋模范校园小而精巧,别有韵致:从校门开始,有两条弯弯的、平行的水泥小道一直延伸至一座小桥边。桥下有一截短短的小溪,小桥前还有一个花架,攀满藤蔓。校园里到处是绿树鲜花,颇具小桥流水韵味。越过小溪,便是一幢殷红色的教学楼,庄重优美。红楼的东南角有一座八角亭,成为校园里独特的象征。红楼右面有南北两个操场,在北操场的尽头,竹篱笆的后面,绿阴深处有一幢米黄色的小楼,那是女中部教学楼。校园内有池塘、小桥、大草坪、绿树鲜花、紫藤架、八角亭,还有大操场、篮球场。晚饭后,同学们常在校园内散步谈心。每星期一早晨,全校师生聚集在小学部大草坪周围,升国旗,背总理(孙中山)遗嘱:"余致力国民革命凡四十年……"接着还有沈同一校长讲话,每次总是由沈同一校长领诵校训:"我为陶冶品性而来,愿遵守校规;我为研究学识而来,愿尊敬师长;我为锻炼体魄而来,愿爱护自己。"

赵宪初作为教务主任,忠实勤恳地执行校训。尽管南洋模范的生源总体素养比较好,但也时有调皮学生违反校规。有一次,学生在课上作弄语文老师龚先生,把他气走了。赵宪初知道后,对学生严词训导,并要求班上派学生代表去向龚先生讨饶,保证不再重犯,之后终于把龚先生请回来上课。学校在执行考试纪律方面其严无比,学生偷看、交头接耳,如被发现,一般是收缴考卷,吃鸭蛋(给零分)。夹带纸条或抄书者,就要被开除学籍。有一位同学在考试将结束时犯此大忌,被当场拿获。监考的瞿先生收缴了他的考卷后,即刻去教务处写了开除通知,并张贴于通告栏,这一切做得如此坚决、迅速。

当时南模的学生多数出身于中上层家庭,大体上来自几个方面:一是官僚家庭和有产家庭的子女,例如1947年时吴国桢、白崇禧、潘公展、凌鸿勋等人的子女都在南模就读。二是和南洋公学有渊源关系的家庭,交通大学教职员的子女,或者一个大家庭中间几代人都先后在南洋模范读书,所谓"南模世家"。例如1947届校友蒋铁佛,据他自己回忆,他的父亲从1914年考入南洋公学附小,以后直升附中,附中毕业以后直升南洋公学,毕业以后留在交通大学任教,以后又兼任南洋模范教师。他的姑母也曾担任南洋模范小学和女子部教师。他的两个叔父和两个弟弟也都是南洋模范的毕业生。他们一家和南洋模范真可谓源远、缘深、情意厚。三是知识阶层的子女,大学教授、医生、工程师的子女。四是少数贫困家庭的靠申请减免学费勉强上学的学生。那个年代的学生,不管家庭出身如何,由于曾经生活在日寇的直接统治下,尝过做亡国奴的屈辱和痛苦,抗战胜利后都是欢欣鼓舞,以为中国人从此能扬眉吐气,中国能真正成为"五强"之一。因此,大多数学生认真好学,作风正派,有爱国心,有正义感,强烈希望祖国复兴、强大,立志学好了报效祖国,实现工业救国、科学救国的理想。南洋模范的学生向来就有爱国强国、崇尚民主、追求进步、服务社会的风气。由于国民党接收大员进行掠夺性的接收,各级机构竞相抢夺,人们对此十分愤怒,称之为"三阳(洋)开泰"(捧西洋、爱东洋、要现洋)、"五子登科"(位子、金子、房子、车子、女子)。社会的黑暗、腐败,引起学生激烈的反抗情绪,而南洋模范和交通大学有着血缘关系,又地处华山路与交大相邻,直接受到大学生的影响,所以素有上海中学界的"民主堡垒"的称号。

1945年2月,中共南洋模范中学地下党支部建立,当时的高中二年级学生夏禹龙(1946届校友)担任第一任党支部书记。根据他在50年以后的回忆,从1945年2月到1949年5月上海解放,南洋模范先后共有地下党员135名,7届支委会,历任支部书记为:夏禹龙、王治平(秦安之)、洪澍霖(夏培根)、陈启懋、翟象乾、夏忠仁、王纯亨等。他说:

> 南模地下党和进步学生运动在4年多的时间内有如此迅速和蓬勃的发展,与南模这块教育园地的小气候有关。当时地下党员多半是品学兼优的好学生。据我的经验,学习成绩优良的学生,对个人的前途和国家的命运都比较关心,能认真地进行思考,只要把他们的"读书救国"提升为"革命救国",就能把他们吸引到进步学生运动以至党内来。南模学生好学和多思的风气,为地下党的发展和进步学生运动的开展提供了有利条件。同时,南模相对宽松和民主的氛围,活跃的课外活动,也为地下党的活动开辟了较广阔的天地。[2]

从南洋模范校方的态度来看,有时迫于环境的压力,也对进步的学生运动作过一些限制。1947年年末,南洋模范地下党借交通大学文治堂举行上海西南地区中学生救饥救寒庆功大会,会上一些学校的代表上台揭露国民党的反动统治,控诉对学生的迫害,全场一片歌声和口号声,影响很大。与此同时,南洋模范男中学生会办的《南模报》公开评论一位教师与学生发生争执的事。于是,校方以此为导火线,"勒令"翟象乾、何守发、曹子真、倪善锦四位学生地下党员退学。后经家长说情,曹、倪两位女生改为到男中部读书,以此作为处罚。[③]这件事情与教务主任赵宪初可谓是息息相关。新中国成立后,赵宪初曾经在同校友的谈话时多次讲到,我过去开除过两名进步学生,心里总有一种"负罪感"。但从总的方面来看,正如夏禹龙同志所说,一些教师虽然对共产党缺乏了解,但是他们对国民党的腐败不满,与国民党也保持一定的距离。一些教师对于学生爱国、进步的要求,持肯定态度,因而南洋模范的地下党也一直没有遭到破坏。

对校方开除两名学生地下党员,曾有不少的议论,有人认为当时南洋模范对进步学生运动相对来说是比较宽松的,与其他学校相比,仅开除两名学生不算严重;有人认为校方开除翟、何二人,可能是出于对他们保护,否则他们会遭到国民党特务更加严重的迫害;有人说学校开除进步学生,也许出于反动当局的指示,是迫于无奈。在上海临近解放的那段时间,国民政府加强了对学生运动的控制,稍有越界,进步学生就会被特务抓去,学校开除进步学生是常有的事。今日换一个角度重新审视这件事情,赵宪初是一个身怀儒家情怀的教师,倡导教育救国,当时作为教务主任,参与校方作出开除的决定,能否可以理解为出于维护学校的责任而作出的无奈之举呢?能否可以看作他的"自保"是为了保护更多的学生呢?

1947年夏天,47届高中毕业班的学生正在编制毕业生纪念册,有同学提出请赵宪初先生为大家写几句话。赵先生接受了同学们的请求,稍作思考以后,在1947届毕业生纪念册上题写了一首诗:

家贫无奈作先生,作势装腔论古今。

岁岁旧规送毕业,班班小子变豪英。

喜闻今日皆爱国,但愿他年不害人。

临别千言并一语,有为奋发向前程。

这短短的八句话,朴实无华,对学生却饱含深情,当年印在纪念册上,也印在学生们的心上,使他们终生难忘。

事隔了46年之后,南洋模范47届的高材生、当年地下党的支部委员王政人同学,他长期从事出版工作,1988年出任北京出版社社长。1993年在美国患癌症病逝。在临终前不久,他忍着病痛,花了极大的精力,工工整整地给赵老师写了一封催人泪下的信④:

宪初吾师大鉴:

五十年前,忝列门墙。毕业时,蒙谆谆教诲:"喜闻今日皆爱国,但愿他年不害人。"今,身染重病。回顾一生碌碌,但未背离师训。故不揣浅陋,步吾师原韵,得打油诗一首:

"少年无识心纯正,家邦多难哀众生;当时曾许身报国,今朝堪慰未害人。"谨此奉达台端,以志不忘师恩。

恭祝福体康泰!

学生王政人拜上
1993年6月

1996年10月15日,南洋模范远在北京的47届全体毕业生,给赵宪初写了一封信——《47届在京校友庆贺赵宪初老师九十大寿》,信上有这样一段打动人心的话:

先生之风,山高水长。毕业前夕,您赠诗一首,其中有"喜闻今日皆爱国,但愿他年不害人"句。我级王政人同学身患绝症,临终前勉力执笔,步原韵写诗一首,以志不忘师恩。这首诗表达了大家的心声:"少年无识心纯正,家邦多难哀众生;当时曾许身报国,今朝堪慰未害人。"我们永远以此自勉,永远不负您的教诲,作为祝贺您九十大寿一片心意。⑤

赵宪初当年虽然担任教务主任,但他仍然上高中数学课,天天和学生在一起,加上他惊人的记忆力,所以十分了解学生的情况。正如46届校友当年南洋模范地下党第一任支部书记夏禹龙所说，"校方最了解地下党活动的就是赵老师"，但"南模地下党一直没有遭到破坏"：

> 　　南模学生好学和多思的风气，为地下党的发展和进步学生运动的开展提供了有利条件。同时，南模相对宽松和民主的氛围，活跃的课外活动，也为地下党的活动开辟了较广阔的天地。我作为南模地下党第一任支部书记，从工作中感觉到，校方最了解地下党活动的就是赵老师，他心里有一本账。所以，在南模撰写地下党和学生运动史时，他以惊人的记忆力，按照他认为可能是地下党员的名单发信，要求他们提供资料和扩大线索。其准确度达到八九不离十的地步。但是，赵老师始终与国民党保持距离，南模地下党一直没有遭到破坏，这也可见赵老师的为人。⑥

40 年以后，1984 年 2 月，上海市中学党史资料征集小组决定名牌学校中，以南洋模范中学为重点进行总结，由 49 届校友、南洋模范地下党支部上级领导人张效浚负责。赵宪初为了配合编写学生运动史，花了大量精力收集、弄清地下党组织情况和地下党员名单。他根据解放前打交道过程中早就"刻"在脑中的学生名单，依靠各方面线索，广泛调查和核实后汇集列出了地下党员共 135 名的名单，并为每个党员做了卡片，还亲自制作和复写了"中国共产党南模地下党时期党员名单"和"中国共产党南模支部组织情况"等表式。南模地下党共 7 届支部，书记、委员先后离校，谁也说不清楚究竟有多少党员。而作为非党校长、数学教师，查清并亲自制作了 135 张卡片，可见为之付出了多少心血。49 届校友、当年地下党员倪善锦曾动情地说：

> 　　当我们打开赵宪初先生亲自保管的近 10 包材料，看到了赵先生在两稿形成过程中的原始记录、表格、材料和草稿。特别是看到一张纸，上面有 161 名南模地下党员和同学的名字，在名字的前后标着各种符号，记载着赵先生和他们联系反馈的情况，我们的眼睛湿了。……赵先生也动情地说过："当年我开除的，现在对我最好。"这充分体现了赵宪初先生和我党之间的深情厚谊。⑦

　　1946 年，在南模地下党的领导下，以一些高中进步学生为骨干，办起了"南模民众义务夜校"（简称"南模民校"）。南模民校的服务对象是徐家汇附近的失学的贫民子女，还有部分青年工人、店员、学徒，也有家庭妇女或女佣。他们无钱读书，所以民校不收一分钱，教师也不拿一分钱，完全对他们进行免费教育。民校创办之初，校长是地下党员王政人同学，教员有唐孝威、徐惟诚、李同芬等同学。参与民校教学和管理的学生，既不为名，也不为利，出于对工人和贫民子女失学的同情，完全把它当作自己应尽的义务。而地下党则把它作为团结党外进步青年，服务劳苦民众，引导青年走革命道路的组织措施。

　　学生办民校也得到南洋模范校方的全力支持，教务主任赵宪初为民校安排了教室和办公室，将小学部北平房教室和初中部南平房教室无偿提供给民校使用；并且为民校准备了粉笔、纸张、油墨、教具等上课必需的教学用具。民校的小教务主任也学着赵宪初那样安排课程表，制作点名册、签到簿、成绩单等，完全像正规学校一样。因此，南模民校可以看作是南洋模范中学的一个组成部分，它是南模办学理念上民主、进步的标志。正如当年曾经担任民校教导主任的王兆麟同学回忆："实践证明，参加民校工作，不仅锻炼了学生们的意志，提高了他们解决实际问题的能力，而且增强了他们对社会的责任感，强化了他们为人民服务的意识，为他们日后的人生道路打下了良好的基础。"[8]

　　在 1949 年春季，东北、华北都已经解放，半壁江山红旗漫卷。解放大军陈兵江北，国民党政权风雨飘摇，整个上海笼罩在白色恐怖之中，上海正处在黎明前最黑暗的时期。但是南洋模范的地下党员和进步学生仿佛已经看到了胜利的曙光。这里摘录一位自称"不大过问政治"的学生的回忆：

　　　　解放前一个时期，平静的校园里政治气氛浓了起来。周围发生的一系列事情，对我刺激很大。一次，从战场上下来的一队国民党败兵住进我校，学校停了几天课。看到有一个兵被绑在校园里的树上，遭到鞭打。班上进步同学袁槐忽然不见了，有同学告诉我，他的活动被国民党发现，他去了苏北。那时，金圆券贬值，银圆上市，连邮票也当货币用。物价飞涨，人们用麻袋装了钞票买东西。这些都成了同学们的话题。[9]

1949 年 5 月,南洋模范的地下党在高中学生中间组织"号角社""晨钟社"等进步社团,组织进步学生积极开展迎接上海解放的活动。当时校内有人传出了要学校"应变""迁校"的风声。地下党领导分析了校方的态度决定由李宗有和秦亢宗两位高中学生以学生自治会名义请校长召集"三巨头"开会,做好迎接解放军进城的准备工作。这里摘录秦亢宗的回忆:

> 第二天晚上,约定在沈校长家小客厅里开会。校方出席的除沈校长外,为"三巨头"赵宪初、贾冰如、施懿德三位师长。李宗有首先发言,他说,上海解放指日可待,校方应认清形势,正确对待这一历史性的变化,积极做好护校工作,坚守岗位,希望在座各位首先在思想上拥护上海解放,带动其他教师稳定情绪,劝阻他们不要到台湾去,同时管好学校财产。人民解放军一旦进入市区,可能会遇到许多困难,各种物资一时供应不上,希望校方拿出行动来支援解放军。李宗有素有雄辩之才,言之滔滔,可是沈校长听了,一言不发,赵、施两师长,也不吭一声。沉默了一阵之后贾冰如先生说,学生会的意见我认为很对,我们学校应有思想准备,迎接解放也应有行动的表示。上个月,一个同乡从扬州回来,他们那边早已将训育处取消,我已决定不当训育处主任了,这也是配合新形势。至于有人到台湾去,据我所知好像没有,学生是有的。赵先生说,已经有少数国民党军政要员子女,陆续要学校开转学证书和成绩单。沈校长接着说,教员中是没有人去台湾的,学生么,学校是无法阻止的。我接着说,食堂储存大米有二十余包,操场地下埋着了六箱汽油,另有卡车一辆,驾驶员一名,这些都可作为准备支援解放军进城之用。校方同意我们的意见,并决定成立校应变会……⑩

南洋模范的学生不仅崇尚民主,追求理想,积极投身社会活动,而且学习刻苦,成绩优秀,尊敬师长,热爱母校。1947 年,南洋模范一批品学兼优的高中毕业生以高分考上清华大学。当年作为湖南的拔尖学生朱镕基(前国务院总理)和南洋模范 47 届学生章希博同窗四年,章希博等南洋模范同学给朱镕基留下了深刻的印象,到 20 世纪 80 年代,朱镕基担任上海市长的时候,还多次提及当年南洋模范的高质量。⑪

踏入不惑之年的赵宪初不但是一位肯用功、求上进、受学生欢迎的教师，而且是一位有追求、有理想、有活力的教师。1939 年考入南模附小一年级，1951 年从南模高中毕业，在南模历时 12 年的校友薛沐雍在《十二年南模杂忆》中提到一件事：在南洋模范中小学 20 周年校庆时，有一篇庆祝校庆的文章，是一位姓孔的校友写的，陈列在小学教师办公室门前的布告栏上，给他留下很深的印象。至今他还记得这篇文章畅想了母校 50 年后发生的变化：南洋模范有多少漂亮的教学大楼和设备齐全的实验室，以及有多少学生，还有许多来自各国的留学生。让薛沐雍感到遗憾的是，他不知道这位姓孔的校友现在哪里，不知他能不能看到今天南洋模范的盛况。[12] 薛沐雍的这篇文章，后来被 1954 届校友赵家铭读到了，赵家铭也写了一篇《对五十九年前一篇文章的回忆》，与之呼应。他在文章中写道：

> 文章的题目是"五十年后"，作者署名在题目下面，也是竖排，署名为孔襄任撰。那么孔襄任是谁呢？其实这篇文章的作者不是别人，就是我的父亲赵宪初先生。为什么要用化名呢？我想，也许他不想让别人知道是自己写的，也或许故意留一点悬念，让大家去猜吧。那么化名为什么取作孔襄任呢？有什么含义呢？我的猜想是，父亲的这篇即兴之作，既是杜撰的，也反映了他作为已在南模工作了 19 年的教师对南模兴旺发达的一种愿望，但在那个时代，国家贫穷落后，他觉得美好愿望只是一个空想。文章内容是空想，写文章的人就是空想人，空想人的谐音就是孔襄任。[13]

读到这里，我们看到"孔襄任"所期盼的南洋模范，已经不是空想；我们也不得不赞赏赵宪初先生的胆识和丰富的想象力；一个为南洋模范辛苦耕耘 20 年的中年教师赵宪初跃然纸上。

注释：

① 戚正文（1947 届校友）《忆母校旧景》，见《我和南模》第二辑 83 页。

② 夏禹龙（1946 届校友）《一代名师，育人模范》，见《我和南模》第二辑 18 页。

③ 倪善锦（1949 届校友）《南模决定我人生的轨迹》，见《我和南模》第三辑 108 页。

④ 见《我和南模》第二辑 19 页。

⑤ 见《我和南模》第一辑 109 页。

⑥ 夏禹龙(1946 届校友)《一代名师,育人模范》,见《我和南模》第二辑 18 页。

⑦ 倪善锦(1949 届校友)《赵宪初关心南模学运史》,见《我和南模》第二辑 25 页。

⑧ 王兆麟(1951 届校友)《难忘记忆》,见《我和南模》第六辑 14 页。

⑨ 王家善(1949 届校友)《上海解放前后在南模难忘的经历》,见《我和南模》第六辑 109 页。

⑩ 秦亢宗(1950 届校友)《往事如烟犹可寻》,见《我和南模》第四辑 146 页,第五辑 240 页。

⑪ 章希博(1947 届校友)《关于赵先生的几件近事》,见《我和南模》第二辑 103 页。

⑫ 见《我和南模》第二辑 127 页。

⑬ 见《我和南模》第六辑 181 页。

四、力抓质量上新阶

1949 年 6 月上旬,上海市军事管制委员会文化教育接管委员会市政教育处,分别召开公私立学校负责人和各类教育教职员代表座谈会,阐明对公私立中小学接管政策。按政策规定对公立学校立即全部接管;对私立学校,加强领导,逐步改造。这样,作为私立学校的南洋模范中小学,也随之跨入了新时代,进入了新阶段。

1949 年秋,私立南洋模范中小学在新中国继续办学,沈同一继续担任校长,原训育处和教务处合并为教导处,贾冰如任主任,赵宪初任副主任并兼上数学课。新中国的建立对于赵宪初来说意味着很多:他曾经的理想教育救国可以真正付诸实施了,他可以将更多的精力投入到教学中去了,同时他的旧思想旧观念将受到新时代新观念的碰撞和冲击。

当历史进入 50 年代,赵宪初发现自己在这个新时代和之前是完全不一样了,他要参加许多政治活动,承担更多的政治任务。1951 年赵宪初接到通知,要他参加皖北土改工作队,地点在宿县。这个工作队是上海教工土改工作队的第二批,由段力佩任队长。他们乘火车第一天到蚌埠,第二天换车到宿县,第三天再换车到符离集。他们去的时候正好遇上大雨,住宿在一个大的仓库内,都睡地铺。在符离集,他们重新编队,与北京来的土改队合并。艾思奇担任总队长,每一个分队由北京与上海人数各一半组成。赵宪初这个小队的队长是北京航空学院教授史超礼。相见之下，互相介绍，当得知赵宪初是南洋模范中学的教师，史教授提到自己的一个朋友就是南模的学生，于是两个人便熟悉起来了。小分队被分配在夹沟车站附近的一个叫孙寨的农村，于是又乘火车到夹沟，再步行去孙寨。队长史超礼照顾赵宪初，让他担任小队文书，基本上是在小队办公室里工作，当然也要跟大家去访贫问苦、开大会。因为是工作队员，他也加入了农民协会。当时皖北农村的生活条件十分艰苦，通过这次土改工作，赵宪初真切地认识到了中国广大的农村。这次土改是赵宪初第一次参加政治运动，也是第一次离开学校，深入农村，了解社会，接受新时代的洗礼。[①]

从旧社会过来的知识分子，在解放后的历次政治运动中，难免受到各种冲击，赵宪初也不能幸免。参加土改工作队回到上海，就遇到了思想改造运动。南洋模范中小学是全市的三个试点单位之一。上级派了工作组进驻学校，行政领导带头检查思想，人人过关。从校长沈同一开始，接下去就轮到了正副教导主任。赵宪初的第一次思想检查在群众中反映较好，都说赵宪初的检查像他这个人，但工作组说通不过，于是，再挖思想根源，再作检查，一直到第七次思想检查才获得通过。[②]

南洋模范的广大学生，在上海解放初期这样一个全新的年代，燃烧起了火一般的政治热情。1950年4月23日晚上，高一(2)班学生给毛主席发了一封信，请他为他们的壁报"青锋"题写报头。毛主席在青锋社的原信上亲笔批了："照写如另纸。 毛泽东四月二十七日。"在另外的一张纸上，毛主席回复并亲笔题写寄回。[③]4月27日，成为南洋模范中学一个重要的纪念日。一代一代的学生，在"青锋"题字感召下，努力学习，报效祖国，参军参干，服务社会，积极投身各项社会活动，形成了南洋模范中学的优良传统。

赵宪初作为教导主任也开始学习用新观念新方法教育学生。当时有两次失败的思想教育引起他反思，30多年以后他还以此为戒。他说：

> 第一件事发生在大约1951年的时候，有一位初中二年级的学生，在上课时经常捣蛋，个性又非常倔强。有一天，又与课上的老师闹翻了。老师不得已，把他拉到教导处，要我处理。我当然应该处理此事，我把学生留在教导

处,让老师回到教室里去上课。因为我知道,把老师和学生都留在教导处,非但教室里没人上课,不太像样,而且师生二人同在我面前,争吵起来,没有一个缓冲的余地,也并不好。老师走了以后,我开始问这位学生,我还是平心静气、和颜悦色的。不料,这位学生非常不客气,理由十足,说都是老师不好,他好像毫无错误。于是我的态度,也渐渐忍耐不住了。和他争论一番以后,只得用教师的威势,强迫他到教师面前承认错误,然后再让他入座上课。事后,在教师休息室的一位老师对我说:"老赵,你今天输了。"我说,怎么见得呢?他说:"我在隔壁听你们争论,我只听见你的声音越来越大,喉咙越来越粗,我就知道你是输了。如果你能够以理服人,为什么要声音越来越响呢? 这叫作理屈词穷,不得不以势压人。"他的这番话,说出了我的实情,意见非常尖锐,对我教益也非常大。④

第二件事情发生在 1957 年,有一天,一位女教师正在给初三(6)班上课。她转身到黑板上写板书,回过头来发现教桌上的课本不见了。后来几经查询,才查出是一个学生拿来放在自己裤裆内。于是赵宪初和班主任商量,借此事件,狠狠地整治一下,希望杀一儆百。当场决定,令其退学。但事与愿违,隔了二三天,这个班级依然如故,还是乱得很。想杀一儆百,但杀了"一"却并不能"儆"百。当然他再也没有勇气杀二杀三了。

这两个教训让赵宪初先生认识到教育学生,讲道理比强制手段更有用,更能让学生信服,更能解决问题,此后他转变了教育方式。

在教学管理方面,赵宪初一如既往,狠抓学生学业的扎实基础,爱护人才,提携后生。在 1954 年 5 月毕业班学生大会上,赵宪初给学生作填写大学报考志愿的指导讲话,他当场举了数学尖子学生张恭庆的例子,他风趣地说:"《数学通报》上的题目我一门也做勿出,张恭庆大多数都能做出来,他的本事比我大,应该报考数学系。"后来,张恭庆考入北京大学,没有辜负赵先生的期望,曾经获得国家自然科学奖,首届陈省身数学奖,成为我国著名的数学家。⑤

1955 年下半年,上海私营工商业进行社会主义改造,形成公私合营高潮。在社会主义改造的形势下,上海市决定接办全部私立学校。1956 年 1 月 19 日,上海市教育局在第三女中大礼堂召开私立学校接办大会,当时分管教育的刘季平副市长宣布："即日起,全市私立中学、小学、幼儿园及补习学校,全部由政府接办,改为公立。"明确提出政府接办方针是:"加强领导,积极整顿,提高质量,稳步前进。"为了有利于私校改公的稳步前进,市教育局规定在接办时实行"两动三不动",所谓"两动",即动校牌,将私立改为公立;动学费,将学费降低到和公立学校一样。所谓"三不动",即人事不动,工资不动,财产不动。于是,徐汇区内的 17 所私立中学、53 所私立小学全部改为公立。

徐汇区教育局在接办私立中小学的过程中,从学校地点、校舍场地、管理力量和师资队伍等诸多因素考虑,对原有的学校进行了调整、合并;同时对学校校名作了统一安排。私立南洋模范中学在改为公立时,和马路对面的私立成义中学合并,改名为上海市第七十一中学(一年以后恢复南洋模范中学校名)。后来原沪新中学的高中部也并入南洋模范中学。原南洋模范小学和幼儿园,从南洋模范中学内迁出,与南洋模范中学脱钩,分别改名为天平路第一小学和天平路幼儿园。原在七宝镇的初中分校,与七宝镇农校合并,成为七宝中学。南洋模范中学的领导由上海市政府任命,按照"三不动"的方针,沈同一仍担任校长,刘刚、张启昆、赵宪初、刘崇业为副校长,章莉为党支部书记。自此,南洋模范进入了一个公办学校的新时期。

在进入公立时期之后,南洋模范的教学环境发生了巨大的变化,赵宪初在南洋模范也开始承担起更多更重的任务。因为学校的合并、调整,加之上海市增办一批高等院校,南洋模范原本的一些优秀教师或前往其他中学,或被调入大学任教。俞养和先生与贾冰如先生就分别前往大学任教。教师队伍是一个学校发展的关键,众多优秀教师的离去,让沈同一校长备感惆怅,他曾经无奈地说:"南洋模范是一碗馄饨,现在把馄饨都捞走了,只剩下一碗汤了。"但是对于南洋模范来说,幸运的是还有一只"大馄饨"没有被捞走,继续留在南洋模范,并且为南洋模范之后的发展起了举足轻重的作用,这只"大馄饨"就是当时的副校长赵宪初。⑥

1955 年 11 月,赵宪初由沈同一介绍参加了中国民主促进会。赵宪初加入民进后即被邀代表民进参加了徐汇区政治协商会议的筹建工作。政协成立以后,他被推举为区政协委员。以后连续三届担任区政协委员。1962 年赵宪初进入市政协以后,就不再担任区政协委员。从此,赵宪初开始参加社会活动。

20 世纪 50 年代末 60 年代初,南洋模范在狠抓教育质量上是十分着力的。由于 50 年代学校的一批教学骨干被抽调到大学去任教,南洋模范的师资力量大受影响,所以首要任务是加强教师队伍的力量。当时的语文组长邵伯衡先生、数学教研组组长江志英先生以及崇安俊先生便是 1959 年前后从兄弟学校调来的中年骨干教师。同时从大学各系科挑选 20 多位优秀毕业生充实师资队伍。当年中央教育部开始部署抓教育改革和教育质量,1963 年,《全日制中学暂行工作条例》由中央正式下发,教育部部长杨秀峰到上海召开历史名校座谈会,要总结这些学校的办学经验,实际上主要是总结提高教学质量的经验。赵宪初代表南洋模范参加了座谈会,座谈会以后,南洋模范上下一股劲狠抓教学质量。作为分管教学的副校长,赵宪初提出了一系列教学管理的意见,要求全体教师一一落到实处。

赵宪初认为校长在学校工作中应该抓主要工作,而教学工作就是学校的主要工作。首先,在安排教师方面,他说:"应该特别注意把学识丰富、最有经验的教师安排在第一线的适当岗位上,而且尽可能把工作量排足。教师教学得法,学生就多受益,学习效率高,学习质量就会提高。"[7]

在教学方法上,他提倡教学民主。他说:"关于教师的教学方法,我是主张校长和教导主任不应该对教师强求一律。有的教师喜欢一讲到底,如果效果不错,学生满意,就不必说这是满堂灌而加以否定。有的教师喜欢用对话形式,边讲边问。有的教师喜欢讲得很少,而让学生自己看书,自己做练习,有必要时提出问题,大家讨论。这些方式,只要效果好,都是可以的。"对于学习外校先进的教学经验,他认为:"要鼓励教师自愿地学习和了解,但决不宜一律照搬。在这个学校这个班级适宜的,不一定适合另一个学校另一个班级。这位教师擅长的而且效果很好的,另一位教师就不一定擅长,不一定习惯,不一定效果很好。"他还现身说法:"我做校长和教导主任,对这方面是不强求教师一律的。我在听课的时候,除了教学内容在科学性上有明显的错误,作为意见向教师提出外,对教师教学方法方面,提的意见很少,即使提了,也是讨论性质,仅供教师参考,教学上应该有点民主。"[8]确实,他这样说的,也是这样做的。1963 年秋,笔者初进南洋模范,任教初中毕业班的语文课,赵宪初校长就来听过我的课,他进教室听课前也不打招呼,我走进教室准备上课,见他已经坐在后面。上课结束,他走出教室前同我笑笑,打个招呼,听完以后也不作交谈。作为新教师,内心颇为忐忑,殊不知这正是他的民主作风。

在赵宪初校长和南洋模范全体同仁通力合作下,学校按照培养学生德智体全面发展的教育方针,教育质量走上了一个新的台阶;但此时,却已是"山雨欲来风满楼",南洋模范和赵宪初,即将经受一场史无前例的考验。

注释:

①② 赵宪初《八五自述》。

③ 陆大彭(1952届校友)《〈青锋〉忆昔》,见《我和南模》第四辑213页。

④ 赵宪初《在"南模"六十年》,见《一代名师赵宪初》170页。

⑤ 王选《南模为我日后的成就打下了基础》,见《南洋模范中学九十周年纪念特刊》117页。

⑥ 王选(1954届校友)《在南洋模范的日子》,见《我和南模》第三辑349页。

⑦⑧ 赵宪初《校长与教育工作》,见《赵宪初教育文集》123、124页。

五、风雨十年

从1966年开始,南洋模范和全国各级学校一样,完全陷入瘫痪状态。当时主持学校行政工作的党支部书记兼副校长张启昆先生,党支部副书记兼副校长冯鸿鑫先生和副校长赵宪初先生全部"靠边",接受审查。学校停课,学生串联。完全处于无政府状态。一些红卫兵以破"四旧"为名,砸烂了"南洋模范中学"校牌,自称为"东方红四中",当然这样的校名也无法长久。

在"造反有理"的"文革"时期,赵宪初也难以幸免,惨遭迫害。1966年6月起,他多次被红卫兵揪斗,强迫劳动,百般侮辱。还被红卫兵抄家,洗劫一空,连楼下的住房也被查封了。后来,他又被关入学校的"牛棚"隔离审查,不准回家。每天清晨,和所谓的"牛鬼蛇神"一起,先要站在毛主席塑像前请罪,然后被押着去干打扫厕所等杂务劳动。每天要写检查,写认罪书,还常常被拉出去批斗。

到了1968年,赵宪初又以莫须有的罪名被关押在漕河泾的少年教养所,与家里的联系全被切断。关于赵宪初被关起来,学校里有多种传说:有的说赵宪初是市里的民进干部,著名的民主人士,关进监狱是保护性措施;有的说赵宪初在解放前开除过学生地下党员有罪;还有人说戚本禹解放前在南洋模范读过书,戚本禹出了事,赵宪初是去协助调查戚的问题的。谁也不知道究竟为什么。赵宪初在里面隔天就被提审一次,追问他是否是国民党之类的问题。其间,他因生病发烧,被送到提篮桥监狱医院住了一个月。这时家庭也受到牵连,妻子被勒令在里弄里扫地。直到 1971 年 9 月,因为实在查不出什么问题,他才被放出来。回到学校后,又在学校监督劳动了 10 个月。①那时,在学校图书馆小洋楼的前面,你可以看到,有一个中等身材的老人,不论刮风下雨,总是穿着一件透明的塑料雨衣,整天用简易的抽水机在抽防空洞里面的积水。直到 1972 年 7 月,他才被宣布“解放”。而这次“解放”,同当时中美两国关系发生变化密切相关。

大概在 1972 年的春天,南洋模范中学接到市外办通知,有一位在美国大学当教授的老校友要回国看望赵宪初。“文革”时期,学校是不对外开放的,而 70 年代正逢中美关系出现转机,事关国家外交,所以上海市和徐汇区的有关部门对此事十分重视,责令南洋模范中学要做好接待工作。

当时领导学校的工宣队、军宣队立即做了三件事:一是赶忙“解放”赵宪初。赵宪初当时正在操场上用抽水机抽防空洞里的积水,工宣队马上把他找到办公室,安排他到教育革命组当工作人员(即教导处的教务员)。从此,赵宪初结束了“监督劳动”的生活,重新开始做学校的具体教务工作。二是装修外宾接待室。那时南洋模范的旧校舍“红楼”尚在,60 年代初期红楼底层作为化学实验室的一间大教室,即决定改为外宾接待室。工人们连夜动工,粉刷墙壁,做水泥地坪,再用红漆油漆一新。同时又急急忙忙地布置成一间会议室,客人来时房间里还弥漫着油漆味。三是组织接待人员,学习外事政策,安排接待路线等。

客人来访的那天上午九点钟,在上海市外办的工作人员陪同下,美籍华裔教授郑绪云校友来到了母校。郑教授踏进接待室见到赵宪初先生,就一边鞠躬,一边背诵他在南模读书时赵先生教他的三角公式。寒暄几句以后,工宣队就一般地介绍学校情况,自然都是一些官样文章。但是,赵宪初这次简短的接待影响却很大。在徐汇区、在上海,中学接待外宾,赵宪初可谓开了风气之先。有意思的是,这个新闻在被“大批判”搞得死气沉沉的上海教育界,流传过程中竟然发生误传,当时恰逢著名物理学家杨振宁和李政道同时获得诺贝尔奖,这则新闻传到后来,郑教授变成了杨教授,变成了南模校友美籍华裔教授杨振宁先生到母校拜访赵宪初的故事,一时成为沪上美谈。②

此后,赵宪初在教育革命组办公室做着琐碎的教务工作,也协助办理转学工作。南洋模范招生的对口地段是天平街道的天平里委和广元里委,湖南街道的兴国里委和徐镇街道的市民里委、后胡里委等,为了弄清楚转学生所属的对口地段,他冒着酷暑,一个里委一个里委地跑,去看从什么路几弄几号到几弄几号,回来以后在练习本上详细地画成地图,以免转学时搞错。每逢寒暑假,他还拿着自己画的地图,到里弄去看学生们的向阳院活动。他对于工作就是这样一丝不苟。

在艰难的岁月里,赵宪初始终保持一个教师的本色。在这段时间,赵宪初还兼了一点数学课。"文革"时期的学生,大多数不重视文化学习。一些学生学习基础差,成绩跟不上,怎么办?学校就将这些学生集中起来,组成一个加强班,配备一些有经验的教师,多上几节课,加强一点文化课学习。赵宪初就被安排在加强班上数学课。这些学生不仅基础差,而且对学习没有兴趣,上课也不好好听老师讲,真是苦了赵老先生。但他十分珍惜重新走上讲台的机会,针对学生的实际情况,改变原有的教好学生的方法,终于取得了效果。后来他在谈这一段教学体会的时候,风趣地说:"这些学生以前数学考试'吃汤团'(得零分),现在有时候还会'吃汤团',看看都是'汤团',其实大不一样,现在的'汤团'有'油水'了。"他相信经过辛勤的教和学,学生的实际水平是有提高的。事后他将这段教学经历上升为理论,1978 年 1 月他写了篇文章《对基础较差学生应该如何教》。他说:

> 我现在提出一个教学方法,叫作"低速、高频教学法"。怎样叫"低速"呢?就是对这些学生的教学进度,不能太快,要适当放慢,让他们能够接受,能够消化,不要吃夹生饭,不要积食。怎样叫"高频"呢?就是对学过的东西,要经常反复,不让他们得新忘旧,不会因为忘了旧的而不能接受新的。[③]

他还从中国古代教育家那里找理论根据,他说:

> 我对西方和现代的教育理论学得很少,信息不多。我只能从我国自己的古代人中去找。我找的是我国古代教育家"至圣先师"孔老夫子。孔老夫子有过一句话,叫作"欲速则不达"。这就是我的"低速"两字的理论根据了。……我还找到了孔老夫子的两句话。一句叫"学而时习之,不亦说乎!"

这是孔子语录《论语》的第一节。另外一句叫"温故而知新"。这就是我的"高频"即经常复习的理论根据。④

他还以自己在"文革"中教"加强班"的学生为例证,他说:

> 我在"文革"期间,教过一个班,大部分基础差,我有一条经验,叫作"越是难懂的内容,越是教得快;越是容易的东西,越是教得慢"。这句话说错了吗?没有说错。因为学生基础差,难的部分,他们是不懂的,你再多花时间,也是"白搭"。所以我就教得快,一扫而过。但容易的部分呢,属于基础的性质,我认为比较重要,要多花一点工夫,今天讲,明天练,后天复习,让他们接受。⑤

赵宪初先生在70年代教过的学生不算多,但一分耕耘就有一分收获,一些70年代的学生,至今还常常说起赵先生,穿着一身蓝布中山装,在讲台上走过来走过去,领着他们背诵公式的情景。一位74届校友这样说:

> 赵宪初等许许多多南模老师,他们传授给我各种知识,教会我不少做人的道理……老师的恩情将永伴我心,使我受益终身。⑥

赵宪初到教育革命组工作以后,就得和大家一起参加政治学习和大批判。其时正值"批林批孔",他一边庆幸能够与所谓"革命群众"一道参加批判,一边又不得不说一些违心的话,做一些违心的事。他曾无奈地说:

> 有一件有趣的事:我小时候没有进过私塾,所以没有读过"三、百、千"这类启蒙读物。在十年动乱时期,要"批林批孔",要批《三字经》《千字文》。有的人认为我年纪大,读过一点古文,就要我解释,并作示范性的批判。于是乎在那个反"古"口号喊得奇响的年代里,我却被迫地翻阅古书,补读了我幼时漏掉的那种古老的启蒙读物,大读其古书。你看奇怪不奇怪。⑦

在 1973 年到 1976 年间,学校虽然已经正常上课,但是频繁的政治活动和学工学农,经常冲击教学秩序。赵宪初就整天伏在办公桌上调课表,以维持正常的教学秩序。有时逢到老师缺课,一时无人代课,他还常常主动去教室代课,踏实的工作作风影响着周围的同事。

注释:

① 赵宪初《八五自述》。

② 李雄豪《南模琐忆》,见《我和南模》第四辑 12 页。

③④⑤ 赵宪初《对基础较差的学生应该如何教》,见《赵宪初教育文集》102 页、104 页。

⑥ 徐红卫(1974 届校友)《回首往事谢师恩》,见《我和南模》第五辑 387 页。

⑦ 赵宪初《我的读书生活》,见《赵宪初教育文集》260 页。

六、重倡"四实"校风

1976 年,"四人帮"粉碎以后,南洋模范中学开始走进新时期。当年领导学校的工宣队和军宣队撤走了,主持学校行政工作的党支部书记俞志均也调到上海市教育局工作。1977 年,徐汇区教育局委派朱家泽和李良才到南洋模范,分别担任党支部书记兼校长和党支部副书记兼副校长,同时恢复赵宪初副校长的职务。朱家泽校长和李良才副校长到南洋模范的第一件事是拨乱反正,落实党的知识分子政策,恢复被"四人帮"搞乱的教学秩序,调动广大教师的积极性,为新时期南洋模范的发展打下坚实的基础。

党的十一届三中全会以后,以"阶级斗争为纲"的时代一去不复返了,中国进入了一个新时期。赵宪初衷心拥护,从内心发出难以言喻的喜悦。《新民晚报》副刊《夜光杯》请他说说感受最深的事情,他说:

> 本刊要我说说我这几年来感受最深的事。什么是我感受最深的事呢? 从十一届三中全会以来,拨乱反正,百废俱兴,千千万万动人的景象,使我目夺神驰,可以说样样都使我深深感动的。如果必须要从中选一件事,那么我说,党中

央正式宣布不再搞急风暴雨式的政治运动，也许就是我感受最深刻的事情了。多少年来，急风暴雨般的政治运动，一个接着一个，有时候是一个叠着一个，实在使我怕透怕透了。我是一个中学教师，一个普通的老百姓，自问一直安分守己，总想生逢盛世，可以在后半世过一些太平日子。但是，由于出身不好，又读过几年书，忝居知识分子之列。在中学这样一个不过百人的小单位里，又有一点行政的职务。于是，在千万不要忘记阶级斗争的日子里，每次政治运动，总多多少少要沾着一点边，经受锻炼。大会批判，书面检查，常常提心吊胆，彻夜不眠，做一个蹩脚的"运动员"。到十年内乱之中，竟会三年"少教所"，半月提篮桥。现在回顾，增长见识，倒也机会难得。但当时的心情，则是十分痛苦的。现在党中央正式宣布，要把这些"左"的做法，彻底纠正，我这个老知识分子总算有了安居乐业之日了。怎能不感慨万分，长长地舒一口气呢！①

当时，南洋模范1946届在沪校友40余人聚会，邀请赵先生参加。会上有两位校友，特别受人注目。一位姓沈的，原先在一个橡胶厂担任工程师，但运动中被错划成右派，戴了帽子，之后又不知何故，变成了反革命，长期在车间里劳动。三中全会以后，他得到彻底平反，并由厂里派往联邦德国联系进口一套先进设备，作出了贡献，报上也作了报道。还有一位校友，解放前曾是三青团员，解放后自然不能幸免，在安徽劳动多年，这一次他也到会参加，还带来了五十袋糖果，每人分送一袋。他说他已经调回上海原单位工作，并以50岁的大龄，刚刚新婚燕尔，向同学们报喜。当年在校的共产党地下党的支部书记，也伸手向他祝贺。这次同学聚会，赵先生十分感慨，他想得很多，想得很深，他说：

　　我想，这样的事情，在十一届三中全会以前，是不可想象的。这说明什么呢？第一，知识分子的积极性，凡是可以调动的，都在充分挖掘出来了。第二，共产党员更加平易近人，接近群众了。如果在以前，运动一到，了解调查，批判检讨，还说得清楚吗？然而，这种大家心情舒畅、生动活泼的情况，对我国的四化建设的顺利推进，似乎是不可缺少的，我这么想。②

在十年"文革"动乱中，赵宪初及南洋模范一批被"打倒"的和所谓有各种"问题"的"臭老九",与全国各地"文革"受害者一样,迫切需要解决的问题,就是给他们从政治上彻底平反,从精神上给予他们最大的安慰。同时,这批"文革"受害者都遭受过被"抄家"的厄运。所以朱家泽、李良才两位领导,到南洋模范后首要任务是为赵老等一批老教师彻底平反,澄清一切"莫须有"罪名,同时清理归还当时的抄家物资。在采访当事人的座谈会上,年近八旬仍然身体健朗、耳聪目明的李良才老师动容地向我们讲了一个鲜为人知的故事。

当时"文革"中归还抄家物资,普遍存在"十还九不足"现象。抄家物资由于登记不清、保管不严、时间过长,导致有相当一部分下落不明。校领导当时在处理归还抄家物资时,心中是有顾虑的,如何做好这项工作,既要体现党的实事求是、有错必纠政策,又要向这些老教师做好抄家物资归还中存在的"十赔九不足"的解释工作。这是个棘手的工作,我就和刚刚被"解放"的赵老交心,希望赵老能理解这项工作的复杂性和艰巨性。不想,赵老在众多被抄家的老教师中第一个表态:"这些东西(被抄家物资)全是身外之物,能够在政治上平反就行了,这件事(抄家物资归还之事)结束了,我可以代表家眷作主。"

事隔30年,李良才老师提起这件事还是那么动容,那么记忆犹新。这件事再次让我们看到了赵老是一位坦荡君子,是一位心胸宽广的长者。尽管赵老在"文革"中受尽凌辱,但仍从大局出发,不计个人得失,可谓是谦谦君子之风。这与当下社会上盛行的一切为追求金钱物质的风气形成强烈反差。可以这样讲,赵老的行动,是我们当下社会一面很好的镜子。

1979年,在赵宪初72岁高龄时被委任为南洋模范中学校长。平时大家按习惯都称呼他为"老校长",他在就职讲话时风趣地说:"大家一直叫我老校长,因为我到'老'才做校长,是名副其实的'老'校长。"在工作中,他不计较个人得失,不计较名利,依旧"两袖清风,默默奉献"。1984年10月,因年事已高,他辞去校长职务,被上海市人民政府任命为南洋模范中学名誉校长。

在担任校长期间,赵宪初在继承发扬南洋模范优良传统,按照教育规律管理学校,领导教育改革,推进素质教育等方面作出诸多贡献。他重新提出将当年唐文治题写的"勤俭敬信"作为南洋模范的校训,并赋予了它崭新的内涵。他从学校的档案室里找到了南洋附小沈叔逵校长写的一副对联"唯天生才皆有用,他人爱子亦如余",他对教师们说:"我少年时代在南洋附小读书的时候,学校的校长

室内悬挂着这一副对联,这为我后来从事教育工作时,树立要教好每一个学生的思想,是一个很好的启蒙教育,我一直以此为座右铭。"他提出爱护学生是南模教师的天职。他还对"人才"的含义作出新的阐述,他说:"中小学教育的根本目的是培养青少年一代成为社会主义建设的各方面的人才。怎样叫'各方面'?'各方面'就是要考虑到我国社会主义建设的一切方面和一切工种。……凡是积极的工作人员,能够对社会主义建设贡献力量的,就都是人才。人才中间,有些人是比较突出的,可以称为专家或尖端性人才;但更多的是做助手的,做平凡工作的,默默无闻的,然而也是必不可少的。所有这两方面的人都是人才。牡丹绿叶,相互配合,然后能够相得益彰。"1981年,学校庆祝建校80周年时,他又将南洋附小的校风发展为"四实"校风,即学业扎实,工作踏实,生活朴实,身体结实。

20世纪80年代初,赵宪初全面总结了他在南洋模范管理教学工作的经验,撰写发表了大量的文章,如《我的办学观》《我的质量观》《我的学生观》《校长与教育工作》《校长要注意建立优良的校风》等。他说,中小学的办学宗旨"应该是提高全体人民的文化素质,培养各方面、各层次的为社会主义祖国服务的人才。中小学的基本任务是打基础,所谓基础,主要是两个方面的内容:一是品德的基础,二是文化知识的基础"。关于一个学校的教育质量,他认为应该从两个方面来衡量:"一个是在校学习的时期,要看学校的校风,看学生的品德、知识、体质等方面。另一个是离校以后,就要看学生以后的学习和工作的质量,如勤奋努力,工作能力,工作态度,工作效率,等等。"他提出:"德育是教育质量的根本。智育质量不但要看好学生,更要注意'困难户'。对于这些'困难户',需要'扶贫',怎样帮助他们'脱贫'是一个值得研究的问题。"他还高瞻远瞩地提出:"培养学生创造性能力和魄力是一种高质量。"这些看法直接指导了南洋模范的教育改革,同时对全区乃至全市都产生很大的影响。③

在怎样做校长的问题上,赵宪初以自己的老师南洋公学校长唐文治作为楷模,他曾经多次对周围的同事谈起:"我 12 岁进南洋公学附属小学读书,当时大学的校长唐文治,是晚清进士,经学大师,做过清朝大官,官至尚书。但他自己辞去高官,来到清苦的南洋公学担任校长 13 年。他在学校的礼堂里悬挂一副对联,上句是'好学近乎智,力行近乎仁,知耻近乎勇,所存者仁,所过者化',下句是'富贵不能淫,贫贱不能移,威武不能屈,虽愚必明,虽柔必刚'。这副对联和他题写的'勤俭敬信'的四字校训,就是他对学生思想品德要求的概括和纲领。唐校长身体力行,学校形成了一个良好的校风。所以我们做校长,首先要在全校师生的思想品德上起领导和带头作用,为学校树立良好的风气。"赵宪初特别重视校长的人品,说校长要热爱教育事业,以苦为乐。他说过两句话,叫作"终日忙忙,不甘碌碌;常年辛辛,不觉苦苦"。他还认为,校长要为人正直,不谋私利,处事公平,待人谦和。只有这样,才能受到人们的尊敬,在群众中有威信,在学生中起表率作用。他以在南洋模范 70 年的辛勤耕耘,实践了自己的诺言。赵宪初提出校长要不断学习,钻研业务。他说,一般说来,校长必须对一门学科相当熟悉,能够成为这一学科的优秀教师。对一门学科,要达到"专",对其他学科也要达到"懂",校长应该"一专多懂"。赵宪初以身作则,在南洋模范带出了一个良好的风气。④

80 年代以后,南洋模范中学的领导班子有了新的更替。1985 年,桂庆春担任党支部书记,袁义沛担任党支部副书记兼副校长,张茂昌担任副校长。1990 年,金兆祺担任党支部书记,张茂昌担任校长,李雄豪担任副校长。赵宪初当时虽然已经是上海市政协和民进的领导,但他作为名誉校长仍然十分关心南洋模范,悉心带领年轻的后任校长们在学校推行素质教育。

赵宪初在长期的教育实践中一直是素质教育的倡导者和实践者。1981 年,他就提出人的素质主要包括三个方面:一是道德素质,二是文化素质,三是体育素质。在《关于中小学的教学要求和教改方向》一文中,他就明确指出:青少年成才"首先是在德育和体育方面有一定的基本条件"。他将青少年成才分为两个层面,第一是做人,第二是成才。赵宪初自己就是一个典型的爱国、正直、清廉、自守的知识分子。解放前,他教育学生要爱国自强,做好人,不害人。现在,赵宪初在每年开学典礼上,总要对在校学生讲南洋模范的校史,以南洋附小时期的学生,1925年"五卅运动"时牺牲在南京路上游行队伍中的童子军军号手陈虞钦,抗美援朝时牺牲在朝鲜战场上的1951届校友方能济,在对越自卫反击战前线牺牲的1975届校友赵有国等三位烈士教育学生,弘扬南洋模范的爱国传统。

赵宪初一生关心学生德智体全面发展,尤其注重对学生的德育。20世纪八九十年代,他每年在开学典礼上都会给新生颁发校徽,并给这些新来的学生讲校史,讲校训,进一步弘扬南模精神,传承、创新南模文化。但往往从大处着眼,小处着手,他曾幽默地对学生说:戴上南洋模范的校徽,你很自然地就会在26路(原来在老南模门前天平路上行驶)电车上,自觉让座位给老人和需要照顾的乘客,因为你的行为不仅代表个人,更代表南洋模范的形象。赵宪初就是这样一位长者:从细小的事关心同学们的成长,润物细无声,把毕生精力给他爱着的学生和他爱着的南洋模范,并且将这种爱推及全上海的青年学生。他在《新民晚报》上写道:

一九八二年来到了。在迎接新春的时候,我想向全市中学同学提一个希望:"乘车让座"。

上海的公共交通车辆是比较拥挤的。老弱妇病的同志,在乘坐公共车辆时,由于行动比较缓慢,往往总是到最后才上车,不大可能找到座位。但也有时一些已有座位的乘客,起立让座,这对被请就座的同志来说,当然十分感动,就同车乘客来说,也都会感到由衷的高兴,看到我们社会主义的好风尚,正在从十年破坏之中,逐步恢复过来。因此我想提出这样一个希望:要求全市中学同学,从新的一年开始,都能够做到"乘车让座"。这是"五讲四美"活动中的一项具体行动。要做到这一点,对我们中学同学来说,应该是不困难的。所失很小,所得较大,问题的关键是要有一颗利人之心。

不要以为"乘车让座"不过是一件小事,其意义却是不小的。从这里就可以看出我们是怎样处理"人"与"己"的关系的。拔一毛而利天下虽然只拔一毛,对自己总是一点小小的牺牲。如果我们能在乘车让座上作一个良好的开端,并由此提高思想认识,就能在更多的事情上正确处理公私关系与人己关系了。⑤

　　赵宪初一生爱惜有特长的学生是有名的,也一贯体现在他为人处世及教学管理上。20世纪80年代,徐汇区少体校有一批篮球运动员特长生,区里决定要放在有篮球传统的南洋模范读书,这样,可以使这些有一技之长的学生系统地进行学习,将来可以更顺利地深造或在社会上发挥一技之长,服务社会。当时,有些教师包括一些做管理工作的教师,不同意这些学生转来,怕影响学校考试的总体水平。这些教师的想法不无道理,当时名校之间的竞争十分厉害,一些学习成绩好的学生包括家长,就是看好南洋模范的名气和过硬的高考录取率而来的。这是人之常情,学生都希望到好的中学读书,将来可以进名牌大学。

　　赵宪初面对这些情况,既认可学校整体的学习成绩很重要,但又认为这不是唯一的,学校的任务是育人,教育的根本是培养和尊重每个学生个性的健康发展,培养德才兼备的、对社会有用的、懂得做人、懂得感恩的人才。为此,他在不同场合向一些有想法的教师苦口婆心地做工作,并明确表态,学校要有"不拘一格"的"人才观",看待这些学生要如同对待爱护自己的孩子一样。他又跟老师们讲了一件他自己解放以前的故事:他在做数学老师时,有一位同学叫费明仪,歌唱得很好,可惜逻辑思维明显逊于形象思维,数学常常学不好。但赵宪初老师每次总是耐心启发她,充分看到她的长处,总是以和蔼、鼓励的态度对她。经过努力以后,虽然她每次数学考试还会不及格,但赵老师总是给她60分,给她信心。后来这位同学终于顺利进了大学深造,日后成为一名著名的女高音歌唱家。在赵宪初的耐心解释和努力下,这批徐汇区少体校的篮球运动员终于能够如愿以偿地进南洋模范学习了。

　　从这件小事中,我们又看到赵宪初一贯的心地善良、热爱学生,以及不拘一格对待有特长的学生,进行个性化教育的教育理念;实事求是,尊重教育规律,贯穿于他70年的教育生涯。

　　在文化素质方面,赵宪初强调中小学是打基础阶段。他主张应该训练和培养学生达到以下五方面的要求:一是有坚实的基础知识和基本技能("双基");二是有广博的知识和见闻;三是有良好的逻辑思维的能力;四是有良好的书面和口头表达的能力;五是有敢于和能够在本身学习和实践的基础上作出自己独立判断和创造性设想的能力,有组织能力和决策判断能力。在这些方面,他都有独到的见解和实践。他认为在教学实践中,应该采用"少背,易考,博学,多能"的八字处方。他说,"双基"是指必须牢固掌握的知识和经常要用到的技能。在数学教学实践中,他一向主张"数学要唤起学生学习的主体性,教师对学生的爱是极为重要的关键因素","要承认学生是学习活动的主体,还应该承认主体的发展水平不是整齐划一的,要以学生的发展水平确定教学目标"。因此,对于学习水平一般或比较差的学生,要想方设法让他们掌握"必须掌握的基础知识",可以采用"事后100分"的学业评价观,鼓励和帮助他们掌握这些知识;而对于那些学习基础、学习能力、心理素质都比较好的学生,就应该"利用数学艰于思辨的学科特点,通过解数学难题,培养他们如何解决复杂问题的本领,同时使其体验'于艰深处体验成功的喜悦'。"

赵宪初在教学中,特别重视在课堂教学、课外活动、学生自学中间引导他们尽可能做到多见多闻,他认为,"这对于青少年的成才是完全必要的。因为各种知识是互相联系互相渗透的。多见多闻,不但增广知识,而且也必然会增强吸收知识、分析知识的能力"。他还提出在教学中要注意培养学生创造性设想的胆量和能力。他说:"首先在各科教学中,要提倡独立的思考和创新的见解。在师生关系上我们提倡尊师,但在学术问题上则不能'唯师'。我们提倡认真读书,但又不能'唯书'。"

赵宪初在学校的课程安排上,严格执行市教育局颁发的教学计划,不增加课时,不加班加点;他反对"题海战术",尤其对偏题怪题深恶痛绝。他曾经公开著文形象地用旧社会"缠足"陋习来比喻作业负担重和偏题怪题的危害:

老年人总不免有点回忆,我忽然回忆到幼年时代的女子缠足问题。当时正在辛亥革命前后,比我年龄大三五岁的女子,大都受过缠足的苦难。后来是我老师的沈心工先生,写过一首反对缠足的歌,大意如下:缠足苦,苦难当;女儿哭,叫亲娘;女儿苦,母心伤;硬手脚,软心肠,亲娘也在泪汪汪。既然亲娘也在泪汪汪,那为什么不干脆让女儿不要缠足了呢?不行啊!这是会贻误女儿终身的,将来嫁不出去怎么办?

几十年过去了,这样的事,已经成了历史的陈迹。……为什么我忽然回忆到女子缠足的事呢?因为现在的小学生负担过重问题,在家长思想上,和当年的女子缠足,是颇有几分相似之处的。我经常碰到一些亲友,一谈就要我呼吁呼吁。虽然领导上已经明确表示,而且确实三令五申,要学校设法减轻学生负担。学校为什么不能贯彻呢? 校长和教师,也不赞成。教师说,小学生负担过重,我们难道不吃力? 但是,有什么办法呢? 考不进重点学校怎么办? 学生的家长,心里也是十分矛盾的,看自己的子女到晚上还要做很多作业,老晚还不能睡觉,只好陪着;有些家长还要加一点"家庭营养菜"。一方面在诉苦,一方面又在加苦,为什么? 也是这一句话:考不上重点中学怎么办? 这是子女的终身大事啊! 你看,和几十年前的女子缠足问题,不是十分相像吗?

当然,女子缠足,是完全不合理的。所以后来随着革命的浪潮,妇女的"足"就很快得到解放了。至于小学生的作业负担,一部分还是合理的,必要的,不能全面否定,因此事情的解决就不那么简单。⑥

赵宪初在学校工作中虽然已经退居二线,但他的这些真知灼见实实在在地指导、推动了南洋模范的素质教育的开展。

赵宪初是资深的理科教师,但是,他不仅能够写一手生动活泼的好文章,而且对于中学语文教学也有独到的见解。社会上有一种比较普遍的看法,认为学习语文花的时间多,但见效慢,效率低。针对这种现状,赵宪初提出学习语文的"五之"说:

所谓"五之",是我就中小学各科学习中对教材和教师教学内容分别对待的一种想法。"五之",具体说来是"听之"、"知之"、"识之"(或"记之")、"考之"和"用之"。

对于"五之",他一一作了具体的阐述:

先说"听之"。在普通教育中,学习的最基本方法是教学,也就是上课。在课堂教学中很多时间是教师讲学生听。学生上课听讲,必须仔细用心,这是毫无疑问的。大部分教学内容,"听之"是第一步,但有一小部分内容,则"听之"不但是第一步,也可能是最后一步,听了以后就算了,止步了。因为我们要学的东西实在太多,不应该对一切知识平均使用力量,而应选择一些更重要部分,重点使用力量。要有所取,必须有所舍。

在语文教学中,譬如一些文坛掌故,包括作家的生活琐事,教师津津乐道,而学生也饶有兴趣,但这些内容,和语文的基本功是没有什么关系的,做学生的可以听听而已。这就是"听之"的一种内容。

再说"知之"。"知之"的内容,比"听之"的要求高一些。一般来说,就是在"听之"的范围内选取的比较重要的一部分。那是要弄懂、知道的。不知道就可能在某些时候闹笑话、出洋相。譬如《论语》第一节:"学而时习之,不亦说乎。"这里的"说"字,就是"悦"字,大概因为古时候字少而通用的。如果我们看见有人写了"说"字,说这是错别字,那我们自己就弄错了。

第三是"识之",或叫"记之"。那就比"知之"的要求更高一层。当然范围也应比"听之"和"知之"狭得多。例如《岳阳楼记》中的名言"先天下之忧而忧,后天下之乐而乐";《师说》中的"师者,所以传道授业解惑也"与"弟子不必不如师,师不必贤于弟子";等等。在语文里,是必读文章中的名句,经常要遇到,我们就应该"识而不忘",牢牢记住的。

第四是"考之"。语文教学要让学生多学一些,少考一些。语文学科的内容太丰富了,样样要考是不现实的。"考之"的内容,应该和"用之"的内容联系起来。

再谈"用之"。我们学习的目的应该是学以致用。要用的是什么?首先常用的字或词要能读能写,不读错别字,不写错别字,字迹要端正。然后是能够作为学生今天和今后的生活、工作和学习的工具,能够阅读、写作和说话。写作首先要文字通顺,条理清楚,中心明确。要经常写,写实的文章,而不要虚构事实,故作惊人之笔,那么语文的教学效果就会好了。[⑦]

赵宪初还认为学校各科教学中都有语文教学,例如上课板书的端正,不写错别字,讲课语言的规范,顺畅,有条理,这些对于学生的语文水准提高都会起潜移默化的好作用。

20 世纪 80 年代,也是赵宪初著书传经的高峰时期。这一时期他在各种报章杂志上陆续发表了 300 余篇短文,其中在《文汇报》上发表的许多有关教育的文章,颇受教育界的好评;在《新民晚报》"夜光杯"上针对时事新闻、社会热点、教育改革发表的近百篇生动幽默、通俗易懂的短文,给读者留下深刻的印象。其实,早在新中国成立以前,赵宪初就编写过三本数学教科书。一本是《初中代数(下册)》,一本是改编《平面几何》,一本是《三角学》。其中尤其是《三角学》广受好评,影响很大。新中国成立以后,在60年代初,他编写了一本初中代数复习书,曾被天津等地的学校用作教科书。1963年前后,他又为少年儿童出版社出版的《十万个为什么》的数学分册写了几十篇文章,此书在社会上的评价很好,发行量很大,直到1999年改版为新世纪版《十万个为什么》,赵宪初所写的文章还有19篇被收在里面。后来,他又为上海科学技术出版社出版的"数理化自学丛书"编写了《代数》第一册。另外,还出版了《一元二次方程》和《算术自学辅导》。

在赵宪初编写和著述的众多教材和文章中,最广为人知的当数著名的"数理化自学丛书"。该丛书由上海科学技术出版社1962年8月着手组织,聘请市内有丰富中学教学经验的教师参与,每人撰写最擅长的部分(分册)。赵宪初编写了其中最重要的一本《代数》第一册。当年这套丛书得到社会各界的广泛欢迎。

"文革"结束以后,1977年8、9月间,邓小平同志召集的一次科学与教育座谈会上传出年内即将恢复高考的信息,关闭了十一年之久的高考,终于有望打开大门,让知青们可以通过公平竞争改变自己命运了。然而当时考生们最需要的是合适的学校教材和复习资料。而现实是,经过十年"文革"的摧残,我国的文化教育事业混乱不堪,知青们其实只是名义上的中学生,大多很少受过系统的课堂训练,即使上过一点的,所读课本多为《工业基础知识》《农业基础知识》之类,实际文化水准有的只有初一甚至高小。要迎考总得学习、复习,起码要有合适的课本。因此,"数理化自学丛书"就成为最合适的选择。为了适应社会的需要,出版社齐心协力,决心按原版样书发排,突击重排出版全套丛书。为了能赶上1977年冬的第一次恢复高考,等不及整套出齐就逐册出版、陆续上市发行,这样虽然给读者购书添了麻烦,却为第一批考生多争取了宝贵的复习时间。终于,在出版社、印刷厂和新华书店的通力协作下,出版社从发排起不足一个月,由赵宪初所编著的,引导学生学习数学的《代数》(一)就上架发行了。丛书重排本出版发行的消息传出,各地新华书店顿时排起长龙,广大知青和他们的家长、亲友犹如久旱逢甘霖,激动、企求和兴奋难以言表。出版社接连安排重印,仍供不应求,印了435万套,合计六千多万册。许多考生在这套丛书的帮助下,通过考试进入大学学习,后来,他们之中的许多人都成长为改革开放后中国现代化建设中的骨干力量。作为丛书的编写者之一,赵宪初在这个特殊的年代为中国的文化教育事业也作出了特殊的贡献。

注释:

①② 赵宪初《难以想象的实现了》,见 1984 年 9 月 27 日《新民晚报》第 5 版。

③ 见《赵宪初教育文集》。

④ 赵宪初《校长与教育工作》,见《赵宪初教育文集》。

⑤ 赵宪初《请同学乘车让座》,见 1982 年 1 月 2 日《新民晚报》第五版。

⑥ 赵宪初《怪题和缠足》,见 1984 年 7 月 19 日《新民晚报》第五版。

⑦ 赵宪初《学习语文的"五之"说》,见《赵宪初教育文集》250 页。

第三节　三万桃李赞师魂

自 1979 年赵宪初担任校长以后,南洋模范就开始恢复联络校友的工作。"文革"以后,百废待举,赵宪初酝酿重建校友会。当时,在他的主持下,蔡茂棠等教导处的老教师,开始着手收集校友名单和通讯地址。凭着赵宪初的人望和超常的记忆力,加上发动在校的老教师分头联系自己以往的毕业学生,开始收集到第一批校友的名单和通讯方式。然后,又发动这些校友扩大联络,将联络上的校友情况一个一个反馈到教导处。为此,教导处办公室里专门添置了一只卡片柜,只要联系上一位校友,就做一张卡片。从此日积月累,做成了上千张卡片,然后再分各个届别、各个班级编成通讯录。与此同时,在赵校长的主持下,又将学校的发展状况、在校师生的活动情况和收集到的各届各地校友的现状,写成短文,编印成册,起名为《南模校友通讯》,分发给已经联系上的历届校友。当时赵宪初已年过七旬,还兼任徐汇区副区长,但对于联系校友的事,还是亲自动手,为校友通讯写文章,甚至为分寄各地校友写信封贴邮票,然后一一寄给各地的校友。赵宪初事必躬亲的作风,让大家看着心里十分感动,于是也就认认真真地跟着一起干。

1981 年 8 月 16 日,可以说是一个阶段联络校友的成果的检阅。为了这一天,赵宪初赶印一份《校友通讯》,分发给校友,通知他们如期到校参加活动。从这一期《校友通讯》特刊的内容,可以看出大部分的文章出自赵宪初的手笔,或者由他亲自向校友约稿。他编写了《学校八十年大事记》,统计了八十年毕业生的人数:1903—1925 年,附小毕业升中院 22 届,796 人;1927—1929 年,初中毕业升中院 3 届,117 人;1933—1937 年,高中毕业 5 届,207 人;1938—1945 年,高中男生 8 届,女生 2 届,606 人;1946—1949 年,高中 4 届,832 人;1950—1955 年,高中 6 届,1636 人;1956—1968 年,高中 13 届,3201 人;1969—1981 年,高中 11 届,6784 人;共计 14179 人。其中 1949 年前毕业人数 2558 人,1949 年后毕业人数 11621 人。这些看似枯燥无味的数字,饱含着赵宪初的辛劳与感情。这些珍贵的资料,为日后校友会的重建和发展奠定了基础。为了刊物能够如期出版,及时送到校友的手里,他和施懿德先生一起,在交通大学排字房,随排随校。这一天,来自全国各地一千多位校友,欢聚在母校,庆祝建校 80 周年。这是"文革"以后南洋模范第一次校庆活动,也是一次大型的校友返校活动,大大加强了校友和母校的联系。当天,赵宪初无疑是全场活动的中心。不论是20年代30年代校友,还是50年代60年代的校友;不论是家住上海的校友,还是来自外地外国的校友,都走到他面前,向老校长致意问好,感谢他的教育使他们终身受用。第二天在《文汇报》上以"千余校友欢聚一堂,祝愿母校永葆青春"为题发表了一篇短通讯,着重介绍海内外校友回母校看望赵校长和老师们的情况。那天,一些解放前的学生地下党员,为母校送来了当年义卖助学的照片和宣传革命思想的油印小报;而曾经荣获国家体委"体育运动荣誉奖章"的撑竿跳高运动员胡祖荣,给母校送来了当年受到周恩来总理接见的照片;还有许多校友送来了自己的学术著作和科研成果;等等。从此,每年有一次大型校友返校活动,逢"五"逢"十",隆重举行校庆活动。

经过几年的联络和积累,1985年11月24日,由赵宪初主持校友会筹备会,商量成立校友会事宜,不料与会的校友情绪激奋,要求赵宪初宣告即日成立校友会。事后经过三个月的酝酿,在1986年2月12日的校友会理事会上,通过了《上海市南洋模范中学校友会章程》和校友会名誉会长、顾问、会长、秘书长、副秘书长、上海理事名单,南模校友会初具规模。到1991年建校90周年时,校友会联络的校友名单上已有3300余人,其中上海校友2000余人,外地校友1100余人,海外校友200余人,盛况空前。

人们在考察一所学校时,尽管往往有人看它的校舍是否宽敞、设备是否先进,有的人还要看看生源的质量、教师的素质和校长的资历,但衡量一所学校还有一个十分重要的指标,那就是"校友"。学校是智慧的摇篮,而校友是学校精神、智慧和传统的宝库,保存着一所学校无可替代的传统精神和文化积淀。大凡为人称道的名牌学校,无不为社会培养出一大批精英。这些社会精英,在学生时代得益于母校的精神和文化的哺育;这些社会精英,在境内海外,在他们生活和工作的地方,传播和发扬着母校的精神,给母校增添了荣誉,成为母校的骄傲。

先说一位老校友,20世纪20年代毕业的张光斗先生,水利水电专家,早在1955年就当选为中国科学院学部委员(院士),曾担任清华大学副校长。他长期在北京生活,但他的爱国情愫早就在南模校园流传,成为母校的精神财富、教育学生的好教材。张光斗先生1924年进入南洋公学附属小学,在校三年,1927年在南洋公学附属初中毕业。1935年考上清华大学公费留美,1937年获美国哈佛大学土木工程硕士学位,当年祖国正处于全面抗战的危难时期,有人劝他留在美国继续深造,他说:"我学的是水利工程,长江和黄河不能搬到美国来。"他毅然弃学回国,为祖国的水利水电事业贡献力量。1994 年,南洋模范中学学生交响乐团到北京演出,专程送票给张光斗先生。张先生已年过八旬,大家担心他不能来看演出。不料在演出的那天傍晚,张先生早早地就坐在贵宾休息室里等候,乐团的带队老师连忙送上演出资料。看到母校来的学生和老师,张先生很高兴,并且很认真地听着老师向他介绍母校的情况。一位德高望重的老科学家,给人的印象是那么谦虚,那么平易近人。

大概在 1991 年 90 周年校庆前后,毕业于 1949 年的校友李道豫先生回母校,当赵校长陪他参观校园走进图书馆时,他风趣地说:"这扇门我不敢进去,当年这里是'女子部',外面用竹篱笆围着,对我们男生来说是'禁地'。"李道豫先生那时已经出任中国驻联合国全权大使,但回到母校,就好像又回到 40 多年前的学生时代,谈笑风生。2001 年 11 月,在南洋模范中学建校 100 周年的庆典上,李道豫先生作为校友代表上台发言,感谢母校辛勤培养,祝福母校青春永驻。

1937 年在南洋模范高中毕业的万津先生是个很有影响的海外校友。他 1929 年 11 岁进南洋模范高小预备班,在南洋模范读了 8 年书,对南洋模范有特别深厚的感情。他年轻时在加拿大奋斗,后来成为实业家,在渥太华是个知名人士,被推选为加拿大中国友好协会会长。他多次带着年轻人到母校参观访问,有一次赵宪初接待他们,当向来宾介绍学校如何发扬老南模"学业扎实,作风踏实,生活朴实"的校风时,万津先生就语带感情地回忆起少年时代在南洋模范学习的情况,他深情地说:"就是靠母校培养了我踏实的作风,我才能在加拿大做出成就,才能赢得加拿大人民的信任。"万津先生的一席话震动了在座的年轻人,也让大家看到了南模校风和传统的巨大力量。

40 年代的校友严倬云、严停云姐妹与母校也有着深厚的感情。为纪念母校 90 周年校庆,当时已经成为台湾著名女作家的华严(严停云的笔名)给母校寄来了一篇短文《母校九十周年校庆感言》(本文已收入台湾出版的《华严短文集》),她写道:

四十多年前,我从福州到上海,踏进了南洋模范中学,那是我求学时期的一个转折点。师长们的教导，同学间互相切磋琢磨，划定了我日后遵循着走的路线。高中毕业到圣约翰大学，大学毕业后来到台湾，我秉承着南模精神，尽一己之力到如今。人事和潮流尽管变迁，南模校友心中所珍惜的一粒种子永远存在。不论我们人在哪里，都愿勤奋地培植灌溉，冀望能有丰硕的成果，为全人类谋福祉，为苦海的人生奉献美好、芬芳的花朵。①

1991 年 10 月，严停云又回到母校探望老师，当年的女子部主任、她的老师施懿德先生和一些同班同学热情接待了她，赵校长和老师们一起请她参观学校的图书馆（女子部旧址），看一看她当年坐过的教室，并一起在图书馆门前合影留念。华严女士也将她在台湾出版的一套小说集，送给母校的图书馆留作纪念。事隔 7 年以后，1998 年 10 月，华严的姐姐辜严倬云女士随同台湾海基会董事长辜振甫先生来沪访问，在沪期间，她不忘老师施懿德先生和当年的南洋模范的同窗蒋碧霞女士等，一起高兴地回忆学生时代的往事，虽然事隔四十余年，地逾数千里，但正如华严女士所说，母校在校友心中的"一粒种子永远存在"。

南洋模范的学子遍布全国，移居海外的也不可尽数。为进一步联络校友，互通信息，在 1996 年，借庆祝 95 周年校庆的时机，校友会决定发动校友以"我和南模"为总题目，撰写回忆文章，编成"95 周年校庆专辑"。赵宪初虽为名誉主编，但他直接参与其事，并且亲自动手为专辑写"序"和"后记"。他在"序"里写道：

> 南模数十年来，培养的人才为数众多。校友们当年在学校里学得了做人之道，打好了学业的基础，或者学得文武艺，后来进一步深造。多年来在各地方各方面工作服务，为国家，为人民，为社会，为世界作出各种不同的贡献。许多来稿叙述了这方面的成就，互相交流，同学们看了，自然也是很高兴的。有些来稿，文字虽不多，但叙述了毕业后的工作简历，也可以了解校友们的行踪寄迹，便于相互联系，互通信息，这样的报道，自然也会受到同学们的欢迎的。
>
> 总名叫《我与南模》，内容可以各不相同，多角度、多方面着笔，还可以自命文章的小题目。
>
> 希望校友们继续来稿，俟积有一定数量，当再出版二辑三辑。②

在赵宪初的倡导下,《我与南模》一辑一辑编印,至今已成为南模校史的宝贵资料,校友们喜爱的读物。

南洋模范培养的人才为数众多,而赵宪初到处可以碰到自己的学生,他曾经说过"西子湖畔重相逢"的故事:

> 1978年夏季,中国数学会理事会在杭州举行。当我走进招待所的大门时,一位白发苍苍的老人拱手迎接我。他说:"我叫龙季和,1928年是和你一道进南模的。不过你来做先生,我来做学生。从1933年毕业后,一别已经四十几年了。我现在在广西大学担任数学系主任,你还认识我吗?"我说:"当然认识,你是模范生么!"他乡遇故知,喜可知也。那次开会,还有一位理事叫张恭庆,是1954年毕业生,现在在北京大学数学系工作。因为他正在国外进修,未能出席。三个人都是在数学教学方面工作,后继有人,我道不孤。而且他们都在大学工作,一代胜过一代。怎么不使人高兴呢?哈哈![3]

有人问赵宪初"你有多少学生?"他曾经做过这样的回答:

> 有人问,你教过的学生究竟有多少?我虽然是数学教师,对这道数学题却回答不出来。在南模于1991年出版的学校创立90周年纪念册上,有一个相当周到的历届学生名单。这个名单中有3万多人。这些人最老的还是我的老师,我本人也在这个名单之内,当然我的学生要比3万少得多。
>
> 我们中国最早的孔老夫子据说有弟子3千人,身通六艺的有72贤士。小子不敏,大概我的学生数3千左右还是有的。有名气的学生恐怕还不止72人。以此自况,总觉得终身做教师还是很有意思的。[4]

赵宪初一生教过多少学生,他说"回答不出来";但赵校长心里想得出的,口中叫得出姓名的学生,恐怕不下千人吧。1954届校友赵家铭在《我和南模》第六辑写了篇文章《父亲和校友之间》。文章不长,现摘录片断如下:

> 在校友会办公室的书橱里,有一本精美的画册,书名是《志在振兴中华欧美同学会80年》,里面是很多位欧美同学会成员的照片和说明。每一页一

位,共有 199 位,都是科技界的精英。这一本画册是 1951 届校友章继高送给南模的。他在北京邮电大学任教,是电接触方面的专家。我翻阅时发现里面夹了两页纸。其中一页就是章继高送书时在 1994 年 2 月 22 日写的附在里面的信,内容里说:"画册中至少有三位南模校友的传记,他们是陈俊亮(51届)、章继高(51 届)、蔡生民(52 届)。估计还有其他学长也是南模校友。"后来郭家驯老师就把这本画册送到父亲赵宪初先生那里请他辨认。当时我看到父亲拿到书后就一页一页翻阅,看到是南模校友的,就在纸上记下来。在翻阅辨认时,有时还查看九十周年纪念特刊的学生名录进行核对。现在夹在画册里的另一页纸就是父亲当时辨认后所记录下来的。在这页纸上一共有8 个人的名字,在每个人姓名后面还写了这一位在画册中第几页,是南模哪一届学生,在南模 90 周年纪念刊上第几页,有两位还加上一点附注。这 8 人中前面 6 人依次是:蔡生民(52 届)、陈俊亮(51 届)、许庆斌(46 届)、张光斗(初中第一届)、张恭庆(54 届)、章继高(51 届)。这 6 人是南模校友均无疑问,后面 2 人,第 7 人姓名是张宗祜,是中科院学部委员,父亲知道南模 41 届有一位校友名字叫张宗祜,一模一样,于是写上张宗祜(41 届),可是大概从照片上看或者从籍贯上看有点出入,于是产生了疑问,所以在这个人名字后面做了一个附注:"要请濮继文来看照片和籍贯,此人也是学部委员,但是不是这个人还不敢确定。"经过辨认以后证明画册中的张宗祜院士和南模校友张宗祜是同名同姓,但并非同一人。名单中的第 8 人叫刘公诚,是 1929 届初中的校友,父亲在这个校友名字后也加上了一个附注:"此人是刘鸿生的儿子,据周寰清讲,在南模读过书,叫刘念? 我不清楚,要问周寰清,29 届初中,校友会理事。"在这页纸上还留有用另一种墨水颜色写的这位校友的名字刘念悌,笔迹也和父亲所写不同。由此也可以猜出周寰清校友是来辨认过而且写出了这位校友的另一个名字。[⑤]

上面摘引的文字,叙述的只是一件小事,但赵宪初记忆力之超常,与校友之间的感情,以及他对校友会工作的一丝不苟,真是感人至深。

赵宪初在个人道德修养上,恪守儒家的"慎独",谦虚谨慎,严以律己,宽厚待人,生活俭朴,廉洁奉公。而在政治上,他热爱祖国,热爱党,一生清白,注重大节。

1949年,新中国成立以后,他自觉接受思想改造。1951年,他去安徽农村参加土改工作队,第一次参加政治运动,了解中国农村社会,在思想深处有很大的触动。1955年11月,赵宪初由沈同一介绍参加了中国民主促进会,经常参加民进的学习活动,政治思想觉悟更加提高。他在《九十自述》中说:"解放后,在党的教育下,开始参加一些活动。1955年11月,由校长沈同一介绍参加了中国民主促进会,每两周到校外参加一次学习。"

中国民主促进会(简称民进)是以从事教育文化出版界的高中级知识分子为主的,具有政治联盟性质的,致力于建设有中国特色社会主义事业的政党。主要创始人为马叙伦、王绍鏊、周建人、许广平、林汉达、徐伯昕、赵朴初、雷洁琼、郑振铎、柯灵等同志,他们大多是在抗日战争时期留居上海的文化教育界进步知识分子,在中国共产党的帮助下,坚持抗日救亡斗争;抗战胜利后,又积极投入反对内战、争取和平、反对独裁、争取民主的爱国民主运动。根据当时斗争的需要,经过充分协商,他们决定成立一个以"发扬民主精神,推进中国民主政治之实现"为宗旨的政治组织,定名为中国民主促进会,并于1945年12月30日在上海正式宣告成立。中国民主促进会坚决拥护和响应中国共产党在1948年5月1日发出的"各民主党派、各人民团体及社会贤达,迅速召开政治协商会议,成立民主联合政府"的号召。民进主要领导人先后由上海及香港转入解放区,参加了新政协的各项筹备工作。1949年9月,民进代表马叙伦、许广平、周建人、王绍鏊、雷洁琼等同志出席了中国人民政治协商会议第一届全体会议,参与制定了《共同纲领》,为新中国的诞生作出了自己的贡献。

赵宪初加入民进以后,就开始从学校走向社会,既是一位终生从事教育的教育家,又是一位爱国爱党的活跃的社会活动家。1956年,他代表民进被邀请参加了徐汇区政治协商会议的筹建工作。徐汇区政协成立以后,他被推举为区政协委员和常委。不久民进市委筹组徐汇区委员会,赵宪初担任筹委会副主任,主任是董涤尘。民进徐汇区委成立时,董涤尘任主任委员,赵宪初任副主任委员,合作得非常融洽。一直到1962年左右,两人分别到民进市委工作才辞去区委委员。赵宪初从徐汇区政协1956年成立起,连续担任三届区政协委员,直到1962年进入市政协之后,才不再担任区政协委员。

1959年,民进苏、浙、沪两省一市在杭州举行交流活动,赵宪初作为民进上海市委委派的代表参加交流活动,在交流中他接受了许多新思想新观念。1960年,民进中央召开中央委员会扩大会议,他又被民进上海市委推选前往参加。从北京开完会回来后,赵宪初当选为民进上海市委委员。随后,统战部主持召开中学校长座谈会,赵宪初和与会的校长,有六位都是民进成员,他们畅所欲言,为教育改革献计献策。每一两个星期举行一次座谈会,大约开了半年,当时中央正在召开"神仙会",他们这些聚会就被称为"小神仙会"。

1961年,赵宪初去嘉定外冈参加上海市社会主义学院的学习,大约三个月。1962年,他被推举为上海市政协委员。1964年到1965年,赵宪初又去北京参加了中央社会主义学院为期一年的学习,在中央社会主义学院,赵宪初如饥似渴地学习马列主义、毛泽东思想,学习统一战线理论,自觉改造世界观,写下了许多学习心得和体会。这次学习,是他第一次系统地学习马列主义、毛泽东思想和统一战线理论,这使他的政治思想理论又有了新的提高。

1965年初,民进上海市委换届,赵宪初当选为民进上海市委的副主任委员。从此,赵宪初走上了民进上海市委的领导岗位。

"文革"以前,赵宪初已经是民进上海市委副主任委员和上海市政协委员。"文革"中这两个组织全面停顿。"四人帮"粉碎之后又恢复了活动。1977年,赵宪初当选为上海市政协常委。1979年10月在中国民主促进会第四次全国代表大会上,他当选为民进中央委员。1987年6月因年龄关系辞去民进中央委员,当选为民进中央参议委员会委员。1988年4月在上海市政协第七届委员会上,赵宪初当选为上海市政协副主席。1988年5月,赵宪初当选为民进上海市委主任委员。当时,赵宪初已过了80周岁,他表示,一旦有了合适的人选,即辞去主任委员的职务,让位新人。在主持民进上海市委期间,他带领上海广大民进成员高举邓小平理论的伟大旗帜,以经济建设为中心,为加强民进的自身建设,认真履行参政党职责,参加了许多重大的社会活动,作出了积极的贡献。

1990年6月,为了推进民进上海市委领导班子的新老交替,赵宪初主动辞去了民进上海市委主任委员的职务,他说,我不当主委了,但我还是一名民进会员,民进会员的称号是终生的。1992年6月,赵宪初被推举为民进上海市委名誉主任委员。1992年12月当选为民进中央参议委员会常务委员。在回忆中赵宪初自谦地说:"1992年6月被选为民进中央参议委员会常务委员。在这一段时期内,我的社会政治活动很频繁,但由于本人德薄能弱,贡献不大,非常惭愧。"

改革开放以后,特别在担任民进上海市委领导以后,赵宪初参加的社会活动多了,会议也多了,但他并不放松学习。他曾经风趣地自称"会议工作者":

> 我是一个教育工作者。但从形式来看,我可以说是一个会议工作者。我的工作就是参加各种会议。一星期十二个半天,淹没在会海之中的时间经常要占三分之二以上。有时星期天也得贴上。……那么会议是不是影响了工作呢? 也不能这么说。因为我年过七十,本来是应该退居二三线了。具体工作,应有年轻人接班。我如有余热,参加一些会议倒是比较合适的工作方法和用武之地。
>
> 参加会议有些什么工作好做呢? 会议的内容,细细解剖,无非是两项:一曰听别人发言,二曰自己发言。听别人发言是主要的,可以得到新的信息和知识,可以了解形势和方向。经常参加会议,就可以补救个人学习的缺陷。何况有时候听到别人的精辟议论,即使是三言两语,也是得益匪浅的。……我自己的发言,注意下列几点:一是说话要扣住会议中心,不要开无轨电车。二是要针对当前的矛盾,有的放矢,不要作无病呻吟。三是发言宜短不宜长,宜简不宜繁。四是抓住一二点,不要求全。发言全面完整,虽然可以不出毛病,但毕竟太啰唆了,我不欢喜人家这样发言,推己及人,我想人家也讨厌我这样的发言的。五是最好有点一得之见,不要人云亦云。当然也不是以立异为高,但总得有点新意。[6]

赵宪初努力学习邓小平理论,拥护党的方针政策,积极参政议政。由于赵宪初坚持不懈地学习形势和政策,所以能够积极地为上海的改革开放和现代化建设建言献策,并且能够在教育改革、社会民生、精神文明建设诸方面在报刊上发表独到的见解,产生广泛而积极的影响。

20世纪80年代初,教师和知识分子的待遇低,当时有人说:过去是"三个臭皮匠,抵个诸葛亮",现在是"三个诸葛亮,不如一个臭皮匠"。针对这种现象,赵宪初写了篇文章《诸葛亮与"臭皮匠"》:

前几天，我听到一句话，叫作"三个诸葛亮，不如一个臭皮匠"。这句话却颇为费解了。这句话是出自大学校长之口的。他说这句话是近来在大学生中流传的，因此猜测，是说三个大学毕业生的工资收入，还不如一个个体户的皮匠师傅。前些天听说上海一个带"外"字号的大宾馆招考服务人员，有许多大学毕业生、硕士研究生都前往报名，其原因大概也是认为收入高。

我是在中学里工作的。对中小学教师接触比较多，也颇听到一些中小学教师的闲言怨语。有的说是"老子不及儿子"。有的说"丈夫不及妻子"。他们说儿子在"文革"期间，错过了宝贵的学习时间，知识不多，现在进工厂工作才几年，工龄只抵我的零头，然而奖金大，外快多，我这个工龄不短的教师，却远远不如他。他们说，我们的妻子学历不高，但经济收入不小，也比我们做教师的丈夫实惠。[7]

对于中小学教师因待遇低而队伍不稳人心不定的现象，赵宪初一边做教师的思想工作，一边向社会向领导呼吁：

现在提高全民族的精神文明的问题，已经提到议事日程上来了。我们担任这方面工作的同志，当然应该认真学习，更加勤奋地工作，不负国家和人民的重托。同时，也希望领导要高瞻远瞩，看到精神文明的特点，它的生产效果，既有精神方面的，也有经济方面的，近期虽看不到，拿不着，远期却是巨大的，有决定性意义的。在经济待遇方面，要采取坚决措施，及时恰如其分地解决。那么"三个诸葛亮，不如一个臭皮匠"以及"老子不如儿子，丈夫不如妻子"之类的怨言，自然不平而息，教师的队伍，可以人心稳定，近悦远来了。[8]

除了知识分子、教师、教育改革这些与学校相关的话题，赵宪初还对一些社会热点问题，在《新民晚报》《解放日报》《文汇报》等报刊上，发表自己的看法。例如对怎样"致富"的问题，他发表过一篇《让怎样的人先富起来》的文章，呼吁社会要提倡劳动致富，诚实致富，创造致富。对于所谓"富二代""官二代"问题，他写过一篇《无势无财却是福》的文章，他说：

有财,你的子女就可以要什么,有什么。这就养成浪费摆阔的习惯了,就容易追求享受和奢侈了,就会看不起勤勤恳恳的学习和工作了。懒惰和享受,正是子女有可能变坏的温床。有势,你的子女有了缺点错误,不容易得到及时的信息,如果你再加以姑息,那么更会使子女有恃无恐。有财有势,你的子女,就会有坏人来趋附奉承。吹牛拍马之徒,声色帮闲之辈,看起来是好朋友,为你服务,实际上则是起腐蚀作用。这样,你的子女一不小心,家长们如果不及时教育,就很容易误入歧途。《水浒传》里那个高衙内,《红楼梦》里那个薛蟠,不都正是因为家里有财有势而为非作歹吗?[9]

赵宪初二十多年前说的对于富家子弟官家子弟教育问题的逆耳忠言,今天我们听来,不是感到那么的远见卓识,语重心长吗?

赵宪初作为一个民主党派的领导和知名人士,牢记民进创始人马叙伦的"只有跟共产党走,才是在正道上行"的教导,始终坚持自觉接受中国共产党的领导,与中国共产党长期合作,肝胆相照,风雨同舟,是中国共产党的诤友挚友;而作为一个德高望重的老教育家,对于国家的富强,对于国家未来的希望——青年学生,又是那么悉心的爱护和衷心的企盼。赵老针对当时教育界,包括南洋模范存在的一些违反教育规律的做法和现象,总是以一个老知识分子的良知,提出自己的一些经过思考的想法与观点,其中一些观点与想法因当时的应试教育环境不易被大家接受,但赵老在一些公开的场合仍然常常讲。不唯上、不唯书,坚持真理,坚持科学态度,是赵老一生秉承的作风。赵老先生的道德文章给后学者留下了取之不竭的宝贵的精神财富。

从20世纪80年代起,赵宪初已经是一位活跃的社会活动家,党外高级行政干部。1981年起,他担任徐汇区副区长,民进中央委员,民进上海市委主任委员,上海市政协副主席,民进中央参议委员会委员。赵宪初的地位发生了变化,但他节俭朴实的作风不变,南洋附小"生活朴实"的教育影响着他的一生。自从1939年以后,赵宪初就长期居住在华山路天佑里的石库门房子内,1945年抗战胜利后,房东的一个女儿从重庆回上海,要收回房子,于是赵宪初又搬到天佑里的另一幢石库门房子整整住了45年。旧式里弄天佑里没有煤卫设施,数十年他安之若素,从不抱怨生活上的不方便。70年代,里弄里设置了倒粪池,他还笑呵呵地说,从此家里可以不在黎明时一听吆喝,急忙起来赶粪车了。在住房方面,他觉得,只要离学校近一点,有房子住就可以了,从不向组织提出任何要求。1988 年,他担任上海市政协副主席后,家里才安装了电话。直到 1990 年,才搬迁至市里配给他的永福路上有煤卫的三室一厅住房。而他家客厅的墙上,依然挂着那只已经使用了半个多世纪的地球牌电钟,家具都是旧的,摆设十分简单。

赵宪初衣着朴素,从来不穿西装皮鞋。解放前,他走上讲台总是一袭长衫。解放后,改穿中山装,脚上仍旧是一双布鞋,从不以为"土"。有时候穿上那身礼服——咔叽中山装,大家就知道他今天要接待嘉宾或参加盛会了。赵宪初每天步行来到学校,即使到远处开会办事,80 岁前还经常挤公共汽车外出。尽管当选为上海市政协副主席以后,为他配备了汽车,但是他坚持不为私事用公车。有一次,市委领导到他家慰问,知道他仍然经常步行或乘公交车外出以后,当即指示市政协一定要派车。从此以后,赵宪初为了不让驾驶员为难,除了开会参加活动以外,就较少自己外出了。赵老"当官不像官",虽然身居领导岗位,但从不摆谱,讲话平民化,不讲假话、官话、套话,不以权压人。在日常生活中,赵老对学校里的普通教师,里弄里的街坊邻居,都平等相待,和睦相处。他说:

> 我们在上海住过 4 个地方。其中有一个地方居住了 40 多年。我们和邻居一直很友好,从不争论吵架。有的时候吃了小亏,我们也从不计较。这就是嘉善人的传统和作风。行年九十,我们没有忘记嘉善人传给我们的勤劳、朴实、谦虚、谨慎的作风。⑩

赵宪初对生活的要求非常简单,始终是粗茶淡饭,烟酒不沾。1993 年,赵宪初已 87 岁高龄,因他简朴、健康的生活习惯,被评为上海市第三届健康老人。

赵宪初有一个和睦的家庭。赵夫人到上海后就负责料理家务,每天早上总是第一个起床,晚上最后一个睡觉。除了保证全家的衣食,还要辅导子女做功课,照顾老人生活,十分辛劳。赵宪初夫妻男主外,女主内,浮沉相随,荣辱与共。赵宪初能全身心地投入工作,与夫人料理好家务分不开。1978年,南洋模范中学为赵宪初校长从教50周年举行庆祝会,邀请他的夫人一起参加。赵宪初在会上深情地说:"我50年来能够安心工作,是因为家里有一个人做好后勤工作。我的子女的学习成长,最早的基础也是靠他们的母亲配合学校打下的。如果说我现在在工作上能够勉强胜任,我的夫人应该有一半的功劳。"像每一个典型的中国知识分子家庭一样,赵家在不经意间会流露出一些生活的幽默和哲理。1982年4月赵宪初在《新民晚报》的副刊《夜光杯》上发表了一篇短文《我们夫妻之间》,透露了一点他处理家事的奥秘:

> 至于夫妻之间,有没有矛盾?我看没有矛盾是不符合辩证唯物主义的。我们之间,当然不至于大吵三六九,但有时也有小争论,不过大抵是属于家务安排的细小事情。在这种场合,我总是让她说最后一句话。因为社会上有一条不成文的规律,在吵架时,谁说最后一句话,谁就算是胜利者,至少可以自以为是胜利者。所以,在家庭争论中,我总是把说最后一句话的权利让给她,自甘失败。家务本来是分工给她的,当然应该让她有职有权,才能调动她的工作积极性。我奉劝做丈夫的人,都应该有这样一个风格。这样家庭就会和睦,天下就会太平。⑪

赵宪初的家庭是一个教师世家。他的父亲是教师,在嘉善教育界是新式教育的前辈。赵宪初夫妇结婚后,先后生了七个孩子,除一个男孩在抗战初期因病夭折外,还有三男三女。赵家家学渊源深厚,崇尚师道,他6个子女中,有4人当教师:大女儿在南洋模范念高中时参军,复员后考取南京工学院,毕业以后分配到华东化工学院教书。小儿子赵家镐从上海师范学院毕业后,分配到上海位育中学教数学,曾四次被评为劳动模范、全国优秀教师,后来又担任位育中学校长,也是数学特级教师。次女赵家瑞华东师大数学系毕业后,先在天津化工局中专教书,后来调来上海市金山石化的华东师大三附中教书。幼女赵家瑛在华东化工学院毕业后,分配在锦西工作,后调至上海高桥石化公司职工大学教化学,还有两个媳妇和一个孙子也都是教师,一家三代有9位教师,堪称教师世家。有人问赵宪初:

"为什么你们都喜欢当教师?"赵宪初曾经做过这样的回答:

> 子女中当教师的,一方面是工作分配,另一方面可能也有一点受我的影响。一种影响是遗传,我子女的性格,大多和我差不多,愿意勤勤恳恳地工作,能够清清楚楚地讲解。说得好听一点是不慕名利,尽可能与人无争。真正有矛盾的时候,也大多愿意退让,吃点小亏,这种人做教师是适当的。另一种影响是感染。我虽然没有对子女宣传过做教师工作的重要,但他们从小就看我工作比较平静,他们看在眼里,记在心里,年长日久,也就对教师工作不那么觉得讨厌了。⑫

朴朴实实的几句话,显现出赵宪初淡泊名利、勤恳踏实、谦让平和的纯朴家风和高尚人格。赵宪初在为人、为学上,为后人树立了楷模。同样,赵宪初在为官上,也让我们钦佩不已。

1998 年 4 月 17 日,一代名师赵宪初走完了 92 年的人生历程,在上海华东医院逝世。4 月 25 日,上海市各界人士、亲朋好友、南洋模范师生、家长代表近八百人,在龙华殡仪馆为赵宪初先生送行。

2003 年 4 月 17 日,在赵宪初逝世五周年之际,由南洋模范 1937 届、1951 届、1963 届三届校友发起筹建的赵宪初铜像在天平路南洋模范校园揭幕。栩栩如生的铜像竖立在百花丛中,花岗岩底座上刻有"一代名师赵宪初(1907—1998)"字样;左侧是赵宪初总结的南洋模范"四实"校风:"学业扎实,工作踏实,生活朴实,身体结实";右侧是赵宪初自勉名言:"终日忙忙,不甘碌碌;常年辛辛,不觉苦苦";背面刻有 1937 届校友蒋贻谟撰写的《恩师赵宪初先生像赞》:"其才上上,其貌惇惇。其行端端,其言温温。其心拳拳,其教谆谆。昔吾生徒知识之所获,而今犹受其益;昔吾生徒耳目之所接,而今犹睹其真。从教毕生,百年树人。猗与伟哉,一代留名。式是遗像,千秋典型。"一座象征南洋模范师魂的铜像,将昭育一代代南模后学,召唤海内外万千南模校友,使南洋模范之传统精神永远传承发扬。

2010 年 11 月 18 日,嘉善县西塘镇隆重举行"赵宪初图书馆"开馆典礼。嘉善图书馆西塘分馆以赵宪初命名,旨在弘扬西塘名人文化,展示历史文化名镇深厚的人文底蕴,滋润后生健康成长,激励后辈奋发图强。"赵宪初图书馆"的匾名,由赵宪初的学生,中国图书馆学泰斗顾廷龙先生之子中国科学院院士顾诵芬[13]题写,名师高徒,辉映流芳。

注释:

① 见南模建校 90 周年纪念册。

② 见《我和南模》第一辑。

③ 见南模建校 80 周年《校友通讯》特刊。

④ 赵宪初《九十自述》,见《我和南模》第二辑 8 页。

⑤ 见《我和南模》第六辑 179 页。

⑥ 赵宪初《我是会议的工作者》,见 1984 年 2 月 24 日《新民晚报》第五版。

⑦⑧ 赵宪初《诸葛亮与"臭皮匠"》,见《赵宪初教育文集》283 页。

⑨ 赵宪初《无势无财却是福》,见 1985 年 12 月 18 日《新民晚报》第五版。

⑩ 赵宪初《九十自述》,见《我和南模》第二辑 11 页。

⑪ 赵宪初《我们夫妻之间》,见 1982 年 4 月 21 日《新民晚报》第五版。

⑫ 赵宪初《一门三代做教师的自白》,见《赵宪初文集》288 页。

⑬ 顾诵芬乃赵宪初的学生,中国飞机空气动力学家,中国科学院院士,中国工程院院士。

第二章

百年名校

在新世纪的万仞高空,南模这羽高翔的青鸟奋飞百年,在中国教育的煌煌史册上增添了浓重的一笔。百年南模,在南模学子的生命乐章中留下了完美的音符。历史在这百十年间,一次次激活了每一位南模人的记忆。南模人的记忆中,除了春风徐来紫藤花下,一草一木,一楼一景,更多的是百年发展积淀下的南模魂。南模之所以历经百年而长盛不

衰,正因为有着自己的灵魂。而这灵魂,正是历任校长的传承创新、南模教师学生努力工作学习,不断形成的"四字校训""四实校风""青锋精神""四个模范"归为一体的"人格教育"之魂。

第一节　百年名校　醒狮明志

从 1901 年创办至今,南洋模范中学在上海拥有了响当当的名声,成为"江南名校",一个为中华民族培育出三万栋梁的知名学校。贯穿南模光荣与梦想的百十载岁月,始终不变的,正是那激励师生爱国、进取、创新、求实的南模精神。

一、爱国自强

在中国步入 20 世纪初年之际,面对着国难当头的形势,一批洋务实业之士回顾中国近代以来发展的每一步,总结其中的经验教训,他们发现中国之所以始终无法步入强盛,关键在于教育,特别是基础教育从来没有现代化。缺少基础教育的现代化,再先进的科技,再民主的制度也仅仅是建立在沙堆上,一旦遭遇真正的试金石,必然崩塌。而要挽救中国,他们真切地认识到需要从兴办新式基础教育出发,他们要自己建立一所学校,从这所学校里培养出新的人才,而南洋公学附属小学也正是在这个大背景下应运而生。

爱国自强是中国近代社会的主旋律,作为近代中国缩影的南洋模范在它发展过程中,也始终贯穿了爱国自强的红线。

从 1840 年中国人的大刀长矛第一次与英国人的洋枪洋炮较量,洋枪洋炮的火药引发了中国亘古的文化与西方文化的碰撞起,中国的开明官僚士绅开始将眼光移向西方,提出"中学为体,西学为用"的主张。清朝政府开始办洋务,造炮舰,派遣幼童出洋留学,设立格物致知的新式学堂。到了 1896 年,大理寺正卿盛宣怀在清末办理了许多铁路、矿山、邮政、电报局和轮船航行方面的所谓新政,办理这些事业,自然需要这方面的人才。于是,盛宣怀奏准清廷,在天津和上海办了两所这方面的高等学校。在天津的开始叫中西学堂,后来成为北洋大学,现在已改为天津大学。在上海的叫南洋公学,后来也改过许多名称,现在则叫作上海交通大学。在南洋公学创办时,因为需要教学外国语和自然科学,所以 1900 年南洋公学总理何梅生先生提议:"在本校创办高等小学一所,以立模范。并于苏省南北分设同等之小学八所将以开通内地之风气,而并为他省之先导。"在何先生的这一建议下,先召集师范生议论,后经过公学商议,决定立即筹办附属高等小学。于 1901

年阴历二月初一,正式开学。

南洋公学附属小学的第一任堂长陈懋治(颂平)奉命筹办小学,规划一切。从 1901 年至 1903 年,任职三年,筚路蓝缕,开创南洋附小。附小办学经费困难,教员们生活虽然清苦,但是在陈先生的主持下,办学严谨,对学生要求严格。据当年的学生回忆,每天早晨 6 点钟,大钟发第一声时,全体学生在上院前面的大路上集合,沈叔逵先生发出"立正"口令,开始早操。不论寒暑,做操时不准戴手套,纪律严明,训练有序。教员们

陈懋治(颂平)

自编教材,教学有方。1903 年,附小第一期毕业生共 15 名。从此薪火相传,跻身江南名校之列。

沈庆鸿(叔逵)

自 1912 年起,沈庆鸿(叔逵)担任附小主事(清朝时期称"堂长",民国以后称"主事"),直至 1927 年南洋附小时期结束。走进南洋附小主事办公室,墙上的一副对联赫然入目:

唯天生才皆有用　　他人爱子亦如余

这是沈叔逵先生亲自题写的,沈先生要求自己和教师们要像爱护自己的孩子一样爱护学生,而且要普遍地爱护学生,相信每一个学生都能够成材。这副对联体现了他当年的教育思想。

沈叔逵先生 1870 年(清同治九年)生于上海,1890 年,他以优异的成绩考中秀才,名列第二。1897 年,他听说洋务派在上海举办以"科学救国""实业救国"为宗旨的南洋公学,就考入上海南洋公学师范院,主修数学,兼修英语、物理、中文等课程。同年秋,担任师范院附属的外院(小学)教师。1902 年,沈先生东游日本,自费进入东京弘文学院学习。1903 年回国以后,仍然回南洋附小任教。沈叔逵先生在日本留学期间,从日本学校的音乐教育中受到启发,对音乐产生浓厚的兴趣,在留学生中间发起成立"音乐讲习会",研究乐歌创作,同时开始创作新歌("心工"是先生作歌时的笔名)。沈心工早在日本东京留学时就创作了他的著名

歌曲《体操——兵操》(又名《男儿第一志气高》)。这首歌后来普遍流传在中国儿童中间。沈先生自此一发而不可收。1903年,他在南洋附小开设音乐课,自制歌曲,教学生唱歌,开创了中国学校音乐课之先河。上海的务本女塾(市二中学前身)、南洋中学、龙门师范(上海中学前身)等学校纷纷聘请沈先生兼教唱歌课。许多中小学教师受教于沈先生,然后转教他的学生,一时蔚然成风。后来沈先生亲自审定歌曲82首,编为《心工唱歌集》,成为江浙一带中小学普遍选用的教材。近代教育家黄炎培先生称赞《心工唱歌集》"全部歌词的精神是美的、天真的、生动的、沉着的。他的中心思想是博爱、是自由、是平等。先生三十年中教学生尽量发挥他们的思想和才能,而引导到一条理想的光明大道上。"据民国政府教育部编的《第一次中国教育年鉴》记载,1903年南洋附小开设唱歌课,"是我国小学最早有唱歌课的一年"。曾经是南洋附小学生的我国新闻战线先驱邹韬奋先生说:"沈叔逵先生,他是一位很精明干练的教育家,全副精神都用在这个小学里面,所以把学校办得很好。"在南洋附小多位堂长主事中间,沈叔逵校长可谓任期最长、贡献最大、开风气之先的一位。

南洋公学附小当初创办的指导思想就是培养具有爱国主义理想和具备现代科学知识的人才。通过半个世纪的探索,国人发现,要兴中国,必办教育,要强民族,必强学生。最重要的就是要让学生爱国、爱校。在爱国主义的基础之上,再进一步培养学生的科学文化素质,让他们成为合格的近代国民。基于此,南洋公学附小从课程设置、教材选择和学生活动等各方面入手,培育新式学生。

基于以上因素,在南洋附小草创时期,就以南洋公学的创始人唐文治先生提出的"勤俭敬信"为校训,教育学生"若不能勤,将无以生存于世界之间";"俭以养廉,立品之始基";"敬天敬祖敬亲敬长同是一敬,而日用行习尤莫要于敬事,处事而不敬,不能成事,即不能成人";"交际之道,信用为第一义,信用一失,此身不可立于社会,即不可立于天地之间"。

在课程设置上,南洋公学附属小学针对中国日趋近代化的现实,在保留读经课以及一些国文必修课的基础上,开设了许多现代化的课程,通过学习这些课程,从小在学生心中树立科学精神、世界意识,以培养现代化人才。

以爱国自强为教育指导思想,颇具近代化教育模式的课程设置,中西结合的教材,培养自立、自治的学生活动,使南洋公学附小甫一建立便赢得了广泛的声誉。

1911 年的辛亥革命敲响了清王朝的丧钟。1912 年中华民国南京临时政府成立,20 世纪初的中国面临着政治、经济、思想、文化等诸多方面的现代化转型,教育亦然。面对社会大变革,受到当时新的教育方针与理念的影响,南洋附小的教育在秉承爱国主义的同时也呈现出别样的新气象。

首先,公民道德教育成为教育的中心。公民道德即自由、平等、亲爱,自由被认为是主要的道德,是道德教育最高的目标。以此为指导思想,1914 年南洋附小废除了 1906 年在课程设置中增加的读经,更加注重对学生的近代公民道德教育。

其次,在教育救国、道德修身的同时,也加入了不少实用的教育思想。从民国初年南洋附小在课程设置上的改革可窥实用教育的思想。1912 年,加设拳术供学生选学,愿意选学的学生可将拳术与体操合为一科。1915 年秋季,附小同人认为童子军是“活泼有味之事”,可以补充学校课业训练,对于培养学生立身处世有极大关系。于是校方聘请体育教员沈同一试办童子军。后来就把体育课改为童子军课,在重视培养学生爱国爱民、为社会服务方面发挥了积极作用。

吴采人老师教地理时,每讲到台湾,在黑板上画出台湾岛,都写作“待还”,并讲解台湾被日本占领的痛心史,以激发学生的爱国思想。1921 年春,学校庆祝建校 20 周年,当时航空事业在我国尚处于萌芽时期,但 1901 级校友刘道夷却已精于此技,为了向母校祝寿,他在校庆纪念日那天,驾机从虹桥机场起飞,到母校上空时,洒下五彩缤纷的纪念品,然后做了低空飞行,校内校外在场观众,群情激动,刘道夷的表演给母校带来了无上光荣,大大激励了在校学生立志为中华崛起而勤奋读书。

1927 年的中国,政局变化剧烈。国民党占领上海后,白崇禧担任淞沪警备司令,他派李范一接管第一交通大学后,宣布停办附属中小学。

交通大学停办附属中小学的决定受到了学生和家长的群起反对。虽然不少学生家长联名上书教育部,但依然没能让当局收回成命。于是南洋附小的家长们组织了一个学生家长联合会,同时又取得了南洋公学同学会的支持,联合向社会各界呼吁保留这所名校。凭借学生家长联合会中家长和社会各界人士的社会声望和政界关系,几经交涉,最后终于同第一交通大学达成协议:交通大学决定不再办附属初中、小学,但同意原来的这部分附属学校可以改为私立,经费由学生家长

南洋公学南院校门校舍

筹划;附小附中仍在交大校内南院原址继续办理;原有的学生初中毕业之后,仍允许不用考试升入交大预科。于是,原来的南洋公学附属中小学变成了一所私立中小学。新的私立学校由校董会管理。校董会由原南洋公学附属中小学学生家长联合会、南洋公学同学会和第一交通大学筹委会三方共同推荐各方面人员组成。新学校需要一个叫得响的新名字,校董会经过讨论,决定以"南洋模范"作为校名,最终定名为"上海市私立南洋模范中小学"。南洋者,因学校是从南洋公学附小沿袭而来,历史悠久,虽然不再隶属大学,但根基校址仍在交通大学之内,取名南洋以志纪念。为什么不直接叫南洋中小学呢? 原来在 1904 年上海已经成立一家"民立南洋中学",由著名教育家王培孙担任校长。为表示区别,所以在"南洋"后加上"模范"两字。而且在南洋公学附小创办之时,就有"在本校创办高等小学一所,以立模范"的宗旨。而南洋附小在此之后在江南一带,确实有一定的示范作用,现在仍然希望能办成起模范作用的学校。校董会推选原在学校任职的沈维桢(同一)先生担任校长。沈同一先生于 1911 年进南洋公学附小任教,1919 年任附小童子军团团长,其后又担任上海和沪杭道童子军总教练,1923 年出席在丹麦哥本哈根召开的世界童子军大会。他自来附小任教,已经整整 15 年,对学校情况非常熟悉。沈同一先生是上海私立南洋模范中小学第一任校长。1949 年上海解放,沈同一先生继续担任校长。

沈同一(维桢)

到1956年南洋模范中学改为公立,他继续被上海市市政府任命为校长,直至1966年病故。沈同一先生在南洋模范任教55年,担任校长40年,历经艰难曲折,而能稳步向前,堪称南洋模范校史上的一大功臣。

自此,南洋模范结束了大学附属的历史,掀开了崭新的一页,从这一页起,"南洋模范"这四个字在所有南模人身上扎根;从这一年开始,南模人开始创造属于自己的辉煌历程。正如南洋模范校歌中所唱的:

旧南洋,新南洋。说新旧,感沧桑。旧历史,廿七年。新纪录,日方长。有许多家庭信仰,得一般社会帮忙。全校精神,个个向上,何等蓬勃气象。老根基昔年师范,新规模近代南洋。锦绣醒狮古校旗,永久招展有荣光。

红楼

在社会各界的帮助下,新生的南洋模范开始不断开创自己的光荣与梦想。既然定名为"南洋模范",办学的宗旨仍然是"保存南洋历史之精神并造就递升大学及服务社会之基本人才"。而学校的行政管理、设备添置、课程设置、教师配备、教学方法、成绩考查,以及训育方案等对学生的严格管理,都是为实现这一办学宗旨服务的。

1937年8月13日,日本军国主义侵略上海,南市、闸北以及四郊的上海居民大批逃到租界。随着日军大规模侵略中国,内地特别是江浙一带的殷实人家也纷纷逃难,涌入上海,许多家长慕名将子女送进南洋模范。于是,在扩大男生学额的同时,在1938年秋,学校决定增设女子部,招收女生。1938年秋季,第一年招收初中学生30名;到1941年秋季,开始招收高中学生36名。女子部设在校园内红楼西北边一幢二层的楼房里。女子部对于学生的学习和生活,管理十分严格。根据当年女子部的学生回忆:

> 1947年我考入南模才12岁,为了有足够的时间学习,被校方批准住宿。南模女子部的办学特色主要有:一是学习上和男生同样要求,配备了优秀的教师;二是生活上形成朴素无华的风气;三是和男生一样开展课外兴趣学习和参与社会活动。

1946年,在南模地下党的关心下,学生办起了民众夜校。先办的是小学,解放后还办了初中一、二年级。据1949年到1950年上半年参加民众夜校工作的1951届校友王兆麟回忆:

女子部

> 南模民众夜校,是在我的母校——南洋模范中学地下党的领导下,由南洋模范中学高中部的一批学生进行管理和教学的民众夜校,也是地下党团结党外知识青年,服务劳苦大众,引导他们走革命道路的组织措施。她的服务对象是社会上失学的贫民子弟,还有部分青年工人。因为他们读不起书,就对他们进行免费教育。学校不收一分钱,教师也不拿一分钱,既不为名,也不为利,完全把它当作自己应尽的义务。这种无私的奉献,对于每个参加民众夜校工作的人来说,是应该引以为荣,值得自豪的。

"南模民众义务夜校"(简称"南模民校"),也是南洋模范中学的一个组成部分,是南洋模范中学在办学理念上民主、进步的标志,也是南洋模范中学校史上光辉的一页。对于学生办民校,学校的领导是全力支持的。民校的教室、办公室以及所用的水电和教学用具(包括粉笔、纸张、油墨、教具等),一切都是学校提供的。这就为民校工作的开展提供了必要的条件和物质的保证。这是对社会的一份贡献，也是南洋模范中学重视培养学生参加社会实践的实际能力的一项重要措施。实践证明，参加民校工作，不仅锻炼了学生们的意志，提高了他们解决问题的实际能力，而且增强了他们对社会的责任感，强化了他们为人民服务的意识，为他们日后的人生道路打下了良好的基础。在我的一生中，参加南模民众夜校工作的一段经历，是我最难忘的记忆之一。它是我生活中重要的一部分，是我踏入社会的开始，也是我终生从教的第一站。

民校不仅是传播知识、点燃梦想的地方，更是南模精神的集聚地。一批批在读学生走上讲台，带着自己老师的风采传授着知识，用自己的行动诠释着爱国自强的雄心。南模师生在这一特殊的历史时期，继续为祖国培养人才，输送人才。

1949 年 5 月，上海解放前夕，国民党悬赏捉拿共产党员，环境十分严酷，学生们冒着生命危险，夜以继日地工作。为迎接解放、保护人民财产，按照地下党的布置，地下党员和进步学生一起开展敌特基础调查，组织秘密"纠察队"。根据地下党员王则明回忆：

> 为了弄清国民党上海市党部大院的地形，我和王家善、褚家果在学校对面弄堂里打球，故意把球打进后面的国民党市党部大墙内，我们借口拾球，混进市党部大院里，观察地形。在临近解放的日子里，我和唐孝威在亭子间通宵达旦地对伪警察局进行监视观察，对面的警察局从天黑开始，就灯光通明，室内人员杂乱，汽车、人员进出频繁，像在搬运物品……过了半夜，从西面虹桥路传来枪声，解放军从华山路沿着康平路，由西向东冲过来。当解放军进入伪警察局时，只听到有喊话声，看来伪警察局的人已撤离，少数警察不抵抗就投降了。我们高兴极了，今天上海解放了，我们徐家汇是第一个解放！

徐家汇解放的第一天，南洋模范的学生就上街宣传，他们在前几天就已经学习了共产党的城市政策"约法八章"，他们分成小组，分别在华山路两旁，挨家挨户动员商店开门营业，对店员说"我们是南洋模范中学的学生宣传队"，这样到下午，大多数的店铺都开门营业了。南洋模范的学生为上海解放作出了自己的贡献。

上海解放以后,上海市军事管制委员会文化教育接管委员会市政教育处,分别召开公私立学校负责人和各类教育教职员代表座谈会,阐明对公私立中小学接管政策。按政策规定对公立学校立即全部接管;对私立学校,加强领导,逐步改造。作为私立学校的南洋模范中小学,也随之跨入了新时代,开始了一段新的征程。1949 年秋,私立南洋模范中学在新中国继续办学。

二、青年先锋

上海解放初期是一个火热的年代,南模的进步学生一边积极投身到各项社会活动中,一边如饥似渴地阅读各类新政治读物和进步文艺书籍。毛泽东的《新民主主义论》《论联合政府》,艾思奇的《大众哲学》,斯诺的《红星照耀中国》,高尔基的《母亲》,奥斯特洛夫斯基的《钢铁是怎样炼成的》,都成为引导青年学生走向革命的启蒙读物。为了交流学习心得,各个年级各个班级纷纷办起了壁报。当年在南洋模范的校园里发生了一件轰动全市、影响久远的事情。

1950 年 4 月 23 日晚上,南模高一乙班(52 届)马恩凯、毛守中、冯悟庸、陆大彭、徐诚、郭竹第、朱美宜等几位同学聚在一起,商量在学校办壁报的事情。他们把壁报定名为"青锋",含义是一柄"锋利的宝剑",同时勉励大家成为"青年先锋"。接着大家争论请谁来题写报头,突然有人提议,请毛主席来题写报头。这一大胆的想法,使在场的人都兴奋起来,大家详细地讨论了给毛主席写信的内容,最后一致推举马恩凯执笔,因为他的毛笔字写得好。当天晚上,马恩凯怀着激动的心情将信写好,第二天早上就从邮局寄往北京。信的全文如下:

毛主席:

　　我们是一群上海私立南洋模范中学的学生,平时爱好文艺,所以办了个壁报,题名为"青锋",以便有组织地确立我们为人民服务的基础,在新中国的文艺界上燃起一把鲜红的火炬。

　　现在我们来信的目的,是希望毛主席能为我们题二字:"青锋",以便我们尊重地永远在你的旗帜下前进。

我们冒了一片很大的热忱,请你能为我们题"青锋"二字,我们想你一定能答应的吧!

　此致

敬礼!

青锋社敬启

1950 年 4 月 23 日

时届新中国成立初期,毛主席日理万机,但没有想到的是,在信发出的第 7 天,即 4 月 30 日,南模青锋社的学生们就接到了毛主席在 4 月 27 日发出的双挂号复信。毛主席在青锋社的原信上亲笔批了:"照写如另纸。　毛泽东四月二十七日"。在另外的一张纸上,毛主席以直横不同的排列,题写了三个"青锋"的报名,供学生们选择。毛主席的来信使南模千余学生欣喜若狂,学生们争相传阅毛主席的亲笔题字,许多同学感动得流下热泪。他们按照毛主席的题字,刻成木版,制成报头。他们决心好好读书,长大了要为人民服务,来报答毛主席对青年学生的关心和爱护。从此,毛主席亲笔题写的"青锋"二字,永远镌刻在南模校园里,镌刻在南模学生和教师的心上。对南模来说,1950 年 4 月 27 日,是个永远值得纪念的日子。

1949 年 10 月 1 日新中国成立,帝国主义企图将新中国扼杀在摇篮之中。1950 年抗美援朝开始。12 月 1 日,中央军委和政务院联合发布了关于动员青年学生参加军事干部学校的决定。"抗击美帝,支援朝鲜,为保卫祖国而战,为保卫世界和平而战!"愤怒的声音回响在南模校园。在抗美援朝保家卫国运动中,南模学生走在前列,他们闯过了家庭关、前程关、生死关,有 200 余名学生毅然报名参军,被批准入伍的共有 83 名(其中高中学生 77 名,初中学生 6 名),在社会上引起极大的反响。1951 年 1 月,南模学生杨安健、吴再生等第一批走上了国防最前哨;一批又一批的热血青年为保卫祖国,献出了自己的青春。

新中国成立以后,国家进入全面建设时期。为了加快上海的市政建设,1951

年上海市政府号召应届高中毕业生,放弃报考大学,直接投身到上海的市政建设。当时南模有 45 位 51 届高中毕业生,经过 2 个月的政治集训,以革命干部身份被分配到宣传、文教、公安、政法、公用事业等系统直接参加工作。他们像参军一样,满怀热情为新中国建设贡献青春年华。

在新社会新思想的感召下,学生们开始树立起革命的人生观,思想起了很大的变化,革命热情空前高涨,一批批要求进步的学生加入到新民主主义青年团的行列。在党和政府的号召下,南模有 20 位进步学生为了解放全中国,毅然放弃学业,投笔从戎,参加了随军南下的工作团,他们为解放福建、建设福建作出贡献。

从南洋附小时期 1925 年"五卅运动"时牺牲在南京路上游行队伍中的童子军军号手陈虞钦,到抗美援朝时牺牲在朝鲜战场上的 1951 届校友方能济,再到在对越自卫反击战前线牺牲的 1975 届校友赵有国等三位烈士,一代又一代的南模学生,努力学习,报效祖国,参军参干,服务社会,积极投身各项社会活动,努力践行着"青锋"意识,形成了南洋模范中学的优良传统。

七宝分校

1955 年下半年,上海市决定接办全部私立学校。1956 年 1 月 19 日,市教育局在第三女中大礼堂召开私立学校接办大会,当时分管教育的刘季平副市长宣布:"即日起,全市私立中学、小学、幼儿园及补习学校,全部由政府接办,改为公立。"明确提出政府接办方针是:"加强领导,积极整顿,提高质量,稳步前进。"为了有利于私校改公的稳步前进,市教育局规定在接办时实行"两动三不动",所谓

"两动",即动校牌,将私立改为公立;动学费,将学费降低到和公立学校一样。所谓"三不动",即人事不动,工资不动,财产不动。于是,徐汇区内的 17 所私立中学、53 所私立小学全部改为公立。徐汇区教育局在接办私立中小学的过程中,从学校地点、校舍场地、管理力量和师资队伍等诸多因素考虑,对原有的学校进行调整、合并;同时对学校校名作了统一安排。私立南洋模范中学在改为公立时,和马路对面的私立成义中学合并,改名为上海市第七十一中学(一年以后恢复南洋模范中学校名)。后来原沪新中学的高中部也并入南洋模范中学,原南洋模范小学和幼儿园,也从南洋模范中学内迁出,与南模中学脱钩,分别改名为天平路第一小学和天平路幼儿园。南模原在七宝镇的初中分校,与七宝镇农校合并,成为七宝中学。南模中学的领导由市政府任命,按照"三不动"的方针,沈同一仍担任校长,刘刚、张启昆、赵宪初、刘崇业为副校长,章莉为党支部书记。自此,南洋模范进入了一个公办学校的新时期。

2010 年是毛主席"青锋"题字 60 周年,南模校团委和学生会经过精心组织,举行了纪念活动。这次活动特别邀请了当年"青锋社"的社员毛守中、马恩凯、冯悟庸、陆大彭等参加。活动中,戏剧社的同学们演出了自编的纪实剧《青锋忆昔》,把当年"青锋社"请毛主席题字的一幕真实地重现了出来,把当时南模学子的满腔热情和对党和领袖的充分信任演绎得惟妙惟肖。同学们还组织了一个现场专访节目。他们把毛守中等四位"青锋社"社员请上了舞台,以对话的形式,把毛主席题字对不同时期的南模学子的鼓舞和长远影响反映了出来。生动而灵活的现场互动,让所有的与会者都沉浸在这值得纪念的时光中。当年的"青锋社"社员们又一次被感动了,他们在活动结束时,向同学们提出,希望一代一代的南模学子都能不辜负国家和前辈的殷切期望,传承南模爱国、进步的光荣传统,发扬"青锋"精神,做青年先锋,做"四个模范",做新时代的开创者。

"青锋"作为南模人的自觉意识已渐渐融入南模的文化,激励着每一代南模人不断开拓进取。当年的"青锋"或者更强调青年学子积极投入到新中国的建设中,"四实校风""四个模范""追求卓越""奋发有为"等都在不断丰富着"青锋"意识的内涵,"青锋"意识已经细化到学校点点滴滴的学习和生活中,零陵路新校址大门口竖立着的"青锋"纪念巨石、严谨有序的三类课程、丰富多彩的课外活动、自主创新的实践探索等都在不断丰富着"青锋"意识的培养途径。"我们因为志同道合走到了一起,经历过被侵略的耻辱,我们希望用自己的笔抒写对新中国的感情。"当年的社长毛守中已经两鬓斑白,但话语依然慷慨激昂,希望一代又一代学子都能传承爱国精神,做时代的先锋。

三、人格教育

从 1966 年开始,南洋模范和全国各级学校一样,完全陷入瘫痪状态,一直到招收 79 届理科班,整整十年,南洋模范在无序中度过。改革开放后,整个学校教学秩序逐步恢复,南模继续保持着高质量的教学水平。随着改革开放的不断深入,随着教育理念的不断提高,南模的教育思想在 20 世纪 80 年代、90 年代取得了极大的发展。南模中学在百年发展过程中始终坚持智育和德育并重,在教育过程中以完善、健全学生人格为己任,学校认真分析、继承德育传统,结合学校的现状和社会、时代对于人才的需要,给予德育与时代相符的正确定位和现实责任。

南模近百年的办学历史告诉我们:成才必先成人。20 世纪末,我国中等教育从"应试教育"转向"素质教育"。南模在面对这一挑战时,依旧坚持人格教育的特色。1992 年,在接受上海市人民政府教育督导时,学校在《自评报告》的历史总结中第一次正式提出:南模中学实施并继续实施"人格教育"。1993 年,南模中学根据全国教育工作会议精神,结合市、区教育行政部门要求,提出了新一轮学校改革、发展的战略目标:在社会主义市场经济大背景下,构建培养高素质人才的"人格教育"体系,把南模办成高品位、有特色、示范性的一流学校。

1994 年 5 月 19 日,国家教委、中共中央宣传部、共青团中央等五部委在上海举行爱国主义教育现场会,南模中学作为分会场之一,接受中央五部委检查,时任国家教委副主任的柳斌同志肯定了南模"把崇高的国格作为健全人格的脊梁"的爱国主义教育的经验和做法,并当场题词:"爱南模敬业乐群,祝醒狮与时俱进"。1999 年 3 月 13 日,《解放日报》刊登长篇报道《构筑人格大厦——素质教育在南洋模范中学的实践》。

南模素以爱国为人格的"脊梁骨",因为只有挺直了脊梁骨的民族才能真正站立起来,并走到世界的前列。南模具有光荣的爱国传统,40 年代成立的中共地下党支部,曾发展了百余名地下党员,成为当年"群众的核心,民主的堡垒";南模素以科学教育塑造学生人格,因为只有掌握科学知识才能真正成为事业的栋梁,

才能报答祖国的厚望。南模毕业生在中国革命和建设中,曾经出现了我国著名新闻工作者邹韬奋、水利专家张光斗、核物理专家唐孝威、北大方正技术研究院院长王选、中国驻美大使李道豫等许多爱国志士和科学家。他们之所以能在各自的岗位上为国家作出杰出贡献,关键在于日常学习中养成了"以天下为己任"的高尚人格。一个人一旦有了健康高尚的人格,他就有了明确的目标,并能自觉去追求和努力实现。这正是南模确立人格教育,推进素质教育的充分理由。

实施人格教育被看作构筑人格教育大厦的工程。当时的张茂昌校长认为要以对人格教育的研究来统帅学校各项工作,来总揽全局。现在,学校充分利用校史、校友、校园文化对学生进行生动、形象、持久的爱国主义教育,把爱国主义教育作为"人格教育"的基础。爱国的情感是一个民族凝聚力之所在,爱国主义也是中华民族的精神支柱。现在的南模学子,通过入学教育、学习校本课程、参观校史陈列室等途径,接触、了解南模光荣的爱国传统,自觉地接受人格教育,并时刻不忘自己的历史使命,将爱国之情、报国之志落实到每一天的学习和生活中。

此外,南模中学还注重教师自身的人格与学问修养,因为学校所有的认识活动,必须经由师生之间的人际交往,并借此唤起和启迪学生的良知。实施人格教育的教师,既传学问之道,更传做人之道;既授课堂学业,更授立身基业;既解攻书之惑,更解成长之惑。

作为实现"人格教育"的有形载体,高质量、有特色的教育课程在不断创新中得到发展。通过学校课程设置的科学创新,已建立了有利于学生发展的、着力培养学生健全人格的教学体系。南模的教师自觉增强人格教育意识,南模的学生自觉地把自己作为人格教育的受益者,以主体的身份积极参与其中,积极用自己的体验、探究来丰富人格教育的内涵,以自己经验、感受、见解、智慧共同构建新时期的南模精神。在知识性学科的教学中,学校十分注意组织教师利用"情景教学"

的方法,贯穿爱国主义的内容。生物学科的《生物学》和《动物学》,在教学前,教师先组织学生参观上海植物园和上海动物园,让学生们通过亲身体验,为祖国有这么多宝贵的动植物资源而感到骄傲。

当代中学生,尤其是重点中学的学生,普遍存在着个性脆弱、害怕困难、经不起挫折的心理特征。南模中学利用一切机会养成学生自主、自信、勇于成功的心理素质。例如有一次,上海市举行学生的生物论文竞赛,一位学生开始信心十足,表示要参加比赛,可没过几天,她就打起了退堂鼓,说"写生物论文太难了"。老师没有简单地批评她,而是一面鼓励她积极参赛,一面又和她一起分析其参加比赛的有利条件。经过努力,这位学生获得了上海市生物论文竞赛一等奖。此时,老师又和她一起总结成功的经验,使她懂得,在以后的成长道路上还会有困难和挫折,只要有不怕困难的勇气和信心,有克服苦难的毅力,就会有成功的可能。

南模构筑人格教育大厦,有科学性、计划性。学校建立了教育科研室,确立实验班,以点带面,推动人格教育实施,张茂昌校长还撰写过多篇文章介绍南模人格教育的经验。学校的《教科研导报》,反映教科研信息动态与要求,交流人格教育实验体会与经验,自创刊以来已出版了四十多期,刊载了南模教师撰写的一百多万字的文章。2002年编辑出版《南洋模范中学简史》作为校本教材,制作《南模校史》的讲课光盘,每年新生入学和新老师培训的第一课就是了解、学习校史。2003年,学校编辑《南模活页文选》。如将唐文治校长所题的"勤俭敬信"校训,编成文言文读本,进入语文课;把沈叔逵、沈同一、赵宪初三位著名校长的事迹,编成小故事,进入历史课;将南模三位烈士和中共南模地下党的动人事迹,写成故事,进入政治课。

南模是所百年名校,南模深厚的历史积淀,就是最直接、最生动、最亲切的培养"四个模范"的教材。南模的今天,学校注重树立激励学生上进的榜样。学校每年开展"学习身边榜样"的教育活动,激发学生奋发向上的热情。校团委工作还围绕"四个模范"的杰出代表王选、唐孝威院士开展了学习活动。通过组织开展《王选的世界》《从原子弹到脑科学》读书活动,与王选、唐孝威院士等老校友恳谈会,结合海纳百川、追求卓越的上海城市精神,"做可爱的上海人、做文明的南模人",团员大讨论在校园中轰轰烈烈地展开,发奋学习、报效祖国的志向在青年心中树立。

人格教育鼓励学生积极参与各种社会实践活动,促进学生主体精神、社会责任感和认识活动能力的提高。每年组织高一年级学生到南京进行社会考察,有组织、有计划地放手让学生在广阔的地域中自主活动,以增强学生生活的自理能力,加深对社会的了解。学校还定期组织"韬奋杯作文比赛"和"南模杯篮球赛",让广大学生在参与中提高。南模学生还走出校园,参加国际国内的各种竞赛。在南模,每个学生都接受着人格教育,如去敬老院服务,和老人们一起哼唱革命歌曲,倾听老人们讲年轻时最自豪的故事。每年组织慰问离退休教师,跟他们聊聊南模的历史,交流交流生活工作上的困惑。人格教育鼓励学生积极参与各种社会实践活动,促进学生主体精神、社会责任感和认识活动能力的提高。每年组织学生到苏州、杭州进行社会考察,有组织、有计划地放手让学生在广阔的天地中自主活动,以增强学生生活的自理能力,加深对社会的了解。每年学校组织优秀学生赴青海、云南等边远地区展开"爱心之旅",在那里,学生们懂得了什么是震撼;每年在新生中开展院士结对活动,当南模的新生提笔写下给南模院士的每一封信,都是一次历史的对话,一次人格的教育。

南模学生有大量获奖记录与成才记载,这得益于人格教育,南模学生身上知识与品格、意志、价值观倾向等智力与非智力因素充分发展,健全的人格得到培养,走上了成功之路。南模提出人格教育,这是"学校重焕青春战略",使南模既古老,又年轻;既历史悠久、富有经验,又充满生命的活力。

新世纪之初,在南模百年校庆之际,江泽民同志对青年学生的"四个模范"的殷切寄语,体现了对青年一代的厚望,要求南模师生在新的社会发展条件下培养更多"四个模范"式的具有出色智能和健全人格的学生。时任南模校长的钱耀邦同志与党支部书记柴贤璋同志汇集全体师生的智慧,进一步拓展深化了"四个模范":求知的模范应热爱学习、主动求知、学养丰厚、善于创新,做知书达理的文明人;生活的模范应遵德守法、务实乐观、勤俭敬信、强健儒雅,做身心和谐的健康人;爱国的模范应热爱祖国、自强自立、正直奉献、民主仁和,做堂堂正正的中国人;进取的模范应不畏艰难、勤于实践、竞争开拓、志高有为,做开拓进取的现代人。

南模已经走过百年春秋,之所以历经风雨而久经不衰,得益于历届师生的崇尚实干、创新开拓,得益于历届领导集思广益、博采众长,勇立于潮头而不故步自封。在新的社会发展条件下,我们牢记江泽民同志对我校青年学生的"四个模范"的殷切寄语,迈着坚实的步伐,朝着培养"四个模范"式的学生的目标前行,为国家、为社会培育出更多的优秀人才。

近年来,学校先后被评为全国文明单位、上海市实验性示范性学校、上海市文明单位、上海市绿色学校、上海市花园单位、上海市中学生行为规范示范学校等。面对取得的成功,南模的师生没有骄傲。我们将抓住时代机遇,为实现培养"四个模范"式的学生的育人目标,与时俱进,用智慧和辛勤的汗水谱写南模教育的新篇章!

2009 年,百年南模从天平路 200 号迁入零陵路 453 号,南模进入新的发展阶段,机遇与挑战并重。相信每一位南模学子都将以具有"青锋意识、模范行为、健全人格"的优秀学生为目标,心存理想和信念,不断奋斗,开创更大的辉煌。1994年,南模提出实施"南模人格教育方案"。南模是一所有百年历史的老校,其中起决定作用的是由一代又一代的毕业生的经历、理想、感悟和直接影响所组成的学校文化。这种文化是由成千上万的毕业生所积淀的优秀传统创造的,它是学校发展进步的资源与营养。南模文化传统的核心是爱国主义和科学精神。培养"四个模范"式的学生实际上和人格教育有着内涵和目标上的契合,是并行而统一的,都是南模人才培养的本质和要义所在,都是以培养学生具有丰厚的知识素养、朴实的生活作风、饱满的爱国热情、积极的进取精神为目标。进入新世纪,有着悠久教育历史和办学光荣传统的南模,如何不辜负江泽民同志"四个模范"的题词中对学校的殷切期望,全面贯彻党的教育方针,深入推进素质教育等各项改革,如何呼吸新时代的新鲜空气,盛开出更加耀眼和美丽的素质教育之花,南模师生又沉浸在深深的思考中。

第二节　"四实"传承　模范立校

一、传承"四实"倡校风

在南模百十年教育思想的发展中,爱国主义始终贯穿其中,而在南模众多教育思想中,"一代名师"赵宪初在长期的教学与管理过程中,总结学校的工作,将其归纳为四个"实"字:学业要扎实,工作要踏实,生活要朴实,身体要结实。他认为,"四实"不一定完全能够做到,但当以此自勉。"四实"为南模确立了优良的校风,学校之所以能够自创立之初就获得社会赞誉,"四实"校风起到了非常重要的作用。

1. 学业扎实

自建校以来,南洋模范聘请教师就有两条主要要求:一是教学认真;二是学识丰富。凡是符合这两个条件的,一般不轻易更动,因此,许多教师,在校任教比较安心。而教学时间长了,积累了经验,教学效果也就比较好了。许多教师都在校任教二三十年以上,得到了同学和家长的信任。

南模在长期的办学过程中,形成一套行之有效的课程建设传统。1903 年由沈叔逵校长提议开设音乐课程,除了学习西洋乐理知识外,还编演有民族特色、反映时代生活的话剧,这堪称我国现代教育最早的音乐课程。从 20 世纪 40 年代起,南模使用的英语、数学、物理和化学等教材,有不少是外文版的,从现有的档案资料看,很可能是我国历史上最早的"双语课"。1985 年南模开设美育必修课,作为学校的特色课程,至今已 28 年,从未中断。

素以理科教学见长的南模,将课程作为培育学生综合素质和创新能力的主渠道,深化课程的内涵,扩大课程的外延,通过课程与各种活动相结合、与社团活动相结合、与竞赛活动相结合,完善了富有南模特色的课程体系和运作模式。一位毕业生深有感触地说:"南模的课程不是'算术'概念,而是'几何'结构,是一种让我们从心动到手动,从量变到质变的'化学'反应,校园发生的一切都可能成为课程。"

（1）三类课程结构:校本化的有效实施

南模学生基础扎实,这不能不说到课程。南模的课程建设体现四个"转向":

从过分强调学科本位转向以学生发展为本;从片面追求文化知识传承转向重视学科的育人功能;从单一的学科"双基"转向多元的整合;从单纯注重教学转向注重学习方式的改变和优化。

南模的课程体系由校本改造后的国家基础型课程、拓展型课程和研究型课程三大板块构成,按照"三高""四重视"的目标方案来设置新课程体系,即减轻负担,提高质量;夯实基础,提高能力;发展个性,提高素质。重视基础、重视能力训练、重视教材教法研究、重视素质教育培养。

夯实国家课程。南模在根据学生情况实施《上海市普通中小学课程方案》的基础上,减少课时、降低难度,重在打好基础、提高基础学力,培养学生动手操作和应用能力。各学科根据教材内容和本学科的特点寻找夯实、优化的切入点。

开设多种拓展课。拓展课涉及知识、技能和体艺三大类,每学期开设 60 多门,每位学生在高一、高二年级每学期至少选学 2 门。课程服务于育人目标,从有利于教材的延伸和提高学生综合素质来设置。

研究性学习有机制保证。南模总结提炼并试行了具有南模特色的研究型课程运行和管理机制——围绕课标、单元推进、任务驱动、综合评价,使研究型课程所注重和追求的过程性价值的实现有了基本的过程性保障,进而为学校研究型课程的进一步完善奠定了有理论支撑、有目标任务、有检测内容和评价要点的机制性基础。建立《课题总汇》、设立"选题咨询处""研究型课程联系箱",设计《研究型课程过程自评表》《研究型课程指导教师过程评价表》。每年有 220 多个课题小组,在教师的指导下,既井然有序又积极主动地开展工作。有一个研究选题是对南模校园的植物进行勘察和研究,结果发现校园内约有各种植物 800 棵,植物分布面积的区域约占校园总面积的 40%,单子叶植物、双子叶植物、裸子植物的比例(仅在研究范围内)约为 17∶4∶3。学生不仅研究植物的生理属性,而且研究保护植物的社会属性,培养各种能力。

(2)学科教学:在精细化上显特点

南模从不在寒暑假补课,主要得益于高效率的教学。南模的各学科教学都各具特点。课程的有效实施在于教学的精细化。如语文教学,以古诗文教学为特色,集人文熏陶、人生体验和文化品格打造为一体,激发学生学习语文的兴趣,提升语文学科教学的品位;数学教学,引导组织学生用数学思想方法发现问题、解决问题,了解知识的发生、发展过程,提高应用知识的能力和自主学习的能力,使学科的活力伴随着学生学习主动性的增强而增强;外语教学,重视夯实基础,通过继承口语教学传统和开设专题讲座等多种形式,培养学生学习英语的兴趣、信心和自主学习能力;体育教学,与篮球运动相结合,继承南模体育教学的传统和特色,充分调动学生的积极性和主动性,尝试让学生参与课程管理,为体育课程的实施提供了新的思路;历史教学,强化主动反思,使其在探索中不断明确方向,在修正中不断前行;地理教学,案例教学赋予学生很大的主动性,注重在师生平等友好氛围中实现共同提高;物理教学,以充分利用教学媒体,重视实验教学为依托,培养学生的动手能力和发现、分析及解决问题的能力,指导学生学会学习;化学教学,通过让学生参与科学探究和亲身体验、手脑并用的方式,培养学生的自主学习能力;政治教学,既重视人文知识,更注重学生的思想道德情操的培养和熏陶;生物教学,通过社团活动、双语教学和实验教学体现生物学科强大的延伸性;艺术教学,继承了由沈叔逵校长开创的艺术教育特色,以交响乐教学为核心,从营造氛围、创造机会入手,组织多种活动,鼓励学生积极参与,实现艺术熏陶心灵,提高学生综合素质;信息技术教学,以学生项目活动推进课程建设,在校本教程中培养学生的创造性。

在课堂教学改革探索中,南模教师注意解放思想,激活教学,提倡40分钟教无定法。如精选教材分层教学,案例教学法,网络教学,小论文写作辅导,学生演讲法,学生主讲法,双向交流法,课堂讨论法和社会考察等,从而提高学生的自学能力、探索能力、协作能力、表达能力以及研究问题的能力,使进取心、合作精神、创造性等人格特质也得以强化。

（3）特色课程:促进学生个性特长发展

南模的学生在高校自主招生时能应对自如;南模毕业生在高校担任学生会主席居多,这与学校在特色课程建设方面的成效是分不开的。南模巩固环境科技、交响乐、篮球、美育、国防教育五个特色项目,并将其转化成社团活动课程,努力将其他强势科目和社团打造成新的特色项目,既使特长学生得到纵深培养,更使全体学生从特色课程中普遍受益,促进艺术修养、体魄情操和责任意识都得到提升。

从1985年起,南模开设了美育课,1993年起,美育课成为全国重点中学校长培训班来参观交流的必听课之一。1996年起,南模的《艺术欣赏与教师馨香塑造》课程,获国家教委颁发优秀课程奖。1997年,美育课程第一本校本教材《艺术欣赏导读》出版,2001年,美育课程第二本校本教材《美丽课堂》出版。

美育课注重在艺术性上对学生进行非逻辑思维能力中形象思维的训练,这种由艺术教育和艺术欣赏活动中迸发出来的想象力,能使南模的学生更有创造力。

南模已开发了一批校本课程,如《南模简史》《美丽课堂》《乐海采珠》《篮球校本教材》《国防知识读本》等。另外,班级、年级和全校的"辩论会",也成为一种潜在的课程。

(4) 创新课程:培育科学素养的新课程体系

为探研高中阶段学生落实素质教育的有效途径,探研创新人才早期培养的课程模式,培养一批有探索兴趣、发展潜质、人格健全的高中生,南模与上海交通大学等单位协作开展"创新素养教育实验班"的项目研究,交通大学教授开设专业课和专题讲座,与学生共同开发课题,以期探索创新型人才早期培养的规律,提供高中阶段学生成长可资借鉴的课程模式。

此创新课程不是大学课程简单的下放,或中学课程学习的加快加重,而是在把握中国教育的精髓与南模百年办学特点的同时,充分汲取世界各国成功的教育经验,对培养目标和学生学习在知、情、意、行各方面的教育内容、教育过程与教育评测进行较系统的改革与创新,为上海市的课改提供个性化教育案例,为中学与大学连贯性教育提供研究实例。

每周三交大各科教授来南模,就一个主题为南模学生开设讲座,科技创新班的学生也会根据听课的内容,写出自己的感想。

课程设置致力于对传统的课程组织的重构,结合南模校本课程的整体方案,专项设置以学生发展为本,重构的要点在于:体现课程基础性与先进性的统一;人文类社会实践课程和科技类创新课程的统一;课程有充分的选择性和实践性。

从培养未来优秀创新人才的高度着眼,培养学生的科学精神,丰富他们的人文底蕴,帮助他们初步形成专业志趣,为其日后在所从事的领域可能取得创新成果奠定良好基础。

南模的科技创新教育面向全体学生,坚持以学生为主体,立足普及,注重实效,鼓励创新实践。近3年来以"张开想象的翅膀""科技引领生活""创新从这里开始"为主题的科技节,组织了模型火箭表演、步行器拔河比赛、保护野生动物知识竞赛、壳牌美境行动设计方案、环保摄影作品竞赛、环保 DV 竞赛等活动,激发了学生浓厚的兴趣,增强了学生科技、环保意识。学校荣获"上海市知识产权示范校"称号。

学校连续 4 年坚持进行"河道污水治理"项目,科技指导老师和参加课题小组的一批又一批的学生,夏顶烈日冬冒严寒,不辞辛苦,反复试验,在学校、社会多方面的配合支持下,探索出了一种"河道生态修复综合法",申请了 20 多项专利,近 3 年来这项系列课题成果多次在上海市创新大赛、全国创新大赛、全国水科技大赛中取得优秀成绩。2006 年夏,南模翁杰、王昊、萧易三位学生荣获斯德哥尔摩国际水科技发明比赛金奖,这是中国中学生首次荣获的国际大奖。在美国休斯敦举行的 2009 年国际可持续发展项目奥林匹克竞赛上,朱俊铭同学的《游泳池防溺水自动预警系统》荣获金奖,卫绮骐、陈宇鹏代表的课题组《漕溪支河太阳能生态修复系统的探究》荣获银奖。

（5）缤纷社团:展示学生个性的舞台

南模为社团活动创造了良好的条件。学生可以选择参加某一社团,也可以申请组建新的社团。学校积极扶持,目前已有近 30 个学生社团,学生独立自主地参与各类团体业余活动,如环境爱好者协会、爱鸟俱乐部、野生动物保护协会、科技创新协会、电脑协会、天文社、紫藤苑文学社、梧桐树文学社、动漫社、戏剧社、连珠社等,参加人数 100%。2009 年毛俊杰同学获亚太地区青年桥牌冠军,并于第二年参加世界青年桥牌比赛。

学校将社团活动与基础型课程、拓展型课程、研究型课程紧密结合,为社团活动注入了新的内涵,也为其课程化发展提供了新的途径。学校涌现出很多优秀社团和明星社团,"紫藤杯"辩论赛、爱心社义卖、篮球宝贝、炫舞部落比赛、动漫配音大赛、模拟联合国大会等丰富多彩的活动,在增加学生个性化学习时空的同时,也为学生创设了一个激发志趣、开掘潜能、张扬个性的天地。在兴趣的世界里,在探索的园地里,学生发展自己的特长,学会与人的交流,找到特有的自信,激发成长的主动性,提高创新能力、实践能力和再学习能力,实现全面发展。

学校积极探究社团活动课程的运作管理机制,社团活动课程的框架内容、实施特点、过程与效果评价,以及社团活动课程指导人员的业务素质和能力的培养与发展,以促使社团活动课程化的实验实施。学生在社团活动中培养兴趣爱好,发挥特长或潜力,培养主体意识和管理能力,提升团队荣誉感和集体归属感,体验成功,增强自信,积极进取。

纵观南模发展历史,特别是改革开放30年来的历史,我们发现正是这"四实"校风,引领着南模师生在发展教育之路上不断前进,南模之所以闻名上海,老师的素质和学生的素养也正是秉承着这"四实"校风,不断取得新的成功。

随着时代的发展,伴随着教学理念的不断深入,特别是社会的不断进步,南模中学的办学理念也在不断发展,"四实"校风将南模塑造成一所誉满上海的江南名校,当时代的脚步进入21世纪,南洋模范的发展再次踏上了一个新的台阶。

2. 工作踏实

(1) 心中有学生,一切为学生

工作踏实,是从两个方面培养的。首先,是教师的榜样作用。南模的教师,大多是工作认真踏实,言必信,行必果,学生和老师们相处久了,这些优良作风,就会起潜移默化的作用。另一方面,南模要求学生在做功课时,必须踏踏实实,认认真真,功课踏实认真了,将来的工作自然也就踏实认真了。培养"服务社会之基本人才",学校的员工身先垂范,敬业尽心,服务学生。

据20世纪30年代的校友汪祖鼎回忆,当年学校的会计、事务员陆慧刚老师,"凡校舍的修缮整理,门窗椅桌的维护修补,操场庭园中树木草地的栽植修剪,以及教师学生的膳食和一切生活的安排部署,事无巨细,都在他的照料下完满地进行着"。特别让学生印象深刻的是,当时上海凡是公共住宿的地方,臭虫猖獗,使人不得安眠。因而每年暑假,陆老师带领学校工友"按照一副床架大小,制作了一具很大的铁皮锅,掘地为坑,把所有床架铺板,泡煮一遍,消灭所有臭虫和它的巢穴。我们学生住校多年,从来没有受到臭虫的滋扰"。陆慧刚老师从1902年到校任职,整整在校服务30余年,于1934年病逝。当年沈同一校长为他制作了一面铜牌,简单记录他一生的贡献,悬挂在他工作室的门外,以志纪念。校友汪祖鼎深情地说:"一生默默无闻地贡献出他的一切,他这种无私无争的奉献精神,永远留在同学的心坎上。"南洋模范工作踏实、生活朴实的校风,正是这样一点一滴形成的。

心中有学生,出于对每一位学生的尊重,数学教师坚持上课时从不背对学生,愣是练就了一身"反手画圆"的绝活,让学生啧啧称叹。

心中有学生,物理老师每次上课前从不分心接待任何人,必定排除一切干扰,静心冥想上课流程,确保上课时如行云流水一气呵成。课后必定反思教学过程,总结成败得失,记录心得体会。对课堂始终抱着慎重乃至虔诚的态度,追求完美的极致,绝不允许自己有一丝懈怠。就连复习课也精益求精,绝不"炒冷饭",一定给学生奉上自己精心烹制的"蛋炒饭"或是"盖浇饭",让学生上得有新意,学得有胃口,课后有新知。

心中有学生,当年的南模教师坚持做义务家教、情义家教,"常年辛辛不觉苦苦,终日忙忙不甘碌碌",赵宪初先生的这句名言让每一位南模教师奉为经典,因为它不仅是"教师生态"的真实写照,也是南模教师灵魂——"一切以学生为本,一切以学生为重"最精辟的概括。赵宪初先生等先辈们整整影响了几代南模教师,百十年来,南模的"流动"更替的教师梯队传承了南模的精神。

大气低调的"大家风范","有知道我曾在南模工作过的人戏言我是'大人家'出身。'大人家'在上海方言中是'大气''儒雅'的意思。南模中学的老校长们淡泊名利、荣辱不惊,兢兢业业几十年为人为师,很低调,也很大气。这种南模之'大家'风范,这么多年来形成了一种很独特的文化氛围,与南模的校风、校训共同构筑了学校的品牌"兼收并蓄的"大家风范"。

上海市信息管理学校陆校长曾在南模工作整整13年。他感慨地说:"如果问我南模对我当校长产生的最大影响是什么?两个字——'人品'!虽然当年还没有'带教制',主要是靠自己去感悟,但南模那些'土生土长'的历任老校长的人格魅力让我在潜移默化中受到熏陶,使我们这些已调离南模的诸位至今仍受益匪浅。"上海市世界外国语中学徐校长回顾自己在南模中学的10年执教生涯时,对南模"以人为本"的管理模式同样感触颇多:"南模对学生、对教师的统一指令很少,没有硬性规定,但纯正的校风是无形的精神力量,让每个南模人都深受影响。"

（2）全员参与,民主管理

管理这样一所有历史、讲传承、多能人的百年老校,党是核心。党组织靠什么力量来团结、凝聚、融合人心?又如何以开放的心态、坦诚的胸怀培植与呵护这块兼容并包、鼓励创新的土壤?答案是:遇到责任担当,碰到利益谦让。

南洋模范中学党委成立于2007年9月7日,现有6个党支部,89位党员,其中高中5个支部67名党员,初中1个支部22名党员,在学校建设和管理的各个环节和关键时刻,党员发挥着不可替代的作用。党委班子认为,基层党委的重要责任之一,就是紧紧依靠群众、组织群众,赢得大家的信任,从而激发南模人内在的向上的热情。无论是关心年轻教师的成长,还是通过各种活动增强团队的凝聚力,党委工作心中有教工,心手相连,学校的内涵发展就有了可以依托的沃土。

校党委认为,南模的办学基础和历史使命,决定了南模的育人目标和办学目标要体现名校的历史抱负和社会责任。所以,在南模,"温馨"不是"和稀泥",强调真善美,反对集体平庸在南模是鲜明的评判立场。教师理应"心高",不要只做教书匠,育人是门艺术。对为人师者而言,领悟并实践这句话恐怕并不容易。南模要求老师要"心高",追求卓越,永无止境。从 1903 年开设音乐课程,40 年代起用英语教数学、物理、化学,80 年代起开设美育课程,进入新世纪又相继开设 BC 课程、OC 课程、创新素养实验课程和 SDP 课程等,正是有了一批"心高""艺高"的教师,逐步构建了一个课程学习场,南模才更具有核心竞争力。

2009 年 8 月 18 日是个难忘的日子,那是南模的"世纪搬家日",从 1938 年起入驻天平路 200 号的南模即将整体迁入位于零陵路 453 号的新校区。普通家庭搬家都是一项浩大工程,何况一所百年老校! 那么多藏书、档案需要打包,各类理科实验室器具需要专业人员分门别类地整理、装箱,而在此之前,大家唯一确定的是 9 月份将在新校区开学,但具体哪天可以"搬家",则迟迟定不下来。

校领导每次去新校区踏勘,总还像是一个工地,而 6 月底学期结束开动员大会时,党委要求全体党员打包整理、留守待命,在关键地点、关键时刻、关键场合体现共产党员的先进性,承担起"保搬家、保开学"的重任。尽管搬家时间的不确定打乱了很多老师的假期安排,但大家了解情况后没有一句埋怨,一些家在外地的老师取消行程,假期里不约而同地上班打包;平时搭伙的食堂暑假不开放,大家就叫外卖,没有人要伙食补贴、要冷饮费。

8 月 18 日当天,校领导在新校区接应,总务主任则在老校区清点和目送一车车物品装运。党员骨干都事先安排了任务"包干",哪个位置哪些物品数量多少,是否已上车,到新校区后卸在哪里,数量核对确认,每个党员教师此刻仿佛都是天生的指挥官,一改课堂上的儒雅风范,格外的干练在行。学校搬家,最重的就是一箱箱书,还有那些铁皮柜子,工人们显然也快累趴下了,8 月的上海正值酷暑,新校区的电梯因尚未验收还不能使用,总务处的同志拿来水和事先买好的馒头、糕慰劳工人,休息 20 分钟后再接着干。老师们则个个捧着自己的电脑坐上大巴从天平路一路浩浩荡荡搬到新校区。那天搬场到中途,天下起雨来,卸在露天的一箱箱书眼看着要被淋湿,又是教师党员,不分你我地带头冲到雨里抢搬公共财物。

事实上,在南模,遇到责任担当、碰到利益谦让是从党委班子到普通党员的一种自觉意识。南模的办学目标是建设"学习型、温馨型、数字化、国际化"的现代学校,南模党委班子认为,"温馨"是基础,党组织要发挥政治核心作用,就要在和谐的人际关系基础上,构筑人才高地,要让教工群众"心齐",做到这一点,共产党员首先必须有担当、肯吃亏。从加班加点不计加班费、坚持坐地铁上下班,到职级评定自我降级,为学校未来发展留出空间……

（3）制度公开透明,执行有理有据

在南模,每一位入学的高一新生都有一本《学生须知》,从校史简介到学生行为规范、学习规范、学籍管理、社团管理、评比表彰、就餐管理等都有章可循。同样,新进教师的培训中除了公共内容之外,南模也会专门把学校个性化的制度、规则"广而告知"。近年来,学校出台了《党委议事决策制度和程序》《南模中学重大事项决策制度》《党组织参与学校重大问题决策的实施意见》《南模中学干部选拔任用办法》《南模中学全员岗位责任制》《南模中学教师常规》等覆盖全体、层层负责的"三风"建设制度体系,并把"三公开"作为"三风"建设的抓手,按照"行政负责、党组织监督、工会实施、群众参与"的工作格局认真贯彻实施。

依靠大家的智慧,让教职员工共同参与学校民主建设,在学校发展规划、精神文明创建、工资分配方案的制定、教师职务晋升、教师教育教学任务安排、人事岗位调整、干部选拔任用等重大事情以及涉及教职工根本利益的问题上,实行党内"三先",严格按制度和程序办事。规则透明了,程序到位了,公正公平也就有了保证,"难啃"的骨头也没想象的那么复杂了。

为了推进教师队伍建设,学校不仅优化了原先的"师培机制",还为教师人才晋级和梯度培养铺设了完整的"培养链"。学校专门设置了杏坛、桃李、百花三个奖项对应区里的奖项,还专门增设了针对教辅人员的绿叶奖,四个奖项全面覆盖了学校教职员工队伍,每个人都有努力的方向。此外,《南模中学教职工年终考核办法》《中层干部选拔任用办法》等制度逐步建立了以工作目标考核为核心,群众测评、干部互评相结合的考核方式,增强了干部考核的公正性和可操作性。

南模的每位老师都有其所长,但学校倡导的不是"一枝独秀",为了强化教学团队建设,党委把教研组、备课组建设作为抓手,促进教师队伍整体水平的提高。学校先后出台了《南模中心教研组考核评价体系》和《师资队伍建设"十一五"培训规划》,把师资队伍建设作为提升办学质量的首要任务,列入党委议事日程。在关系职工切身利益的分配方案、改革方案、评优评先等重大事项决策上,严格经教代会讨论通过后再形成决定,决策的民主化、科学化不仅为日后的有效执行夯实了基础,也有利于形成心平气和的人际氛围。

3. 生活朴实

在南模的"四实"校训中,生活朴实的内涵是随着时代发展而不断进步的。解放前的南洋模范是一所私立学校,学校收费较贵,来校的学生,大多是比较富裕之家,但是南模的校风是比较朴实的。学生的穿着打扮以至用具,学校虽没有明文规定,也并无校服之类。但历年相传,学校是反对奢侈浪费的。尽管家里有钱,物质富有,但如果在学校摆阔气,是吃不开的。女中主任施懿德对女生头发的长短也有规定,如果长过耳垂,她就要来替你剪短。这样的朴实生活,在学校习惯之后,毕业后会带到工作岗位上。许多校友,现在在学术上已有所成就,但他们回到南模母校之后,往往还是一套普通的服装,看不出名人的样子。这也是学校教育中很重要的一条。

解放之后,因受物质条件所限,生活朴实成了社会的常态,南模学生在学习生活中,始终把节约放在重要位置。自从改革开放以后,社会物质条件不断丰富,在这种新形势下,生活朴实有了新的定位,在节俭的同时,南模的生活朴实更体现在南模学生的素质和气质上,其中学生的自主管理很好地体现了南模学生的主人翁意识,体现了他们的领袖气质。

学生自主管理顾名思义就是学生自己管理自己,并且在老师的指导下,学习并实践如何管理班级、组织活动、团结同学、凝聚集体,从而达到提升自我能力的目的。

著名教育家陶行知先生曾指出,学生管理的最高境界是实施"学生自治"。学生自主管理不仅仅体现在班级事务中,在校级层面上,学校也提供了一个更宽广的舞台,让有能力、有热情、学有余力的同学成为团委、学生会的干部,成为各社团的负责人,在学校的艺术节、科技节、社团文化节、辩论赛等活动中发挥作用,让校园文化更加充满生气。总之,学生自主管理可以促进学生的自我发展。

南模中学非常注重学生的素质教育,倡导并组织积极向上、富有意义的各项活动。这些活动从策划、组织和实施需要大量的人员参与,于是,学生自主管理的能力就有了宽广的舞台。南模中学所培养的人是"青锋"式的优秀学生。南模中学共青团有一批学生干部:13 位团委学生会干部,100 多位各部门的干事,30 位学生社团的社长。他们在学校搭建的自主管理舞台上尽情发挥,迅速成长。

南模中学有着一套比较成熟的学生自主管理的机制和经验。学生自主管理渗透在学校日常事务中,如 30 个社团的日常活动,纪检部每日的各项行规检查,体育部的"南模杯"篮球赛组织,媒体部广播台的播音,学生视频的制作播放,文艺部的艺术节,各项志愿者服务活动等。

(1) 团委领导建平台

学校将这支校级团委学生会干部队伍交与团委带领,并给予他们充分施展才华的舞台。2008 学年,南模中学承办了"上海市实验性示范性高中第十届'世纪杯'演讲邀请赛",上海市共有 39 所实验性示范性高中的 80 余位选手参加了比赛,比赛分为初赛和决赛,前期准备会、活动策划、发邀请函、确认名单、初赛决赛的赛务安排、各项志愿者服务、分数的统计、奖状奖品的准备……前后经历了几个月的时间。此前的 9 届比赛都是由承办方学校的老师们共同完成的,而只有南模是由团委书记带领着团委学生会的一批学生干部,在学校总务处的配合下,共同完成了所有的任务,而且工作非常扎实,有条不紊,这是赛事以来参赛学校最多的一次比赛,比赛现场,台下一抹抹红色——南模中学的志愿者们,以热情的服务、亲切的笑容感染了所有人。活动取得了圆满的成功,给大赛组委会以及外校同学、老师留下了深刻的印象。

这只是南模中学学生自主管理的一个缩影,只要你身处南模校园,处处能感受到这种学生自主管理的浓厚氛围。学生处、团委办公室中,每天课间、中午、放学后,都能看到学生们忙碌的身影,他们在这儿找到了一个为学校、为同学们服务的空间。南模中学所实施的学生自主管理制度,让广大同学插上梦想的翅膀,飞翔蓝天,用自己的才智和能力来为广大学生服务。而团委和学生会正是同学们施展自身才能的舞台。

团委面对的是广大团员青年学生,而学生会面对的则是全体南模学生,包括团员和非团员,以及中国籍和非中国籍的学生。正是通过学生会,搭建起了学校和学生沟通的平台,通过学生会,学生更好地开展自主管理工作。

(2) 学生会牵头抓管理

学生会的职责与作用在于架起学校与学生之间沟通的桥梁,为学生提供更丰富多彩、温暖舒适的校园环境与学习氛围。学生会下设 8 个部门,依次为:纪检部、社团部、文艺部、体育部、媒体部、宣传部、生活部以及秘书处。当然,部门的设置可能随着时代的不同而发生更改,例如,在 2009 年之前,没有生活部,随着 2009 年学校搬入新校区,住宿部规模有所扩大,学校有了自己的食堂,为了加强对于这两个环节的关心和管理,增设了生活部。

学生会纪检部发挥的作用融入校园生活的点点滴滴中。纪检部的工作涵盖学校的各个角落,包括迟到、早操、仪容仪表、进退场、环境卫生、教室滞留、眼保健操、教室安全等领域。每一天每一个时间段,都可以看到纪检部工作人员忙碌的身影。通过扣分情况的统计、流动红旗的评比,纪检部有力规范了学生日常行为规范礼仪,维持了基本的校园秩序。

学生会社团部的主要职责是服务社团、管理社团,保证社团活动的有序展开,组织与社团相关的大型活动,监督社团活动的质量并对所有社团进行评定。贯穿全年的社团活动,两年一次的社团文化节,定期展开的社团展示,都给南模学子提供了多姿多彩的平台与空间,在校园中展示自我,在学习之余收获快乐与智慧。

学生会文艺部主要负责学校广播台的日常运转以及校级论坛、艺术节、外校接待仪式等文艺活动的策划与举办。每一个成功的节目、每一阵惊呼与掌声背后,都需要文艺部的大力策划与各方人员的沟通。文艺部为南模增添了魅力,给学生带来了欢乐。

学生会体育部的职责在于学校大型体育活动的组织与举办。每一学年,体育部都要协助举办校运动会、迎春长跑等赛事,更要举办好贯穿两个学期的重头戏"南模杯"篮球赛。体育部为学生在学习之余,营造出了朝气蓬勃、洒汗拼搏的机会,为南模增添了蓬勃的朝气。

学生会媒体部主要对校园新闻事件进行报道、记录及总结。媒体部常规工作主要包含每周升旗仪式主要内容的新闻报道文字稿和照片,学校官网的更新及人人网(南模学生会)的更新;随机常规工作主要包含对学校活动如运动会、"南模杯"篮球赛等的记录及报道。通过媒体部的工作,南模校园中的点点滴滴、莘莘学子的风采将最大限度地展示、推广。

学生会宣传部负责学生会的宣传工作,快捷及时地传递信息,向同学们宣传学生会活动的有关情况。宣传部日常工作有各班黑板报的定期检查评比工作,宣传栏与宣传橱窗的更新与布置,班级日志的收发等。宣传部旨在做好学生群体与学生会沟通的桥梁,向学生传递学生会的信息。

学生会生活部努力引导学生养成良好的生活习惯,创造更美的校园环境。生活部配合学生会其他部门开展各类大型活动,做好系统的后勤工作。在了解广大同学对学校硬件与软件设施服务的意见和要求后,生活部会及时反映给有关部门予以解决。生活部立志为所有学生提供良好的校园环境设施,并搭建起学生与学校沟通的平台。

学生会秘书处承担学生会大型活动的资料归档、学校档案的整理、学生会会议记录的工作。秘书处对整个学生会资料档案的分类管理起着巨大的作用。

南模中学活动多,学生多,学校需要团委、学生会参与的活动非常多,只有13位学生干部是远远不够的。"干事制度"是南模中学的一大特色,学生会各部门分配了若干干事名额,同学们戏称"干事"就是"干事情的人",其实就是配合部长做好本部门工作的同学。每年9月开学初,我们便向高一新生发起宣传,邀请他们参加感兴趣的部门的干事招募,最后通过面试录取。

团委学生会干事总数在120名左右。大部分学生会干事的任期为一年,部分干事高二将留任。干事制度有两个最重要的作用:一是给这些同学提供一个锻炼的机会,这种校级层面上的工作锻炼对他们的成才是非常重要的;二是为选拔下一届的学生干部储备人才,通过一年的干事工作,有能力、有责任心的这部分同学在一年后的学生会干部选拔上就能脱颖而出。每年的学生干部大部分都来自本部门的干事。

(3) 社团管理显特色

如果说南模团委和学生会的工作主要是由学生自主管理,老师进行把关指导,那么南模的学生社团工作可以说是体现学生独立自主管理的最佳范例。

南模中学学生社团以丰富学生课余生活,发展学生个人能力为主旨,以主题多样、组织严密为特征而建立。南模现有学生社团 30 个,其中包括创新协会、环保协会等 8 个科技活动类社团,英语协会、模联社等 4 个理论学习类社团,轮滑社、跆拳道社等 7 个体育健身类社团,戏剧社、摄影摄像协会等 10 个文学艺术类社团,爱心社等志愿者服务类社团。

社团锻炼了学生自主管理能力。学生会社团部直接进行 30 个社团各项事务的管理,部长负责制,将社团部干事分为场地组、活动组和广播组,从社员招募、场地协调、广播通知、活动监督到社团年度考核皆由他们负责,分工明确,责任到人,在一年的锻炼中大大提高了这批同学的组织协调和沟通解决问题的能力。30 个社团的运转和活动皆由社长负责,在社团骨干的协助下,组织活动,塑造品牌,扩大社团的影响。这给他们提供了一个找寻自信,锻炼能力的绝佳平台。虽然只有短短一年的锻炼时间,但每次社团交接时社长们都是非常感慨,对社团充满不舍。2011 年,由于文汇报需要进行以"学业水平考重压下的社团发展"为主题的报道,特别来了解南模中学的社团情况,对于各社团的社长进行了采访,从社长们的回答中,我们就能看到每个社长对于社团的感情,看到社团带给他们的成长和历练。

社团活动影响广泛。南模的社团活动有着广泛的学生基础,每年高一、高二学生参加社团活动的达 100%,每年都有社团被评为区优秀社团,其中创新协会、英语协会、心理协会都曾被评为上海市"明星社团"。以"社团"为主要项目,学校团委在 2008 年度还被评为"区五四特色团组织"。基于南模社团活动的影响,我们已连续 2 年承办区社团文化节的比赛项目,2008 学年为"'南模杯'校园小品大赛",2009 学年为"'南模杯'手工制品大赛"。

社团活动品牌项目多。爱心社每年组织全校师生参与爱心义卖;创新协会在水治理上卓有成效,屡获大奖;紫藤苑文学社精心组织一年一度的"紫藤杯"辩论赛;戏剧社的年度大戏,组织学校戏剧节;炫舞部落挖掘学校喜欢跳舞的同学参与"炫舞节";口语社组织校内演讲大赛。在社团提供的体验式学习下,学生的创新意识、集体意识等品质得到了充分的发展。

4. 身体结实

南模的学生,不仅学业上出类拔萃,在身体素质和艺术修养上也同样有着自己的特色。

百年南模,虽以理科教学见长闻名沪上,但也十分重视学生人文精神的培养和实用技能训练。篮球、交响乐、科技、美育、国防教育和社团活动是南模中学发展过程中逐渐形成的六大特色项目。

（1）篮球：永远的"灌篮高手"

南模中学是一所历史悠久、精英荟萃、誉满江南的百年名校。学校治学严谨，但不乏活跃，得益于学校积极开展体育活动。篮球运动作为学生锻炼身体的有效手段，已成为南模中学的一个特色项目。如今，南模因篮球而名声大振，篮球已成为南模人心目中的"校球"。

南模篮球从有记载的南模在 1923 年夺得上海市中学生锦标赛冠军那时起，至今已有 90 年历史，而且经久不衰。20 世纪 40 年代由赵焕先任教的南模篮球队在上海中学生篮球赛中初露锋芒。50 年代，南模篮球在强手林立的比赛中屡屡夺冠，确立了南模篮球在上海中学生中的一枝独秀的地位。改革开放的 80 年代，南模篮球东山再起，重振雄风，至今已获上海市中学生冠军 90 多次，获全国中学生篮球赛冠、亚、季军各两次，并多次进入决赛，南模还向国家输送了张大维（国家男队）、朱锦云（国家女队）等数十名优秀运动员。

南模中学在 80 年代曾举办了上海"南模杯"全国中学生篮球邀请赛，参加比赛的有全国十省市 13 支篮球队，由民间举办的全国中学生篮球赛尚属首次，国家体委为此致电祝贺比赛成功举行。

随着南模中学篮球运动水平的提高，先后被上海市教委、体育局命名为"上海市培养后备人才篮球高水平运动队""上海市中学二线运动队"，根据"多种渠道，多种方式"办学的精神,南模中学进行了各种尝试,成立了本市第一家青少年篮球俱乐部;与上海市东方篮球俱乐部在辽宁鞍山筹建了上海东方篮球俱乐部鞍山训练基地;并与斯伯丁公司签订了赞助协议。

南模中学作为上海市中学生篮球运动的一个窗口,与来访的美国、加拿大、日本、韩国、菲律宾、台湾、香港等青少年篮球队进行了比赛,并与上述的大多数国家和地区进行了回访和学术交流;NBA 亚洲区主席以及包括 NBA 克雷斯勒等众多球星多次来南模中学参观访问并进行辅导活动,NBA 巨星乔丹亲临中国中学生篮球总决赛现场观看南模高中篮球队的冠亚军决赛。

长期以来,南模中学篮球队员所表现出的良好的体育道德作风、高超的篮球运动水平,使他们始终成为各高校心仪的目标,运动员每年基本都进入交大、复旦、华师大等重点院校,在高校篮球运动开展的点点滴滴中,会发现南模篮球运行在其中延伸的痕迹。

南模篮球享有的盛誉得益于广泛开展的群众性篮球活动,学生喜爱篮球,每班都有男女篮球队,从 1983 年至今,每年一届校"南模杯"篮球比赛已举行了 30 年,每年的比赛场次逾百,参加的人次超千,每逢赛事,场内选手龙腾虎跃,场外观众人头簇拥,这成为南模校园一道独特的风景线。

一年一度的"南模杯"的比赛如 NBA 一样,分为常规赛和复赛两个阶段,从高一到高三,每届比赛几乎有 800 场篮球可打。每场"南模杯"的比赛,总会有不少学生围在比赛场地周围,为自己的班级甚至别的班级呐喊加油。欣赏篮球,热爱篮球,形成了南模的篮球文化。

(2) 交响乐团:维也纳响起的中国音

20 世纪 90 年代初,上海市教育局领导去北京参观学习,被北京一支高水平中学生乐团的精彩演出感染。为了能使中学生在生命的最佳时段,亲近艺术、亲近音乐,上海教育界人士达成共识:"上海也要建立一支高水平中学生交响乐团!"可是那些有乐器特长的学生,如何集中在一所学校?集中在哪所学校?如何招生?如何管理?如何训练?如何才能办出特色?……在当时的条件下,这些都是非常棘手的问题。

1991 年暑假,市教育局举办了中小学生交响乐夏令营,在夏令营结营式的音乐会上当众宣布:将由南洋模范中学接收夏令营乐团,筹建上海市中学生交响乐团。当时的张茂昌校长闻此消息,一时都有些吃惊,真是太突然了,一点思想准备也没有!但是他们明白,这是市教委和区教育局直接领导的上海第一个中学生交响乐团,南模必须担负起这一重任。于是,乐团由当时的徐汇区教育局谢家骝局长担任团长,由副校长李雄豪兼任乐团常务副团长,白手起家创建一支中学生交响乐团。学校意识到,这是对一个学校实力的挑战,更是提升和展现南洋模范以及上海中学生综合素质的一次契机,没有别的选择和犹豫。南洋模范中学交响乐团的历史就是这样开始书写的。

从此,南模乐团的老师和同学们开始了自己的"艺术人生",和乐团一起走过了整整 22 个年头。20 年前,一所中学独立创建这样一支大型的正规乐团并不简单,而这支由 120 人组成的正规乐团,有 12 个声部,100 多件乐器,堆成几十米高的乐谱,全部事务只有几位老师管理,其中的音乐教师既要任课,又要承担学校其他一些工作。乐团每周日都要排练,寒暑假还要集训,22 年来 1000 个双休日和 44 个寒暑假,再加上大大小小的演出、比赛,在乐团"管家"潘旭炜老师的带领下,他们将大量的课余时间都扑在了乐团工作上。

不会忘记,暑假集训时,有来自各区县的学生,很多学生离家遥远,为了保证训练质量,老师和同学们一起睡在教室的水泥地上,没有空调,没有蚊帐,晚上听着蚊子的嗡嗡声入眠。寒假集训时,男孩子调皮捣蛋不肯睡觉,女老师就睡到男生寝室,当年创业的艰辛今已淡去,留下的似乎只有这轻松的说笑,但在这插曲的背后,是教师们的无私奉献和敬业精神!

不会忘记,每次去外地演出,老师们要管理近百位学生,近百件乐器,上千份乐谱,哪一样都不能出半点差错,他们的每一根神经都绷得紧紧的。每次带队演出,他们都无暇游览当地美景,即使身在美丽的音乐之都维也纳,在著名的悉尼歌剧院。

不会忘记,那次去浙江嵊州演出,由于司机迷路,四个小时的车程车子开了整整 8 个小时,直到晚上 8 点多才到。热情的观众已经等候在演出大厅,老师们决定马上让学生们先吃饭而自己却以最快的速度搬乐器,整理舞台。晚上 9 点钟,当大幕拉开时,全场观众起立报以热烈的掌声,管理老师等到演出结束后才吃上晚饭。乐团外出演出经常如此,而老师们却毫无抱怨,因为他们心中有理想、有事业心。

创业的激情推动着他们前进,激情的付出表现为责任和奉献,这就是建一流团队的奠基石。

其实,20 年一起走过的日子,远远不只是精力的付出,更是音乐技巧的提升和完美人格的塑造。

当今社会通俗音乐占据半壁江山,某些专业乐团都难以为继,而一支中学生乐团,每年又有新生加入,老生毕业,人员流动很大,但是乐团老师们艰苦奋斗,始终践行着自己的办团宗旨:"建一流团队,树一流团风,创一流专业水准"。每年新生进乐团,乐团老师要对新团员进行正规的、严格的音乐基础理论和乐队队员基本素养的培训。乐团聘请著名指挥家曹鹏先生担任艺术总监和首席指挥,乐团老师在每周日的合练与寒暑假的集训过程中,在管理、业务支持、后勤保障等方面全方位的配合得到曹鹏先生和外聘专业老师的高度评价。

宝剑锋从磨砺出,梅花香自苦寒来。艰苦的训练造就了乐团炉火纯青的演奏水平。有一次新生音乐会,进行到一半,突然停电了,全场一片漆黑,然而奇迹发生了,音乐没有停止,没有灯光,看不见乐谱,更看不到指挥,音乐却在这黑暗中流淌。5 分钟后,舞台重放光明,被深深感动的新生及家长全都站了起来,他们鼓掌,为乐团老师、同学们高度的敬业精神和精湛的技艺叫好,向乐团致敬! 这次特殊的演出正契合乐团创办时的理念——"我们是文化的使者,我们传播高雅艺术,我们为社会的精神文明贡献一份力"。

乐团老师不仅教学生怎么拉琴,更教会了学生如何做人。

在准备演出曲目时,老师们颇费苦心,经常选择有教育意义的曲目,如《魔法师的学生》,讲的是学生学知识不能只求一知半解,不然会后患无穷。这样的曲目难度系数大,但是乐团把它作为保留曲目,团员们称它是进南模上的人生第一课。

有一次在东方艺术中心演出,首席小提琴的弦忽然断了,后排同学立刻将自己的琴传递过去,然后开始换琴接力。全过程中,音乐仍在平稳流淌。这份从容,是老师们希望大家从音乐中获得的力量。有位家长激动得一把抓住潘旭炜老师说:"这真是给孩子最好的一堂人生教育课!"

2004年澳大利亚国际青年音乐节,美国学生乐队想和中国学生较劲,乐团同学们有些紧张,面对这种情况,老师们鼓励团员们,要他们树立起民族自豪感和自信心,要相信自己,一定能演奏成功。他们还请来中国驻澳大利亚教育参赞为同学们加油打气。当晚,美国乐队在中国队之前上场,他们巧妙地演奏了澳大利亚国歌,并要求全场起立以示对东道主的尊重。而南模乐团演奏的是中国名曲《梁祝》,一曲终了,全场起立,报以长时间的热烈掌声。一位外国观众说,我了解这首乐曲,但是你们演奏得太好了,我在流泪。评委给了满分。乐团为中国赢得了一枚金牌。乐团的老师们也流泪了,他们为南模的学生骄傲,他们更为中国的学生自豪。他们用心培植的乐团给了他们最好的回报!

如今,这支乐团已是全国一流的中学生交响乐团,上海市重点学生艺术团,连续三届获得全国中小学生艺术展演一等奖,曾在北京人民大会堂作过汇报演出。多次受邀跨出国门并获澳大利亚悉尼第十五届国际音乐节金奖,奥地利维也纳第三十五届国际青年音乐节金奖第一名,充分展示了南模中学学生交响乐团的实力和他们的风貌与艺术修养。

(3) 国防教育:培育军人气质

和平年代也需要有忧患意识,未来公民也要有国防概念。南模编制国防教育读本,组织有意义的国防教育探究和实践活动。这些活动包括楼宇逃生、火场逃生和模拟地震,让学生学到许多实用的自救方法和应急措施,还有军事设施的野战式彩弹射击的对抗赛。国防教育活动,寓思想教育于轻松活泼的游戏活动中,让学生增强了国防意识,认识了自身潜能,树立了自信心,同时也学会关心他人,更为融洽地与群体合作。国防教育作为一个教育专题和教育领域,南模积极着手进行国防教育校本课程研究与开发。

近年来,南模从每一届新生中挑选优秀学生组成国旗班;此外还开展了拓展课——国防教育与军事学,面向高一、高二学生宣传国防知识,加强对国防形势的了解。很多学生还广泛参加了多个国防教育研究性课程小组,以兴趣小组的方式对自己感兴趣的国防内容进行研究。现在正筹备成立社团组织——军事爱好者协会。

在理论层面上,南模积极着手进行国防教育校本课程研究与开发,现已编写成《国防教育与军事学概论》《国防地理》《国防生物》三本校本教材。

在学校的"青锋"论坛上,南模多次邀请部队专家来校开设国防教育的知识讲座。国防教育的内容还融入和渗透在学生论坛、校歌大赛、辩论赛等方方面面,通过生动有趣的活动有力地开展国防教育。

二、"四个模范"育人才

毛泽东同志为南模的题词"青锋",成了新中国南模学子学习奋斗的目标。南模学生时时以"青锋"为目标,处处以"四实"来塑造、完善自己学习和生活的方式,从南模走向社会,成为社会的栋梁之材。

随着时代的发展,国家对中学生有了新的要求,而南模的育人方向、办学目标也紧跟着时代前进的步伐。南模到达了一个新的发展阶段,不知不觉中,南模即将走过一个世纪,正是在这个发展的关键时刻,在南模中学百年校庆之际,时任中共中央总书记的江泽民同志对学校学生寄予厚望。

2001年8月22日,江泽民同志为南模题词"四个模范",这是对学校工作的极大鞭策和鼓舞,为新世纪南模办学提出了更新更高的育人要求。信的全文如下:

上海市南洋模范中学的老师和同学们:

你们的来信收悉。在你们庆祝建校一百周年之际,我谨向全体师生和校友表示热烈的祝贺。在新世纪的征程上,希望同学们努力做求知的模范、生活的模范、爱国的模范、进取的模范。

江泽民

二○○一年八月二十二日

上海市南洋模范中学的
老师和同学们：
你们的来信收悉。在你们欣
祝建校一百周年之际，我谨向
全体师生和校友表示热烈的祝
贺。在新世纪的征程上希望同学们
努力做求知的模范生活的模范爱
国的模范进取的模范。

江泽民

二〇〇一年八月二十二日

两代领导人为同一所学校题词，这在中国教育史上是史无前例的。这是对南模人的厚望，也是南模继往开来的办学方向，更是肩负振兴中华使命的当代中学生成长的崇高目标。

如果说赵宪初的"四实"校风的提出，是对南模建校 80 余年来教师教育教学精神和学生学习发展方法的总结和提升，为南模的老师和学生提供了一个榜样的话，那么江总书记的"四个模范"，则为学生在高中阶段的发展指明了方向，为学生进一步的前进确定了目标。

江泽民同志对青年学生的"四个模范"的殷切寄语，要求南模中学在新的社会发展条件下培养更多"四个模范"式的具有出色智能和健全人格的学生。求知的模范应热爱学习、主动求知、学养丰厚、善于创新，做知书达理的文明人；生活的模范应遵德守法、务实乐观、勤俭敬信、强健儒雅，做身心和谐的健康人；爱国的模范应热爱祖国、自强自立、正直奉献、民主仁和，做堂堂正正的中国人；进取的模范应不畏艰难、勤于实践、竞争开拓、志高有为，做开拓进取的现代人。

爱国的情感是一个民族凝聚力之所在。一个多世纪以来，南模的发展始终与中国的命运息息相关，从进步知识分子的"教育救国"，到中国共产党领导下的学生爱国民主运动,他们具有强烈的民族忧患意识和崇高的历史使命感。爱国主义是中华民族的精神支柱。爱国不分年龄,报国重在实践。做爱国的模范,就是要时刻不忘自己的历史使命,将爱国之情、报国之志落实到每一天的学习和生活之中。爱国主义思想必须从小培养,从平常做起。今天的学习就是为明天的祖国需求做准备;我们要将南模的学生培养成"知我中华,爱我中华,兴我中华"的爱国模范。

做进取的模范,就是要志向远大,努力攀登知识的高峰、事业的高峰、人生的高峰。"会当凌绝顶,一览众山小。"人生的航船常有风险、时有暗礁,是浅尝辄止,还是勇往直前,这是人生态度的"分水岭"。青年学生唯有进取,才能志存高远;唯有进取,才能战胜风浪;唯有进取,才能开拓创新;唯有进取,才能不断超越。我们要激励南模的学生抓紧时间,争分夺秒,奋发学习,培养他们的开拓创新精神,使他们成为进取的模范。

实施素质教育、培养"四个模范"式的学生成为南模工作的核心目标与重大教育实验课题。"四个模范"式的教育实际上涉及教育的方方面面,是一种全方位、全过程的教育,是一个潜移默化、循序渐进的过程。南模通过更新教育教学理念、构建现代教育管理机制、优化课程与教学设计、推进教师队伍建设、营造学习型校园等层面的实践,使南模校园成为促进学生学会学习、学会生活、学会做人、学会创造、以民族兴亡为己任、勇于进取的综合性课堂,培养学生具有丰厚的知识素养、朴实的生活作风、饱满的爱国热情、积极的进取精神,并形成科学的世界观、人生观、价值观,促使"四个模范"式的学生越来越多地涌现,使南模学生将来成为具备优秀综合竞争力、能为振兴中华而不懈奋斗的模范之才。

课程是实现"求知的模范""生活的模范""爱国的模范""进取的模范"教育目标和人才培养的载体。高质量、有特色的教育品牌是在不断创新中得到发展的。通过学校课程设置的科学创新,课程改革已建立了科学的、有利于学生发展,既有扎实宽厚的科学文化基础又有学科良好创新能力的教学体系。南模的教师自觉增强课程资源的开发利用意识和课程开发的能力。南模的学生自觉地把自己作为课程开发的一个重要资源,以主体的身份积极参与到课程的开发和实施中,积极用自己的体验、探究来丰富课程,以自己的经验、感受、见解、智慧共同构建"以学生发展为本"的课程。南模是所百年名校,南模深厚的历史积淀,就是最直接、最生动、最亲切的培养"四个模范"的教材。如 2002 年学校编辑出版《南洋模范中学简史》作为校本教材,2003 年,又编辑《南模活页文选》进入课堂。

南模作为培养优秀学生的名校,在"青锋"和"求知的模范、生活的模范、爱国的模范、进取的模范"上,传承历史,更把创新体现在贯彻落实党的教育方针、素质教育和学生全面发展上。

学校传统:架构主体性德育的富矿。

南模以学生为德育主体,围绕培养"四个模范"式优秀学生的育人目标,构建激励性的德育模式。教师不仅对学生的言行起到以身作则的榜样作用,而且对学生进行适当的指导和引导,鼓励学生形成积极向上的世界观、人生观、价值观。

南模根据育人目标,以促进学生养成健全人格为工作中心,以日常行为规范教育中建立学生自主管理体系为切入口,强化学生在德育工作中的主体地位,以开放式激励为主要评估手段,以构建激励性主体德育实践体系为德育实验研究的重点,使南模学生由爱国、明礼、诚信、守法的好公民发展为"四个模范"式的栋梁之材,以模范地实施人格教育,积累德育经验。

南模在百年发展过程中,始终坚持智育和德育并重,认真分析、继承德育传统,并给予德育与时代相符的正确定位和现实责任。南模有着丰富的德育资源,在新时期,南模育人特点可以概括为:从激发学生主体自觉入手,通过言行贯通,让学生具有青锋追求、模范行为、人格特质和责任意识的一代新人。

南模对光荣传统十分珍视,并作为对学生进行教育的生动教材。

南模的学生个个都知道,曾经有 46 位院士在南模度过了自己的中学岁月。其中有水利水电工程专家张光斗院士,物理学家何祚庥院士,氢弹、原子弹功臣唐孝威院士,通信与电子系统专家陈俊亮院士,计算机专家王选院士等。

在"五四"运动九十周年纪念日之际,南模请来了 46 届校友、原上海社会科学院副院长、南模第一任地下党书记夏禹龙先生。夏老为母校献上了一堂精彩的报告,并兴致盎然地与高一(9)班团支部进行了座谈与结对。此外,国防科技大学陈望新老师谈国防教育,上海第二医科大学顾问、上海交通大学校长顾问王一飞教授谈职业理想与人生前途,五二届校友、中国科学院院士王迅为高一新生上课《来自物理世界的短消息》,北大数学教授张恭庆院士开讲座,北京 2008 奥委会执委魏纪中作报告,中国工程院院士、五二届校友戴尅戎教授为学生作开学典礼报告《下好人生的一盘棋》等,都引起了热烈反响。

社会考察:责任心的激活。

南模通过引导学生参加以实践性活动为特征的主体性德育活动,增加体验,增长才干。德育实践活动主要有:自律化的学生日常行为规范活动,重大节日的学生自主教育实践活动,主动参与、自我教育的社会考察实践活动,充满爱心的社会志愿者服务实践活动,探究性德育专题研讨活动,对有争议事件开展讨论、辩论的实践活动,充分选择、自主管理、自我评估的学习管理实践活动等。宋庆龄故居、邹韬奋纪念馆等校外教育基地,是学生必去的地方。

学生积极参与云南、陕西等各类社会考察实践活动,每次活动他们都精心策划积极筹备,做一天小老师,给当地学生上课,步行2小时左右的山路进行家访。一位学生家长曾感叹:"没有任何的活动比这次更有意义。"有学生说:"有机会我一定去当地支教。"学生们还参加"蓝天下的至爱——万人上街慈善募捐"活动,发起并组织上海中学、南洋中学、市二中学、西南模范中学对四川省甘孜州德格县马尼藏文中学的捐书活动,共募集8000多册图书,上海教育电视以"自发捐书八千册,沪上学子情系农村娃"进行报道,上海电视台也进行大量报道,受到广泛的好评。

班级文化:培育自强不息品行的载体。

班级是学生学习的基本单位,也是品行修炼的场所。南模以班级文化建设为抓手来实现培养"四个模范"式优秀学生的育人目标,并于2007年2月举行了"班级文化建设"启动仪式。各班在班主任关心指导下就如何开展班级文化建设展开了充分的讨论和思考,并根据本班的特色和同学们的心理需求及共同愿景,拟定各班的班级文化建设思考方案,围绕着精神形态、物质载体、特定活动三方面10项主要内容来展开,它们是班级文化主题、班级奋斗目标、班规班训、班徽、班歌、教室的布置和美化、班级爱心行动、班级日志、班级网页、班干部队伍建设和主题班会等,从而形成初步的理念和操作模式及方法,在推进班级文化建设的过程中达到育人目标。

南模开展的班级文化建设是人格教育的发展和延续,构建具有鲜明时代特色的"班级文化"是为了培养"四个模范"式的优秀学生。

高二(11)班"我们的班徽"由王琴同学设计,将"11"与"1"这两个简练的文字加以艺术化的组合和简单的润色,体现的是班级朴实的精神和无上的追求。翘首远望,形如中文汉字"上",代表班级奋发向上、不懈追求、积极进取的班级精神;犹如金色的扬帆在汹涌的波涛里奋勇拼搏。

高一(10)班在墙上挂上了出自同学之手的书法以及一幅十分逼真的老虎的中国画,表达了自强不息、不断学习的愿望。在教室后的宣传栏和校园里,班级负责的黑板报也由班委及热心的同学定期更换布置,不仅十分美观,更让同学们在课余的时候放松身心,拓宽知识面。

班级日志作为班级文化建设的物质载体,每天都会有一个同学负责写,记录每天学习生活的点点滴滴,促使每一个同学都能更好地关心班级、热爱集体。

有一位学生说:"在南模学习生活了一年。互不相识的高一新生,如今已融成一个温馨的大家庭。同学们互相探讨,互助学习。同学们的成绩提高了,友谊也更为深厚了!"

心理辅导:体验来自青春的涌动。

学校努力加强心理健康课程的建设,不断改进教学方式和方法,提高实效。每年进行一次专题学生心理调查或测试,建立学生心理档案,为进行心理教育教学提供参考依据。建立特殊学生的心理档案,对特殊学生有针对性地提供心理咨询服务,进行个案研究,以积累对学生进行心理教育和服务的实践经验。同时有计划地培养一支心理教育的学生宣传员和辅导员队伍。学校心理活动室和"蕾蕾"心理热线已经成为在市、区有影响的德育工作特色项目。

南模的学生具有南模育人目标所确定的"元素"和"气质"。也许,让学生具有青锋追求、模范行为、健康的人格特质和责任意识的一代新人,是我们德育工作的主旨。而在培养过程中,让学生学会做主人,这是我们的一贯主张和立足点。

三、"两型两化"谱新章

进入新世纪,有着悠久教育历史和办学光荣传统的南模,要在传承中出新,要在发展中前行。南模的历史地位和社会声誉,南模人内在的发展需求和国家民族所赋予的时代责任,都决定了这所学校必然沿着宽视野、宽层次、高标准、高品质的发展轨迹前行。

2006学年,校领导集大家智慧,根据学校发展需要和学校现拥有的资源及条件,在"四实"校风和"四个模范"的基础上提出近中期办学目标:弘扬南模传统,在前人开创的基础上,通过继承性、开创性的工作,用三年时间,将南模办成"学习型、温馨型、数字化、国际化"的现代学校。

"学习型"是办学目标中的核心概念,它基于现实又高于现实,所以能够指导现实和促进现实;"温馨型"是实现"学习型"的重要基石,体现出校园的幸福感;"两型"表示南模力图构建起以质量为核心的发展模型和学校生态。而"数字化"和"国际化"是"两型"的必要补充和具体表现;"两化"表示南模力图构建起以数量为标志的增长模型和努力重点。

"两型两化"的办学目标是以质量为主导,在各类资源指标不出现大幅度增加,没有外部高昂投入的前提下,通过内部的共同价值体系建立、资源合理配置、结构调整、制度创新、专业培训、有效激励、科学控制等举措来实现学校的进一步发展,使得校园内部形成"教与学"的共同体,并形成了一种长期、有效、稳固、创新的可持续机制。每一位南模人就成为了最好的载体而展现出的是一个有机的整体,是一个温馨的集体,是一个合作的团队。

"两型两化"办学目标的实现,对于培养"四个模范"式学生的育人目标具有非常重要的意义,而后者的培养过程中又会不断对办学目标提出更多、更全面、更新的要求,形成相互促进的有益环境。

(一) 温馨型校园的建设

在"两型两化"办学目标中的重点和关键是"两型",即学习型和温馨型校园的构建。其中"温馨型"是实现"学习型"的重要基石,是办学目标的"血和肉",是整个模式构建中不可或缺的重要组成部分。

1. 温馨型校园的定位

温馨型校园的定位是时代的要求,是教育规律的体现,是目的也是动力,是教育资源也是教育方式。温馨校园建设的本质是促进学生、教师、学校的和谐发展,终极关怀是师生个体生活的幸福体验。南模的温馨型校园建设突出"五个纬度"。纬度一:安全校园。安全是文明单位建设的根本基础。纬度二:人文校园。以人为本、体现关爱是文明单位建设的核心。纬度三:法制校园。法制是文明单位建设的基本保障。纬度四:公正校园。公平正义是文明单位建设的行事准则。纬度五:绿色校园。绿色校园的要素是优美、环保、节约,这是文明单位建设的形象呈现。

（1）安全校园的建设。安全是温馨校园建设的根本基础。教师在学校中勤恳工作、学生认真学习以及家长对于学校的信任，很大程度上都建立在学校营造起来的安全环境。学校要高标准地做好自身的安全工作和预警应急工作，为教师的专心工作、学生的安心学习营造一个舒适、温暖、美好的校园大家庭。因此，校园安全防范措施到位，相关应急方案和相关组织机构、相关教育和培训都应是安全校园建设的重要组成部分。

2009 学年，社会上连续发生数起校园伤害事件，为了更好地维护学校的平安和学生的安全，2009 学年上学期学校新增了晚班值勤，由学校青年男教师在放学时，佩戴袖章，在校门口站岗，为广大学生的放学提供一个安全的环境。整个站岗活动从夏季延续到冬季，虽然时间并不是很长，但这切实体现了南模校园安全的建设。

（2）人文氛围的塑造。学校的建设和发展以人为本、体现关爱是温馨校园建设的核心。校园是尊重人、服务人、依靠人、提升人的场所，学校环境和个体行为要共同形成人文氛围。言行文明、人际和谐、互相尊重、诚实守信、互相关爱等都是重要的组成元素。此外，师生的各种活动和联系也都应该健康、丰富而有益。这样的人文关怀从某种程度上来说也体现在校园物质条件的改善和提高，校园环境的布置等方面。

学校和工会总会定期为广大教职员工提供欣赏高雅艺术的机会，组织大家看话剧，听音乐会，读好书。这些活动大大提升了南模老师的文化素养。

（3）公正校园的营造。公平正义是温馨校园建设的行事准则，在这样的条件和基础上，才能够更好地给教师、学生一个民主、公平、正义的校园环境。不仅如此，对于学生人格的健全和完善也是非常重要的一个方面。努力通过程序的科学规范来实现结果的公平、权利义务的对等，使学校各方面的利益关系得到公正对待，使校园矛盾得到正确处理和妥善的解决，而这样的公平也要建立在法制的基础上。

（4）法制校园的建设。法制校园是温馨校园的基本保障和依靠，学校严格依法办学、依法开展各项工作也意味着校园文明程度的提高。温馨校园意味着民主性、群体性和整体性，遵守游戏规则是保护温馨校园的必由之路。

每个学期,学校总会利用一次升旗仪式的机会来提高广大学生和老师的法律意识。每个学期,学生处总会安排一次午会课,请本辖区的民警为广大同学做安全普法教育。

(5)绿色校园的培养。优美洁净是温馨校园建设的形象呈现,也是南模人精神风貌的体现。校园内的一屋一室都文明整洁,一草一木都受到爱护,不仅使得学生在认识上有了很大程度的提高,更为校园的温馨、健康创造了良好的条件。

2011年,学校于百十校庆之际,修整了校园环境,不但新增了绿地面积,而且调整了花草树木的种类,在不大的校园里,安排设计了常年见绿、四季花开、高低错落、远近映衬的绿化布局;为体现百年南模的风采,近两年来,在翠绿丛中,又增添了许多人文景观,如校门口的"青锋"题词,"饮水思源"石碑,校园中的"千年醒狮"石座,"四个模范"丹书,"五育并进"的雕塑等历史景观,还有图书馆、交响乐团演播厅及教室等地的文化布置,形成了学校健康向上的人文生态景观。只要进入南模,便沉浸在美丽幽雅的环境之中,定油然而生"坐览于文明景观,行走于智慧空间,徜徉于红花绿草之畔,往返于历史与现实之中"的感觉。

学校党政工团各类组织开展丰富多彩的活动,营造出校园内和谐温馨的氛围。工会组织的教职工运动会,设置既体现传统性、竞技性,又体现时代性、趣味性的项目,更注重体现团队意识、合作精神的培养。比赛中,教职工们个个精神抖擞,踊跃参与,不时传出一阵阵开怀的笑声。学校组织参加徐汇区教育系统迎五一歌咏比赛荣获金奖,以活动增强教工凝聚力,诠释温馨型校园的"幸福感"。

2. 温馨型校园构建探索

温馨型校园的定位是基于南模中学的历史发展条件、"两型两化"的办学目标和培养"四个模范"式学生的理念而建立起来的。温馨校园的构建也是使原本紧张的学习环境转变成为"学习型大家庭"的一个重要基石。"大家庭"的定位对于温馨提出了更多、更广、更高的要求和需要。

(1)整合多方资源。温馨校园的建设需要整合各方资源,借助各方力量来实施和进行,并从教育、教学、教师、学生的角度出发。教育、教学应该以学生为本,这也是近几年"二期课改"传达的一个重要信息。更重要的是"教书育人"的深刻内涵,使得"育人"的功能显得更为重要和必要。教师是学生学习的主导,在教育中起着主导的作用。"有怎么样的教师,就有怎么样的学生"。教师要给学生树立起榜样模范的作用,建立起一种师生互动、其乐融融的互动学习的环境。学生是学习和教育的中心环节和基础,一切教育的开展都应该围绕着学生的需要来进行。只有站在学生的角度,知道学生需要的是什么,学生缺少的是什么,才能够因材施教,最大限度地发挥教育的作用和功能。

（2）营造人文关怀。对于一个校园环境,特别是对于要建设成一个"学习型大家庭"来说,浓郁的学习气氛是非常重要的。莘莘学子在学习气氛良好的校园、班级中学习知识,得到激励和推动。在学习氛围之外,人文环境的塑造和培养更是必不可少的一个环节。教师和学生在教学活动过程中必然会感到压力。在人文的关怀和激励下,使压力转化成动力。建设"大家庭"式的学习、生活环境,是在温馨校园明确定位基础上的延伸,是真正去落实营造一种宽松的学习环境。构建温馨校园就是要实现"人和",只有"人和",学校才能够可持续发展,学生才能健康而全面发展,教职工的生活价值才能充分体现,"学习型"和"数字化""国际化"工作才能有序开展。

（3）构建数字化、信息化、网络化温馨平台。在现实的环境中构建"温馨型"校园固然重要,而在当今的数字化、信息化、网络化时代,特别是在"两型两化"中强调"数字化"和"国际化"的同时,如何在网络信息平台构建温馨和谐的环境和氛围,也是对于温馨校园的一种完善。南模中学有自己的网站、网络交流平台,在这样虚拟的世界中,更需要让大家感受到人文的关怀和更近的距离,使网上、网下的交流都能够没有距离。

（二）学习型校园的构建

南模对学习型校园的成员作了"角色定位",提出学校领导要成为创建学习型校园的管理者,义不容辞地践行学习、率先垂范,责无旁贷地推动学习、组织参与,激励广大教师积极投身学习,为教师学习创造条件,为教师发展提供舞台,为学生学习营造氛围,为学生成长指路导航。南模师生要成为创建学习型校园的主体,以饱满的激情和切实的行动投入学习,学习先进的教育理论、新的课程标准和新的学习方式,从而营造一种浓郁的学习氛围,创造一种和谐的学习环境。

南模党委会、校务会、行政会上尝试着把学习讨论与工作研究结合起来,会前半小时,成为学习的"专利"时间。从2008年开始,南模在继续办好"青锋论坛"的基础上,又新设了"南苑讲坛",邀请南模校友、专家和本校教师一起走上讲台为师生讲座；老师们在学校组织下走进剧场观摩昆剧表演……在工作中学习，在学习中成长，这是全体师生对学习型学校的理解。

南模中学不断完善教师个人能力提升的阶梯，努力为每位教师创设机会。南模中学每年第一学期结束都有一年一度的"四奖"颁奖典礼。这四奖主要是对在学校教育、教学和后勤工作上工作突出、表现优异的老师进行表彰。

其中有 35 岁以下青年教师教学评比的"百花奖"，有表彰 35 岁以上教师的"杏坛奖"，对班主任工作进行表彰的有"桃李奖"，以及表彰后勤二线老师的"绿叶奖"。对于这些奖项学校每年都会专门进行公正、公平和认真的评选。而老师们也为了能够体现自己的能力，纷纷参加各奖项的评比，通过学习、反思来提升自己的教育教学能力。

南模学科带教、班主任带教的师徒结对作为建设学习型校园的重要抓手，经过这几年的筹备和完善，已经逐步走上正轨。在全体教职工大会上，由学校领导向带教师傅颁发聘书。

"紫藤杯"南模人读书活动旨在提高教职工的文化素质。小组打破工会小组、年级组、教研组的界限，不论年龄、性别、职称，由乐于交流、喜欢探讨的一群人自由组合，共组成小组 30 余个，还起了"吊兰读书会""F4 组合"等名字，平添许多乐趣。近期，又拓展出"紫藤沙龙"活动。

南模搬迁新址后，面临着极佳的机遇，办学目标的清晰、办学条件的改善和思变思进的心态，有利于南模再铸辉煌。

在南模的校园里，青年教师是学校的生力军，南模的青年教师在学校党委的悉心指导下，在教学团支部的领导下，以学习型团队建设为主线，以推进年轻教师专业发展为目标，以开展各类学习型活动为抓手，完善学习和互训机制，提高南模中学青年教师专业水平。助推青年教师专业成长一直是教工、团工作的重中之重。本届团支部成立三年来，每年都会以"青年教师的专业发展"为主题召开专题座谈会，为青年教师提供交流学习机会。

南模校领导历来关心和重视青年教师的成长，在本届教工团成立之初，对青年教师提出了期望：希望广大教师要有理想的包容性和有继承的创造性。作为青年教师要承担起自己的使命，处理好自身的社会角色和自己个性的关系，不断提高教育教学水平。

青年教师是南模发展的未来,教师在入职初如何制定好自己的职业规划非常关键。教工团 2010 年初成立后,特别邀请了学校领导与青年教师座谈,谈理想、谈规划,提出青年教师要认真制定好三年职业规划,关注教育教学的内涵发展,站稳讲台、带好班级、平稳过渡、积极进取、追求卓越,将自己真正融入到规划中,并且不断回顾、对照目标达成度情况。学校领导亲自认真阅读每一位教师撰写的个人三年规划,并抽空与青年教师面对面交流。

2011 年初为了响应区教育团工委青年教师向三奖获得者学习的号召,教工团支部特别邀请了我校获得区"育人奖""耕耘奖"称号的杜嘉陵、林雪清老师,请她们分别为青年教师介绍育人经验和点评一堂课。

2011 年青年教师们还就职业初期如何定位、曾经遇到过的最大困难等问题现场采访了校长和书记。校长和书记从各自的经历出发,用生动的语言、巧妙的回答激励了在座的青年教师,也提出了对大家的殷切希望。

我校一年一度的"百花奖"青年教师教学评比大赛从组内说课评选、全校说课、全校公开课到教学课后反思,有一套完整的评比评价体制。青年教师积极参与其中,在教学舞台上充分展示自己的才学和技能。3 年来教工团青年教师积极参加百花奖,教工团组织大家互相听课、磨课,并在开课后组织反思交流会,由开课教师谈体会,其他教师参与研讨、给建议,各取所需,取长补短,争取通过开课、反思能使青年教师的专业基本功有长足的进步和收获。

校党委领导曾经在教工团会议上指出,教工团是一个富有战斗力和生命力的团队,在学校各方面工作中都走在前列。本届教工团成立 3 年来,始终将自己定位于做南模青年的表率。在工作面前,积极完成,做实做好。在任务面前,勇于承担,努力做好。不论是在一百十周年校庆大典上,还是在每年的校友接待日,抑或是在学校开放日,冲在前面的有许多都是教工团支部的青年教师。无论是在世博会的地铁口,还是日常学校繁忙的道路口,甚至特殊时期的校门口,你总能看到教工团青年教师的身影。他们努力用自己的行动来实践党组织的要求,用自己的热情来当好南模的模范教师。

向书本学习,是我们提倡促进个人发展的渠道之一。在学校领导的支持下,教工团组织了"多读书,读好书"的活动。每年向青年教师推荐 5 至 10 本有价值、有深度的读物,并要求阅读后有读书笔记,撰写 1~2 篇质量较高的读后感。2012

年教工团推荐了桑德尔的《论公正》和钱宁的《新论语》。希望大家能通过阅读提升自己的品味和学识。本次活动得到了南模中学党委的支持,校领导分别为每本书题写了寄语,表达了他们对青年教师的殷切希望。

本届教工团成立之后,很快就喜逢南模中学一百十周年校庆,教工团支部开展"走近院士,献礼校庆"活动。活动通过校友结对的形式,由 1 位青年团员教师负责 1~2 个小组的采访编撰工作。主要围绕院士个人资料、联系方式、在南模的日子、寄语等部分进行整理与收集。团员青年教师在"南苑院士"活动中得到了学习、锻炼的机会,在提升组织、编辑能力的同时,增进了对学校的情感。

3 年来教工团还利用课后时间,组织青年团员教职工以时政学习、青年联谊等为主题开展团员青年的教育活动。在教工团青年教师自我学习、互相培训的基础上,以"青年党校"的形式给学生团员上课。

2012 年 9 月南模中学教工团支部在南模中学党委的领导下,结合当前国际和国内形势,教工团教师积极进入课堂有针对性地对学生进行爱国主义教育。把爱国热情转化为应对战事危机的坚定信心,转化为推动科学发展、促进社会和谐的实际行动,转化为勤奋学习、乐于奉献的实际行动,融于日常生活之中,奋发有为,自强不息。

2009 年 12 月,南模中学迎来了自己的首届学术节。首届学术节的主题口号是:"让教育充满思想,让教学蕴含智慧。"同时,在德育方面提出:"激发教育理想,营造学术氛围;探索教育规律,推动学术研究;以学识魅力传播文明,以人格魅力造就高尚。"在教学方面提出:"聚焦课程改革,优化课堂教学;探索有效教研,引领有效教学。"

(三)数字化校园的建设

南模中学的数字化建设,在天平路时,限于场地等诸多客观条件,一直没有进行真正的改造。随着"两型两化"的提出,数字化建设逐渐提上了议事日程。教室的数字化、教师办公的现代化逐渐在学校展开。每个教室都配上了投影设施,为每位教师提供了笔记本电脑。这些都大大方便了老师们的工作,同时也提升了教学质量。多媒体教学走进了教室,更好地帮助学生理解学习的内容,通过电脑,老师们的备课、成绩登记更加方便。

随着 2009 年南模喜迁新址,南模的数字化程度更上一层楼。首先是教学办公数字化。搬迁新址后,每位老师的办公桌上都配备了崭新的电脑,同时所有电脑都实现了联网。在平时的工作中,借助电脑教室更好地利用网络资源,更好地提升教学质量。同时学校的所有成绩的登录都实现了数字化,每到学期结束时,大家都习惯在网上传送成绩以及评语,学生成绩变化、动态分析也可以借助专业软件来实现。随着数字化的深入,南模的一举一动都通过网络记录了下来,通过网络展现学校风采,通过网络发布消息,这些都大大提高了学校的办学质量,拓展了学校的影响力。在南模吃饭、停车、进出寝室、借阅图书这些事情都已经用上了一卡通,一卡通为老师和学生的生活提供了很大的便利。

其次是专业教室数字化。在南模新校区里,不但每个教室都配备了电脑投影设施,而且还设置了一些专业教室。比如微格教学教室、"录像反馈教学教室"等。所谓微格教学是指在有限的时间和空间内,利用现代的录音、录像等设备,帮助被培训者训练某一技能技巧的教学方法。它是一个可控制的实践系统,利用这个系统最初是为了方便师范生和新教师有可能集中解决某一特定的教学行为,或在有控制的条件下进行学习。它是建筑在教育理论、视听理论和技术的基础上,系统训练教师教学技能的一种较为先进的教学方法。南模的微格教学教室可以为学生学习提供全方位的记录,可以为教师试讲提供一个研究的对象。通过微格教学教室先进的技术手段,最大程度上方便了老师的教学工作。同时南模还拥有数字物理实验室等其他高科技数字实验室,帮助学生更好地通过动手来掌握知识,探索科技。

第三是学生生活数字化。学生是数字技术最忠实和最热情的追随者。随着网络和数字化的进一步发展,学生利用网络发表言论、进行交流,已是大势所趋,如何更好地帮助学生合理利用网络,并为其学习和工作服务,这就成了学校和教育工作者亟待解决的问题。南模中学在这一点上走在了前列,学校利用班会来引导学生如何利用网络发表言论,提倡网络文明。学校学生会更是通过网络,建立起了"网上学生会",通过网络及时发布学生会的信息,同时利用网络宣传学校,宣传班级,这些都让学生生活中的数字化行为同学校密切配合。

普及数字化办公和软件应用技能,提高校园网使用率。广大教师在教学硬件有所改善的基础上,充分利用现有信息技术资源及环境,积极主动地将教学内容与现代信息技术手段相结合,丰富教育教学手段,改变课堂教学形式。

数字化学校的理念,促进南模积极运用各种信息技术活跃学生各方面的活动,实现师生、学生之间的交流。南模加强了校园网的建设与管理,每个班级有网页,还组织了班级网页大赛,使校园网成为交流、展示的平台。学校还经常请专家给同学们进行网络道德教育和远离网瘾的教育。

(四)国际化校园的拓展

为了进一步落实学校的"两型两化"的目标,进一步满足教育国际化的需求,丰富学校多层次办学模式,促进中西文化的融合,培养具有国际视野的精英人才,南模中学于 2008 年 9 月正式创建境外部。建立境外部主要是为了能够加强学习与研究,不断更新教育理念,把握教育发展方向,创新教育发展机制,开拓发展空间。学校与海外中学缔结成为姐妹学校,组织师生出国学习考察和参与国际间的学习交流,进一步提高南模中学学生的素养,进一步提升南模中学的国际知名度,进一步拓展南模的教育理念。

1. 课程国际化

境外部秉承我校优秀的办学传统,注重政治意识、品牌意识、课程意识和质量意识,将国外先进的教育理念、优质的教育资源与我校传统的教育教学优势相结合,以教学质量打造世界品牌课程,以人文关怀营造和谐成长环境,以多元互补促进学生全面发展,以国际视野开创学生高远人生。

境外部开设中文系列和英文系列两种课程。

NBC 课程

NBC 课程全称为 Shanghai Nanyang Model High School BC Program,是加拿大不列颠哥伦比亚省的高中课程。课程为三年制,分为必修课和选修课,采用学分制管理。课程包括英语、数学、科学、社会、计划、物理、化学、生物、体育、艺术、戏剧、电影电视制作、财会等。该课程的特点可概括为:以自学、探究、创新为核心目标,采用多元化评价体系,渗透人性化教育理念。课程中设有一些培养学生素质和各方面使用能力的科目,注重学习过程,帮助学生养成良好的学习态度和习惯。该课程以小组合作为主要课堂学习方式,为学生提供互相学习、共同进步的机会,气氛轻松、快乐、活跃。

该班是经 BC 省政府认可,在加拿大境外使用哥伦比亚省高中教学大纲、原版教材,由 BC 省教育部认证的教师用全英文教授全部高中三个年级课程的海外中学。该班的每一个学生都将成为 BC 省教育部的正式学生,在 BC 省教育部注册,拥有单独的学生编号,统一参加 BC 省的省考,享有加拿大当地中学生同等待遇。BC 省将为合格的毕业生颁发加拿大高中毕业证书并可直接申请去加拿大、美国、英国、澳大利亚等国家就读。同时南模也为合格毕业生颁发学校国际部毕业证书。

第一届 48 位学生经过严格筛选,择优录取。大多数同学在一个月左右就适应了外籍教师的授课,英语的听、说能力突飞猛进。在参加由加拿大滑铁卢大学举行的世界中学生数学竞赛中,两个班级所有同学都积极参加了比赛,最高分 139 分,平均分数达到 97.2 分,在全世界参加的 1239 个优秀学校中,名列第 70 位。第一次省考的成绩也让人欣慰,与母语学习的同级学生相比,数学高于平均 24 分,科学高于平均 7 分,英语也仅比平均低 2 分。

加拿大的高中课程品种丰富,涉及的知识面开阔,注重动手能力和生活实用功能,这一点使学生对学习和学校的生活充满渴望,乐于学习。中方课程与中国文化相融合,将中国文化、文学、历史、地理等和音乐、美术、美育、心理等整体建构在课程体系中,从博大精深的中华文化中挑选出优秀内容,编成富有中国文化特色的教材,由南模优秀教师任教。老师根据实际需要,辛勤编写了《中国语文》《中国历史》《美育教程》等校本教材,已经刊印成册。学生在老子的"道法自然、上善若水"和孔子的"己所不欲,勿施于人"的传统文化熏染中,在苏轼"人生到处知何似,应是飞鸿踏雪泥"的人生哲见中,在鲁迅"我以我血荐轩辕"的深厚大爱中,在礼仪教养的美育教化中,在交响乐的聆听欣赏中,将心灵滋养得更加丰厚和温润。

NBC 课程得到社会广大家长的赞誉,每年的报名人数都呈较大递增,录取比例达 4∶1,录取分数基本都在区重点以上,不少同学分数在市重点或者省重点以上。每年 BC 省教育部年检官员审查后,都给予很高评价,认为南模中学 BC 课程是加拿大 BC 省海外课程在中国的最好的一所学校,2012 年 11 月的 BC 省教育部年检官员对学校设施、行政管理、教师教学水平、学生考试成绩的信度以及老师对学生的关爱都给予非常高的评价。越来越多的美国和加拿大大学听闻了南模培养的学生之优秀,都来我校进行大学招生宣讲。NBC 课程在一定程度上提高了南模的社会和国际影响力。

OC 课程

OC 课程中文系列主要招收品行端正、学业优良、身体健康的高一、高二、高三港澳台学生及外国留学生。采用中国教育部部编高中沪教版和人教版组合课程。小班化上课,每班不超过 30 人。由南模中学优秀教师中文授课,教学模式既继承传统,又积极变革创新,实现了以人为本,因材施教,互动高效,形成了质疑、探究、讨论、动手实践的氛围。科学严格的管理、扎实灵活的教风和积极向上的学风使学生自信应对港澳台联合考试和中国大学自主举办的外国留学生招生考试,同时综合素养也得以提升。

SDP 课程

2010 年 9 月,在区教育局的支持下,学校引进了剑桥考试中心的 SDP 课程,现为在本部开设的综合性拓展课,该课程全英文授课,同学在课程学习的过程中讨论专题,通过团队讨论、个人日志等方式进行学习,方式内容都与本部学科学习相异性较大,为南模学生的全面发展提供了很好的学习模式方面的补充。

2. 教学国际化

随着境外部的不断发展壮大,境外部的教育教学以及学生也日趋国际化。

南模领导的人文关怀、同事间的友好和谐、学生的出类拔萃和上海作为国际大都市的生活便利吸引了足够优秀的有教师资质的加拿大籍教师来校任教,并且保证了我们的外籍教师的较低流动率。从第一年的 4 名外籍教师到如今拥有十几名外教的师资团队，中加教师的关系一直都非常融洽。大家互相理解、相互尊重，其乐融融地和谐相处。

受人本主义理念影响，NBC 课程师生关系平等自然，老师对学生充分理解和鼓励，学生在课堂里感受到的没有压抑和胆怯，而是快乐和自信。老师无论是在课内课外，都关注着每一个学生。学生无论遇到什么事，都会自然地与老师交流。在 NBC 课程学生的眼中，老师们不再是高高在上的威严的"师长"，而是"亲密的朋友"。

学生也呈现出多样化的局面，更趋国际化。其中不但有中国籍内地学生，更多的港澳台学生乃至外籍学生也进入到了南模境外部。在南模，他们学习知识，了解中国，陶冶情操，培养意志。在南模百十年传统的引领下，在南模四字校训的熏陶下，境外部的学生在原有基础上不断进步，同时处于这样一个国际化环境中，南模的教学环境和课程设置也为他们的发展提供了坚实的基础。

在 NBC 课程里，健康成为学生成长的主基调，快乐成为校园生活的主旋律。绝大部分学生在享受 NBC 课程的同时也在渐渐地发生着变化，他们变得更开朗、更快乐、更自信；他们有着强烈的爱，对国家的，对生活的，对周围人的；他们有着强烈的兴趣，对课堂，对活动，对实验，这是真正健康发展的一群。真正的健康源于自我对本性的觉悟，可以从中找寻到快乐、爱和希望。这是教育的最高境界。

境外部学生积极参加各种各样社会实践，包括国防教育活动、五四奉贤农场学农活动、社会志愿公益服务活动等，NBC 学生定期参加上海雷锋站活动，上海城市规划馆志愿服务，悦苗残疾园志愿服务，敬老院义工活动，地铁志愿服务活动，农民工子弟小学捐赠礼物的"Giving tree"活动和红十字会志愿者活动等。学校还组织学生参加国际教育交流，如和加拿大 Magee 中学、英国女子中学建成姐妹互访学校。暑期夏令营，前往加拿大参观学习考察等。有的学生还利用假期到非洲的毛里求斯任教，帮助那里贫困失学的儿童。社会实践提升了学生的社会责任意识，使学生在与人合作中学会沟通，在组织事务中学会管理，在爱心志愿中收获了"赠人玫瑰，手留余香"的幸福感。

当第一批境外部学生毕业之时，他们深深地回忆起母校：

依旧清晰地记得,第一次拿到厚厚的加拿大原版教科书时望而生畏的感觉。面对我们的恐惧,经验丰富的外教们放慢了说话的语速,一遍遍耐心地重复我们没有听懂的语句,一次次地鼓励我们这群内敛的孩子勇于发表自己的意见。外教风趣幽默的语言,夸张有趣的肢体动作,让我们一下子放松了神经,不知不觉融入了全英文的环境。在这里,课堂永远都不会让你感到无趣。有时,我们在老师的引导下,对所学知识点进行思考,提出自己的看法,共同探讨;有时,我们分成不同的小组来做项目课题,对提出的课题进行分解,通过合作来共同完成;有时,我们为了解决疑问,亲自动手做试验来论证。丰富有趣的课堂形式充分地调动了学生的积极性。

除了必修的 Math Foundations(数学)、English(英语)、Social Study(社会学)、Chemistry(化学)、Physics(物理)外,学校还开设了富有特色的选修课程。如,10 年级的 ELS(英语语言)、Planning(人生规划),11 年级的 Drama(戏剧)、Biology(生物)以及 12 年级的 Economy(经济学)、Calculus(微积分)和 AP Calculus(高级微积分)等。10 年级的 Social Study(社会)课告知我们,自我实现的人是人类的典范,是社会上最有价值的人;Planning(人生规划)课使我学到了健康、理财、申请等知识,寻到了自己的兴趣所在,开始制定自己未来的发展目标。11 年级除了开设英语语言艺术、数学、社会学等必修课外,还开设了生物、戏剧等选修课。Drama(戏剧)课堂经常进行个人或集体的独白、哑剧、小品、演讲等不同形式的表演。12 年级选修的 AP Calculus(高级微积分)成绩可以抵大学学分。每天上完 6 节全英文的加方课外,还有 3 节中文、历史、艺术等中方课程,我们在文学、历史、艺术的熏陶中去领悟中华文明文化的博大精深,从而丰厚和滋养自己的心灵。

南模中学加拿大 BC 省海外课程不是一种仅仅依靠题海战术就能够得到高分的体系,它所要求的是一个人综合能力的体现。

BC 课程的期末考试仅占总成绩的 25%,其余的 75% 由平时的每一次作业,每一个小测验以及课堂上的参与、出勤等因素综合组成。想要取得高分,就必须上课积极参与讨论,敢于发表自己独特的见解。遇到项目课题时,积极地沟通、协调,然后制作精美的 PPT,给予生动、清晰的演讲。学生的胆子越练越大,参与的意识越来越强,沟通和表达协调能力也在不知不觉中提高了许多。为了高质量地回答老师提出的问题,学生常常需要上网查阅大量的资料,寻找一个个论点论据,自主学习的能力也得以最大限度地提高。不到两年的时间,我的英语水平从初中毕业时"勉强可以跟上雅思 6 分基础班的程度",一举飞跃到考出雅思 7.5 分的水平;不到两年的时间,我在 BC 课程的学习从不太适应到门门功课成绩全 A;不到两年的时间,我已从一个性格胆小内向的女孩,成长为外向自信的境外部学生分会主席。近日,加拿大 BC 省海外课程班 12 年级的班级空气中洋溢着收获的喜悦。同学们都欣喜地收到了南加州大学、加州大学洛杉矶分校、迈阿密大学、伊利诺伊大学、麦吉尔大学、多伦多大学、英属哥伦比亚大学等很多世界知名学府的预录取通知书。

感谢南洋模范中学加拿大 BC 省海外课程为我们提供了一个广阔的锻炼平台,让我们从懵懂走向成熟!我们学到的知识,到大学学习或工作中用到时,就可以应付自如。同时坚实的基础也为我们学习新的科学知识提供了一个扎实的平台。

2011 年 6 月,南模中学首届加拿大 BC 省海外高中课程毕业生 43 人凭借加拿大高中文凭及三年所获优秀学分,共收到了来自世界共计 140 多份知名高等学府预录取通知书。2012 年 6 月,南模中学第二届加拿大 BC 省海外高中课程 66 位毕业生共收到了来自美国和加拿大知名高等学府 180 多份大学预录取通知书。其中,绝大部分学生被位于全球前 100 位的世界著名大学录取。2011 年和 2012 年 7 月,许多学生收到了加州大学、华盛顿大学、美国南加州大学、多伦多大学、英属哥伦比亚大学、麦吉尔大学等世界一流大学的正式录取通知书。

截至 2013 年 4 月 1 日,南模中学第三届加拿大 BC 省海外高中课程毕业生共收到了来自美国、加拿大和澳洲知名高等学府 140 多份大学预录取通知书,还有一些预录取通知书会在后两个月中陆续寄来。140 多份大学预录取通知书中,有14 位同学被世界排名 20 位的多伦多大学录取,不少同学录取专业是多伦多大学最好的商科、工程等专业;4 位同学被滑铁卢大学的计算机专业录取,该校的计算机专业在全球名列前茅;8 位同学被世界排名 33 位的英属哥伦比亚大学录取,9 位同学被西安大略大学录取;美国大学中,有同学被 8 所常青藤盟校之一的宾夕法尼亚大学录取,还有的被加州大学、华盛顿大学、罗彻斯特大学、宾夕法尼亚州

立大学、密歇根州立大学等著名大学录取；澳大利亚大学中，悉尼大学寄来了录取函。

四、传承南模精神　升华"课程学习场"

当今世界正发生广泛而深刻的变化，中国要永久屹立于世界民族之林，需要增强综合国力和国际竞争力，必须不断提高全民族的思想道德素质和科学文化素质，造就一支高素质人才队伍。党的十八大报告强调指出，教育是中华民族振兴和社会进步的基石。要坚持教育优先发展，全面实施素质教育，深化教育领域综合改革，着力提高教育质量，培养学生创新精神，培养德智体美全面发展的社会主义建设者和接班人。教育正在面临着前所未有的机遇和挑战，这给走在教育前沿的上海基础教育提出了新的时代使命，给南模中学办学提出了新的发展要求。

南洋模范中学在社会上享有盛名，是上海市实验性、示范性品牌学校，是徐汇区基础教育的排头兵，深得地方政府重视、社会各界支持和社会公众关爱。在教育正在发生深刻变革的今天，进一步增强学校办学品牌和办学特色，进一步深化可资借鉴、具有示范意义的教育创新改革，这不仅是地方政府办人民满意学校的要求所在，也是社会期望所在。学校理应顺势而为，乘势而上，准确把握现代化教育的内涵，以更高的标准、更优的质量，发挥更大的示范效益，培养出更多的优秀高中生。

南模中学自 1901 年建校以来，逐渐形成优良传统，一直保持着上乘的教育质量,表现出对基础教育的深刻理解和课程建设的文化自觉:1903 年由沈叔逵校长开设了音乐课程;40 年代起南模就用英语教学;80 年代起开设"美育"课程;90 年代起传统特色的教育内容相继课程化;2003 年构建研究型课程"逆向式"实施机制;2006 年构建以教师团队智能为基础的拓展型课程实施机制;2007 年 9 月开设 OC 课程;2008 年 9 月引进加拿大不列颠哥伦比亚省的高中课程(简称 NBC 课程);2009 年 9 月与上海交大合作开设"创新素养实验项目"课程;2010 年在拓展课中开设英国剑桥 SDP 课程。南模的办学优势是:历史悠久、校风纯正、师资力量雄厚,近年来"两型两化"建设初显成效,教育教学质量稳定;"课程学习场"的建设已有探索;南模学生发展比较全面;教师专业发展阶梯基本完成;硬件设施更加完备;学校综合实力有所增加;与上级部门和社会各界保持良好的关系,各类生源比较充分,拥有的各种教育资源与过去相比比较丰富。综合来看,南模中学蓄势待发,正处在一个如何作为的关键时期。

南模在近几年师生实践活动的基础上,于 2010 年 6 月提出了构建南模"课程学习场"。构建"课程学习场"是南模发展的必然选择。其依据主要有五条:一是与百十年南模的教育教学风格和氛围一脉相承,南模师生始终认同南模作为一所高品质学校,其学习者(师与生)应该得到更丰富更有效的学习体验;二是"两型两化"的办学目标的具体化,"课程学习场"是实现组织目标的核心,是学习型的根本载体,是育人目标落实的根本载体,大课程观下的学习场才能使内涵丰富的育人目标得以落实;三是多年来南模形成了一系列特色并拥有一批高水平的教师,为学习场的构建提供了可能;四是学校近年来在上海课改的大背景下,对国家和上海市的教育发展规划纲要的自觉呼应和主动作为,大胆引进或尝试了 NBC、OC、SDP 等具有国际特色的课程,始终坚持开展"两类"课程,探索着与高校联手创办"创新素质教育实验班";五是高考自主招生渐成气候,南模要做出积极应对。

(一)"课程学习场"的内涵

对应国家、上海、徐汇三级规划纲要的要求,南模作为实验性、示范性学校要做出自身应有的呼应。上海乃至全国的优质高中,大抵走过一条从硬件设施兴建改善到关注内涵的发展道路,即从关注增量到关注增质的路径。当前教育界普遍重视学生全面发展、教师专业提升、课程建设三大主题。其中课程是一个有枢纽意义的关键。课程是实现学生培养目标的基本途径;是提升教师专业化程度,提升办学水平的主要载体;也是创建学校特色,实现学校可持续发展的主要载体。"场"是指南模中学的教育教学活动要交织在一起,成为具有立体的、丰富的、多样的、综合的、可体验的内在关联的整体。"课程学习场"增强了实现育人目标的可能性,能满足教育对象的多元需求。主要载体能否承载起培育人的重任,这既要看到作为相对独立单位的课程,还要看到课程间(学科活动之间、实践体验之间)在叠加和组合后能否构建起有效的"学习场"。

"场"是一个从物理学上借鉴而来的术语。"场"是一种特殊物质,看不见摸不着,但它确实存在。"场"是物质存在的一种基本形式。这种形式的主要特征在于"场"是弥散于全空间的。简单地说,一切进入"场"的物质会影响到"场",同时"场"也会影响到进入"场"之中的一切物质的运动。

南模在 20 世纪 90 年代初即引进了"学习场"概念,强调学生应该在一个立体的"场"中进行。"学习场"可以理解为一个简单的喻体,也可以是一个物理学中的概念——"场论",在南模校园里,它更多地被视为学习"环境"(软件)和"系统"(硬件)学习的同义词,所谓的"学习场"是指南模中学的教育教学活动交织在一起的,具有内在关联的整体。校园是一个整体,而老师与学生、事件与事件、事件与事物的关系都可能作为整体的一分子发挥作用。因此,南模"学习场"的特点是立体、丰富、多样、综合、可体验,并具有系统性。南模"课程学习场"构建的提出和形成,既是南模课程文化自觉这一可贵品质的传承,也是南模在新的历史机遇中新文化的形成。

"场"首先是指以学生自主体验课程为导向的有总体设计的一个体系。丰富和整合是主要特征。场域有做功的方向:价值正确是指向我们的教育是坚持为国家和民族办的国民教育;确立青锋意识、模范行为、健全人格的培养目标,是指向帮助学生形成健康、积极的人生观和生活方式。场域有氛围:文化浓郁是指我们的"学习场"里有浓郁的民族文化气息、求真务实的学研气息、与人为善的人文气息、开放包容的时代气息、与环境友好的自然气息、美美与共的艺术气息。场域有特色:特色鲜明是指"学习场"的目标、内容、形式、评价都有南模的特色,校园内洋溢着南模的历史文化影响、南模的学科特色、南模的综合评价特色。学习场内的学习体验丰富而充分,学习关系民主而包容,学习评价积极而全面。学习场宽泛而有边界,温馨型校园建设的五个维度就是边界。南模"课程学习场"是安全的,为学习场的构建提供根本性保障;南模"课程学习场"是人文的,为学习场的构建营造氛围;南模"课程学习场"是公正的,为学习场的构建提供了行事准则;南模"课程学习场"是法制的,为学习场的构建打下制度性基础;南模"课程学习场"是绿色的,为学习场的构建提供直观的形象。

构建南模"课程学习场"的根本目的是学生、教师、学校共同进步。学生、教师、学校既是三位一体的关系,也是从三个不同维度而言的主体,三者互相依存、互相影响、互相制约、互相促进。通过"课程学习场"的共同营造,学生获得充分学习体验,享有独立的人生价值;教师由此为学生提供学习的帮助和服务,同时也充分体现出自身的人生价值;学校由此必然会得到充分发展。连贯一致的课程,也将实现初中高中协同发展,优势互补,共同发展。这是构建南模学习场的价值所在。

(二)"课程学习场"的构成

南模"课程学习场"主要由德育主题课程系列、国际主题课程系列、智育主题课程系列、初中课程系列组成。

1. 德育主题课程系列

德育主题课程的具体目标:培养青锋意识、模范行为、健全人格,培养爱国荣校的情感,发掘自主发展的潜能,形成兴趣爱好,促进学生充分优质发展,让学生更全面地接触社会生活和校园生活。

(1) 新生入学课程。通过唱校歌、绘校徽、喻校训、知校史、赏校景等以南模文化为主题的课程学习,使学生传承民族优秀文化,具有爱国荣校情怀,培养起光荣感和使命感。

(2) 青年党校课程。加强青年党校的建设。通过系统地为团员上党课以及参观、访问等活动,增进对党史和党的基础知识的理解,使团员将党建理论知识与党的伟大实践相结合,认识中国的发展道路和发展模式,坚定政治信念,构筑精神支柱。青年党校的学习坚持理论学习与实践考察相结合,自学与辅导相结合,走出去与请进来相结合,自我小结与团员民主评议相结合,使工作收到实效,为青年学员的组织发展打好基础。

(3) 社团课程。总结经验,主动突破,以课程化的方式推进学生社团的建设,制订社团课程建设规划,完善社团发展纲要。充分利用校内外的教师资源,组建更加专业的社团活动指导教师队伍,完善社团课程管理机制和评价机制,提升社团活动品质。在社团活动中,提高学生组织协调、协作的能力,培养个体兴趣,形成特点特长。重点扶植科技类社团组织。

(4)校园文化活动课程。对学校大型学生活动进行统整。每学年精心组织和举办好"一式、两会、两赛、两典礼、三节"(成人仪式、学生田径运动会、迎新音乐会、南模杯篮球赛、迎春长跑比赛、迎新典礼、毕业典礼、科技节、艺术节、社团文化节)。每次活动要求做到目标明确、内容丰富健康、形式多样得当、组织到位,使学生在活动中体验校园优秀文化,促进学生在知、情、意、行诸方面综合发展。

(5)特色教育课程。在保证学校学生篮球队、学生交响乐团、环境科技项目在全市乃至全国保持领先水平的同时,协调好学校人力、财力、物力,构建与特色项目相匹配的师资队伍,研究并出台篮球、交响乐、环境科技、国防等特色项目课程化的方案,完善美育特色课程化的方案。促进学生多元智能开发,培养各自兴趣爱好。具体路径为:通过体育体锻课学习篮球基本技术和攻防知识;通过学校迎新音乐会、毕业音乐会和音乐课学习交响乐经典曲式的特点并欣赏代表作;通过美育课学习美育的基本知识和理论,培养学生欣赏美的能力、创造美的意识;通过学军等活动学习国防的基本队列知识、兵器知识、防核防化知识;通过生物课和化学课学习水质标准和水环境保护的基本知识,了解国内国际环保的先进成果。

(6)身心健康教育课程。组织实施好日常的三课两操和心理课。相关部门、教研室与卫生室研究并出台南模学生身心健康评价指标,使学生的心理和身体的健康情况处在被有效关注和科学干预的状态,促进学生身心和谐发展。

(7)社会实践课程。引导学生在实践中体验,在体验中感悟,在感悟中提升,从而拥有坚强的意志力、明晰的判断力、强烈的责任感。精心组织社会实践考察系列活动(高一定点:东方绿舟、天平路老校区、韬奋纪念馆;高二定点:奉贤五四农场、王选事迹陈列馆;高三定点:交通大学老校区、龙华烈士陵园)、志愿者服务活动、学生干部街道挂职锻炼、学生干部赴边远贫困地区社会考察活动等。

(8)学生自主管理课程。自主管理的目的是培养责任感,形成自我教育、自我约束、自我调节、自主发展的能力,从而把外在的道德概念内化为道德信念和自觉的道德行为。继续培养学生养成良好的习惯,克服不良习惯。在住宿部开设专门的生活管理课程,传授生活、安全、卫生、救生的相关知识,培养住宿学生的生活自理能力和安全防范能力,把"生活的模范"教育工作落在实处。

(9) 公民意识培养课程。统一计划每学年的升旗仪式、午会课、校班会课和其他学生集会的时间,合理配置授课教师,可采取专门负责、专项课程的办法解决师资问题,把公民教育、普法教育、疾病防控教育、安全教育、防灾教育、生命教育、诚信教育等内容合理分配到各时间段,切实保障各项教育内容的落实。

(二) 国际主题课程系列

国际主题课程系列的具体目标是:让学生更全面地接触多元文化,培养学生的国际视野,提高国际交流的技能,促进学生的民族文化认同感和兼学包容的意识,为进一步提升国际竞争力打好基础。

在海外课程的引进实施中打开南模学生的"国际视野",充分利用学校开设NBC课程和SDP课程的契机,主动创建中西方教育对话的机会,举行联合教育教学专题交流活动。深入学习国际课程的教育理念、课程设置、教学模式和评价体制,开展中外合作的教育教学研究,开创性地在民族文化的土壤上进行国际课程本土化实践。

建立并逐步完善NBC中方课程、SDP课程和OC课程的教学质量监控制度和学生综合评价方案。鼓励开发中外融合的校本课程,丰富南模中学的课程体系。研发国际文化学习课程,南模学生要更全面、更系统地了解世界各地的民族与文化。成立专门的机构负责对外交流事宜,通过出访、接访、homestay、特长交流、冬夏令营等各种形式,增加与境外师生直接交流的机会。在爱国主义的熏陶下,培育具有开阔视野和国际竞争力的优秀高中生。

教育的国际化与本土化是对立统一的,东西方文化价值观之间的差异对学生培育模式带来了新的机遇和挑战,东西方教育精髓的整合是学校发展具有前瞻性的重要标志。学校在引进国际课程的同时,注重对西方培育模式的借鉴和研发,完善东西方教育优势的融合和贯通,形成"本土化"和"国际化"相结合的培养方式,探索更为先进的高中生培养方式。

(三) 智育主题课程系列

智育主题课程系列的具体目标是:智能得到开发,想象力和创新意识得到培养,使学生具有扎实的学科基础和可持续学习能力,全面达到学业水平标准,出色完成选拔考试。

（1）扎实推进基础型课程建设。总结南模中学学科教学的经验；探索学科教学高质量轻负担的规律；提高作业的适切度；建立更加科学的学业成绩评价指标。完善教导处、年级组、教研组共同协作的课堂质量全面全程监控体系以及对教研组、年级组、教师的日常教育教学行为的评估方案。

（2）形成有特色的拓展型课程。疏理拓展课的经验和问题，做好拓展课从形式到内容的整体提升的准备（课程方案、教师、教材等准备），向拓展课特色化的方向发展。

（3）提高研究型课程的质量。总结研究型课程的经验，理顺与特长学习、特色课程、竞赛训练、社团等课程之间的关系，在新一轮发展规划中，要重点开发、调整、提升拓展型课程和研究型课程的内容和课程形式。设置情景，引导学生发现问题、提出问题，进而对问题进行探究；指导学生收集、整理、证实材料；指导学生学会数据分析、逻辑推理，把从研究或实验中取得的结果与理论知识相联系；指导学生根据已有的理解水平或他人的解释来对自己的解释进行评价；指导学生学会交流，批判地吸收别人的见解，验证自己结论的正误。

通过盘整、提升、创设新的课程内容和形式，进一步丰富拓展型课程和研究型课程，构建更为宽阔的学习场域：

（1）创设综合理科实践基地课程。拟建4~5个以科技创新为主题的科技实验室和创新实验室，构成一个学生广泛参与的理科实践基地；完善架构，组建队伍，编写方案和教材；组建校外科技导师团队，充分利用高校和科研院所的教学及实验资源。

（2）创设综合人文实践基地课程。拟建4~5个以综合人文为主题的史地专题教室、艺术专题教室、传统文化专题教室，构建一个学生广泛参与的文科实践基地；完善架构，组建队伍，编写方案和教材；组建校外人文学科导师团队，充分利用高校、科研院所和社会的学习资源。

（3）完善创新素养培养实验基地课程。总结前一阶段"交大课程"实施的经验，提升课程的质量，做好高中大学的有效衔接；交大实验基地课程要在总结提升课程质量的基础上，创造条件向面上同学辐射。

（4）着力加强学科竞赛课程。确定课程目标、内容和主要形式；完善竞赛管理;培养校内外结合的竞赛教练队伍;形成有层次的竞赛平台:校—区—市—全国—国际阶梯递升。

（5）创设自主招生课程。确定课程目标、内容、形式、评价四要素;针对高校自主招生的具体要求,对相关学科加深加难,尤其注重学科知识和技能的融会贯通,有针对性地进行面试辅导。

综观南模 110 年的创建历史,是几代师生的共同财富,是积淀的文化,也可以说是上海现代教育的缩影。办学,是承上启下的过程;创新,是积累迸发的征程;传承与进取,是学校发展永不枯竭的动力。明史立志,重温历史,感悟文化,我们可从中看出发展的轨迹,得到前行的力量。在走向教育现代化的过程中,将以史为鉴,以文为范,任重道远,期望年年"紫藤花开"。

附录一:赵宪初年表简编

1907 年(一岁)

10 月 27 日,生于浙江省嘉善县西塘镇卧龙桥西堍北栅街 65 号。

姓赵,名型,字宪初。

祖父赵诵菜,字友琴,经商,在西塘镇开一家南货店,名泰号。父亲赵元灿,字振麟,后改为振麠,清末秀才,后进上海龙门师范求学,是龙门师范第一届毕业生,毕业考试名列第一,受新思想影响较深;曾在嘉善县任教育科科长,办理新式学堂,经手建造嘉善县魏塘镇第一个高等小学的校舍;担任西塘区学务委员,是嘉善教育界新式教育的前辈;担任西塘乡名誉自治委员,嘉善县商会董事,并于 1914 年以嘉善县商会代表的身份,参加浙江省赴日实业观光团,去日本参观"大正博览会",是西塘最早走出国门的人。

1912 年(六岁)

入西塘镇苹川小学堂读书。半年后,改入西塘第一初级小学读书。

1916 年(十岁)

初小毕业,入嘉善县立第二高等小学读书。在读《论语》时,国文老师教他虚词"而"的用法,给他写了一条批语:"当而而不而,不当而而而,而今而后,已而而已。"十八个字中用了十个"而"字,使他学会了"而"字的用法,而且终身不忘。

1917 年(十一岁)

祖父赵友琴去世。

1919 年(十三岁)

高小毕业后,由父亲陪同到上海报考南洋公学附属小学,经试读两周后被编入高小三年级乙班读书。

1920 年(十四岁)

9 月,南洋附小毕业,直接升入南洋附中读书。

1924 年(十八岁)

9 月,南洋附中毕业,成绩名列全校第二,即升入南洋大学,选择电机工程系读书。

1927 年(二十一岁)

大学三年级时父亲去世,他是长子,按例该回乡理家,母亲支持他继续留在上海读完大学。

1928 年(二十二岁)

毕业于交通大学电机工程学院,应私立南洋模范中学沈同一校长之聘,去该校担任数学教师。开始执教初二初三的数学课并兼一部分英语课。从此,七十年如一日,"把一生许愿给了南模"。

1930 年(二十四岁)

农历正月十二,奉父母之命回西塘结婚,妻子周循箴是嘉善西门人。婚后半月,即返回上海销假上课。

1931 年(二十五岁)

9 月,担任南洋模范中学教务主任兼任数学教师。

1937 年(三十一岁)

因日本侵略军占据交通大学校园,协同沈同一校长迁校,南洋模范中学选址天平路 200 号。

祖母去世。

1938 年(三十二岁)

9 月,南洋模范中学设立女子部,兼任女子部高中数学课教师。

1939 年(三十三岁)

在上海天平路怡邨租赁一间客堂,让妻子儿女迁居上海。一年半后,迁居华山路天佑里。每逢假期,全家回西塘老家,侍奉母亲。

1947 年(四十一岁)

7 月,为 47 届高中毕业班的纪念册题诗,勉励学生:"喜闻此日皆忠国,愿见他年不害人。临别千言并一语,有为奋发向前程。"

1949 年(四十三岁)

5 月,上海解放,被任命为私立南洋模范中学副教导主任。

1951 年（四十五岁）

冬，奉命参加皖北土改工作队，被派往宿县地区参加土改工作一个月。

参加上海市数学学会，担任数学学会徐汇区的联络员，并参与编写中学数学教师的数学参考读物。

1955 年（四十九岁）

11 月，由沈同一校长介绍参加了中国民主促进会。

1956 年（五十岁）

担任上海市南洋模范中学副校长，并被评为一级教师。担任中国民主促进会徐汇区委副主委，徐汇区政协委员。

1957 年（五十一岁）

被选为上海市数学学会理事，并参与组织上海市数学竞赛。

1961 年（五十五岁）

去嘉定外岗上海市社会主义学院学习三个月。

1962 年（五十六岁）

担任上海市政协第三届委员，此后，连任第四届、第五届政协委员，第六届上海市政协常委。

1963 年（五十七岁）

被上海市教育局评为上海"中学超级教师"（后改为特级教师），全市总计8 名。

参加上海市科普作家协会。参与编写《十万个为什么》，后由上海少年儿童出版社出版，该书深受广大读者欢迎。

1964 年（五十八岁）

在北京中央社会主义学院学习一年。

参与编写"数理化自学丛书"中的《代数》第一册，后由上海科学技术出版社出版。该书在"文革"前后风行一时，多次重版，印数达几百万册。

1965 年（五十九岁）

当选为民进上海市委副主委。

编写《怎样列方程解应用题》一书，由上海教育出版社出版，行销很广，多次再版，曾译成维吾尔文在新疆出版发行。

1966 年（六十岁）

"文革"开始。被红卫兵批斗，抄家，监督劳动，隔离审查。

1968 年（六十二岁）

以"莫须有"的罪名被关押在漕河泾的少年教养所，接受审查。其间，因病被送往提篮桥监狱医院治病一月。

1971 年（六十五岁）

9 月，从少年教养所释放回南洋模范中学，继续接受监督劳动。

1972 年（六十六岁）

7 月，被宣布解放，安排在教育革命组做教务工作，同时恢复上课。

1978 年（七十二岁）

恢复南洋模范中学副校长职务。

1979 年（七十三岁）

被任命为上海市南洋模范中学校长。当选为民进第六届中央委员。

1981 年（七十五岁）

担任徐汇区副区长。

1983 年（七十七岁）

当选为民进第七届中央委员。

1984 年（七十八岁）

10 月，因年事已高，辞去校长职务，被任命为上海市南洋模范中学名誉校长，是上海第一批名誉校长。

1987 年（八十一岁）

当选民进第一届中央参议委员会委员。

1988 年（八十二岁）

当选为民进上海市第十届委员会主任委员；同年，当选为上海市政协第七届委员会副主席；当选为民进第二届中央参议委员会委员。

1991 年（八十五岁）

《赵宪初教育文集》由上海教育出版社出版。

1992 年（八十六岁）

当选为民进第三届中央参议委员会常务委员，民进上海市第十一届委员会名誉主任委员。

1996 年(九十岁)

9 月,在上海市教师节活动中受上海市教育委员会表扬并获奖。

1997 年(九十一岁)

当选为民进上海市第十二届委员会名誉主任委员。担任上海市西南模范中学名誉校长。

9 月,徐汇区教育局在上海广电大厦举办赵宪初从教 70 周年庆祝会,并出版《一代名师——赵宪初》。

1998 年(九十二岁)

4 月 17 日,在上海华东医院逝世。

附录二:赵宪初教育文论选萃

我 的 办 学 观

一、办学的指导思想

办学的指导思想,或者叫做办学的宗旨和目的,我以为应该是:提高全体人民的文化素质,培养各方面、各层次的为社会主义祖国服务的人才。在旧社会里,我们的办学宗旨往往只是面对一部分经济上属中上层家庭的子女。对于占全国绝大多数的工农劳动人民和贫困家庭来说,他们的子女进学校受教育的机会是很少的。

因此,我国文盲和半文盲的人口非常多,生产水平很低,国家就不得不长期停留在一穷二白的落后状态。新中国成立以后,在中国共产党和人民政府的领导下,教育向工农开门,全国人民的文化素质比解放以前有了很大的提高。但和社会主义现代化的要求相比,还有很大的差距。教育要面向现代化,面向世界,面向未来,提高全体人民的文化素质,是摆在我们面前的刻不容缓的重要任务。为了贯彻这一任务,我们学校的办学思想,就是要在每一个学校中,教好每一个学生。如果全国所有学校,都能教好所有的学生,那么提高全体人民的文化素质,就可以具体落实了。

要教好全体学生,当然不是说,要使所有的学生都能考上大学,都能成为尖子。这是不可能的,也是不必要的。我国的社会主义现代化,需要的是各方面的各层次的人才。我以为:凡是在为社会主义服务的工作岗位上,能够胜任工作,努力工作,成为一个称职的工作人员,那么,不论职位高低、劳动工种不同,都应承认他是祖国的人才。社会主义制度与资本主义制度或其他存在剥削的社会制度的根本区别,就在于我们要求所有的公民,都能参加工作。因此,我们的学校教育,就是要为所有的学生在学校学习期间,准备好将来参加工作的条件。这些将来的工作者,是要遍及各个地方、各行各业、各种工种的。工农商学兵党政,领导和群众,专家和助手,以脑力劳动为主或体力劳动为主,三百六十行,行行都需要称职的人才。这些人,都是社会主义建设系统整机的部件或螺丝钉,缺一不可。任何一个部件生了锈,任何一个螺丝钉没有拧紧,都会给我国的社会主义造成或大或小的损失。我在少年时代在南洋公学附小读书的时候,学校的校长室内,悬挂着一副对联:

唯天生才皆有用,他人爱子亦如余

这为我后来从事教育工作时,树立要教好每一个学生的思想,是一个很好的启蒙教育,我一直以此为座右铭。

二、中小学的基本任务是打基础

普通中小学的基本任务,我认为是打基础。只有打好基础,学生才能逐步前进,稳当可靠。基础,主要是两个方面的内容:一是品德的基础;二是文化知识的基础。

青少年时代,是长身体、长知识的阶段,也是每一个人初步和逐步建立起人生观世界观的阶段。一个人在成长的过程中,受着三个方面的教育和影响:一是家庭,二是学校,三是社会。在幼儿园和中小学学习的时候,学生的品德和知识方面的教育,来自学校教师的,是最大量的。学生的求知欲非常旺盛,吸收能力和模仿性特别强。由于学校老师给他们的新鲜知识特别多,印象特别深。这个时候,学校里的教育与学生在家庭里所受的教育,方向上大体是一致的。但学校老师所提供的知识信息更为广泛,更为深刻,所以学生对教师特别信服,特别尊重。从幼儿园开始,我们就要在做人的道理上,给他们的品德打下一个良好基础。对礼貌、谦让、文明举止,五讲四美三热爱,不但要传授知识、讲道理,还要在行动上给以反复练习,养成习惯。教师在这里,更要以身作则,做出榜样。这就是品德的基础。这个基础打得好,在他们以后接触社会生活时,遇上形形色色、好好坏坏的事情的时候,就能对好的加以吸收,对坏的加以识别,予以抵制。这就是给他们的正确的人生观和世界观打好基础。

在文化知识方面,在中小学时期,也只是打基础的时期,还谈不上深造。各科的知识和能力培养都是重要的。但我认为最基本的是语文和数学两门学科,其中尤以语文更为重要。语文包括语言和文字。更具体一点,就是听、说、读、写。我们的学生将来要参加社会主义建设。任何工作,都要接触人,都离不开语文的听、说、读、写。这个基础,主要是在小学和初中要求打好的。高中的语文可能要有点文学了。打好语文基础,语文课是主要的途径。但其他各科的教学,也都有语言和文字的因素,因此是要协同作战的。学校领导,是总司令、总指挥,对这一点要有足够的认识,要让每一位教师都注意,不能认为我教的不是语文,而在自己的教学语言和使用的文字上有所疏忽。所有教师的教育态度和教学语言,对学生都会产生很大的影响。

数学也是一门重要的基础课和工具课。小学的数学如果不打好基础,譬如说对整数、小数、分数的四则运算如果不够熟练,那么在中学里学代数、几何就会发生困难。初中的代数和几何如果没有学好,那么学物理、化学或者到高中学习就有困难。高中的数学基础不好,那么读大学的理工科就会困难。只有基础打好了,才能在坚实的基础上造高楼大厦。当然我这里指的是数学的基本概念和基本运算技能。过难的题目是不能算作基础内容的。在这里老师们要很好掌握。

外语怎么样?我看要区别对待。这和高中的数学一样,如果将来志愿要学有关的专业,那么打好基础也是必要的,如果将来志愿与这方面关系不大,那就可以要求低一点,要实事求是。我们现在对外开放,需要用外语的机会是越来越多了,但终究不能把每一个人在这方面的要求提得太高。现在小学外语不及格就不能毕业,我看这个问题值得研究。

其他学科,一般说来是常识课,常识愈丰实愈好,但这些我认为叫基本常识,不是基础知识。有点缺漏,问题不大,但缺漏太大,容易造成笑柄,也不那么合适。我是主张教得多点,记得少点,考得少点。像电视知识竞赛里有些题目,看看听听是有益的,勉强记牢是不必要的。

三、及早发现和培养有特殊才能的各种苗子

现在中小学对数理、文学和外语等方面优秀的苗子,已经注意通过竞赛和兴

趣小组之类的活动加以选拔和培养了。这也是中小学的任务之一。可以让学生认识到自己的特长,培养他们的兴趣爱好,为将来挑选学习和工作的志愿作一些早期准备工作。在他们喜爱的学科内,学得多一点、深一点、难一点,是一种学习的乐趣,不会负担过重的。

对音乐、美术、体育等学科,也有一些特殊爱好的学生,而且可能出现有培养前途的苗子。这些方面要出尖子,必须早期培养。中小学也有责任通过小组活动、文艺表演等活动留心发掘好苗子。如确有希望,我认为在其他学科方面,还可作一些让步。

还有一项,就是技工性质的人才。目前似乎选拔的机会还不多。其实在工人家庭中,由于家长的培训,有些学生在这方面是有出色技艺的。这种人才,对我国的工农业生产,很有用处,而我们目前却大量缺少。我认为对这些学生,也要通过调查研究,发现这些同学中,有一部分往往文化成绩较低,要加以帮助、鼓励,必要时也可以在文化学科上,作适度的让步。如果他们能把一张方桌做得尺寸准确,直角误差很少,桌面刨得很平,不就是几何实践的成绩吗? 为什么不提倡呢?

四、学校的领导和骨干教师队伍要稳定

过去有些学校,在社会上有一定声誉,毕业生有一定的特长,有什么经验呢? 我认为,经验之一,是他们的校长和教师骨干队伍都比较稳定。校长久于其任,对学校既有了感情,也可以大胆地作一些设想和施展他的抱负。这些学校大抵有一批骨干教师,与校长志同道合,把教育工作作为终身事业,他们大抵在教学中有一定的特长,受到学生的尊敬。学生毕业以后,还不忘母校,不忘母校的老师,而且把母校的优良校风,带到离校以后的学习和工作上去。各校的优良校风因教师的不同特点而形成一定的特色。所以,稳定人事是非常重要的。

（原载《赵宪初教育文集》）

我 的 质 量 观

　　教育质量,应该从两方面来衡量:一个是在校学习的时期,要看学校的校风,看学生的品德、知识、体质等方面;另一个是离校以后,就要看学生以后的学习和工作的质量,如勤奋努力、工作能力、工作态度、工作效率等等。

一、学校的校风能给学生较大影响

　　现在学生家长望子成龙,都希望他们的子女进一个有良好校风的学校。因为学生时期,对事物好坏的辨别能力还不强,而兴趣面很广,模仿性很强,因此周围环境对他们的影响是很大的。学校的校风良好,就会使学生天天向上。如果校风不好,那就易于沾染坏习气。校风是什么呢? 校风是三个方面组成的:一是领导的作风;二是教师的教风;三是广大学生的学风和生活作风。要造成良好的校风,首先是学校领导,要为人正直,工作勤奋,不谋私利;其次是教师要学识丰富,教学认真,循循善诱,以身作则;在领导和教师的教育熏陶之下,学生在学校就会遵守纪律,尊敬师长,努力学习,进步较快。学生每天在校有六七个小时,连续几年在有良好校风的学校里生活,对他们的一生将有很大的影响。

二、德育是教育质量的根本

　　我们的干部,要求德才兼备。德是必要的,才则有大有小,可以量才录用。学校是讲德智体,或者德智体美劳。"德"是第一。我们讲"四有"即有理想、有道德、有文化、有纪律,其中三个实际上都是德育。五讲四美三热爱,也是德育。

　　我国的传统教育,向来是非常注重德育的。我小时候在一个学校里学习,校训是四个字"勤俭敬信"。我觉得这四个字在 20 世纪 80 年代还是应该提倡的。解放以后,我们特别重视政治思想教育,其中两个重要内容是爱国主义教育和为人民服务的教育。虽经十年动乱,破坏严重,但是经过这几年来的努力,对大部分学校和学生来说,学校的德育教育已经恢复,并且收到较好的效果了。校风是良好的,学生的品德,也是良好的。现在人们常常喜欢和外国相比,叫作横向对比。我所知不多,但从朋友传闻所得的一鳞半爪,我认为我国中小学的校风学风,都比美国好。我们的课堂纪律,一般都是比较好的。不像美国中学生可以自由出入课堂,可以在上课时吃东西。据说有人问过美国老师:"你怎么不管?"美国老师的回答是:"这是学生的自由,我无权干涉。"这叫作"自由"吗?我觉得这叫作不守纪律。这方面的质量,我们胜过美国,我认为是毫无疑问的。但我们应该承认,我们也有不足的地方。一是劳动观点不强,二是依赖父母的习惯太重,三是礼貌习惯培养不够。美国学生在假期做工或服务的很多,而我们则认为有些劳动是坍台的,不屑去做。美国学生到了成人年龄,就要自谋独立,不依赖父母,而我们则到了结婚,还要向父母要钱。美国人的礼貌非常好,而我们现在人与人之间的礼貌都很不像样。这些问题,虽然不全在学校内出现,但无疑,我们在这方面的教育是比较薄弱的,亟须改进和加强。

三、智育质量要注意"困难户"

我们现在中小学的智育质量怎么样?我的估计是绝大部分学生是好的,一部分是很好的,但还有一部分"困难户",需要"扶贫"。

从教材来看,现在我们的教材不论内容和题目,比"文革"以前都加深加难了,考试的要求也提高了。但多数同学还是能适应的,不少同学还能取得很好的成绩。横向比较如何?据我所知,拿数学一科来说,我们比美国和日本的一般普通中学,既内容多,又进度快。特别是初中和小学部分。美国人对我们中国出去的学生的功课成绩,是非常赞赏的。这是我们可以自慰和自豪的。但是,也应该承认,不论从学校或学生来说,也还有"困难户"。这些"困难户"怎样"脱贫",是当前值得探讨的一个重要问题。最近国家公布了九年制义务教育制度,国家教委修订了中小学各科的教学大纲,对数理化学科的初中教学内容和要求有所削减和降低,这是一个英明的措施。内容少了,要求低了,达到的可能性大了。这是质量的提高,而不是质量的降低。质量要看学生的输出,而不能看对学生的输入。

四、高考和知识质量的评价

现在的高考,是评价高中毕业生知识质量的权威,也往往是或明或暗地作为评估各校办学质量的重要依据。用高考的成绩来评价学生的知识质量准不准?我以为是相当准确的。拿我所知道的一些学校来说,大多平时在校成绩较为优秀的学生,都能被录取进高等学校。当然高考只是一日之短长,有一些偶然性可能也难免。但据我观察了解,在可上可下的学生中,会有一些偶然性;真正有把握的,不大会落选;真正比较差的,也不大会入选。这就算是相当准确的了。但是,由于题目一般比较难,对不录取者的低分那一段中,区分度是很低的。从低分那一部分人中,以分数高低来分优劣,则是不可靠的。至于拿各校的录取率或平均分数来评价学校的优劣,则是不应该的。因为各校的生源不同,这个因素对录取率的高低是一个"先天性"的因素,忽视这个因素而评价学校教学的质量,是不公允的、不合理的。

五、体育成绩的评分

中小学生的体育质量,有两个方面。一是认真锻炼,身体健康;二是体育技能,体锻达标。这两者是既有联系又有区别的。两者怎样兼顾,这是值得研究的。有些学生虽然身体健康,锻炼也比较认真,但由于各种因素,体锻达标有困难,这应当如何对待呢? 因为体锻评分标准是订得很细致的,所以我发现在学校里,体育有 59 分 58 分之类的红灯出现。我问怎么会评出一两分之差的不及格的? 体育老师回答说,体锻的分数是"硬碰硬"的。有评分标准,是科学性很强的。我有一年曾经"外行领导内行"说,体育到毕业班,不要评出不及格,不及格就高抬贵手,给个 60 分好了。人家功课很好,你让他体育开红灯,是损害人家前途的。对体育尖子,我也要求数学老师高抬贵手,否则体育人才也要出不来的。女排名将,为国争光,难道人人都是数学很好的? 我才不相信呢! 教育要有全局观点,不能本位主义。

六、对学校办学成绩的评估

许多同志研究这个问题。大家也知道,单纯用升学率来评估学校质量是不公平、不合理的,而且有许多流弊。于是乎又提出了许多项目,如办学思想、领导能力、教师科研、学生合格率,以及管理体制、规章制度等。拿数学语言来讲,这是一个多维坐标,多元函数。中学数学里的复数是一个两维坐标的数,因为既有实数,又有虚数,所以复数是不能比较大小的。那么学校质量这个多维坐标,要比较就相当困难了。因此,我是不赞成订出一个标准的评估学校质量的方案的。我是知难而退的。那么是不是对学校办学听之任之呢？这当然不可以。学校有领导部门，领导部门现在正在逐步设置督学或视导的制度。我看一位督学或视导，每年对一个学校能深入两三次，每次在校两三个整天。看看学校的各种活动，观察师生和领导的思想情绪，听听他们的课，而不是只听校长的汇报，更不要只看学校的书面汇报。那么对学校情况，也可以基本了解了。当然不要求评定等第或分数。但在学校视察的时候，随时指出一些优点和缺点，供学校参考，我想学校也是欢迎的。我们的目的是要求办好所有学校。好的要精益求精，差的要努力向上，而不是要求评优劣，排名次。去掉这一点，领导和基层距离就可以比较近了。

至于现在有些单项视察，兴师动众，动员兄弟学校各派代表参加，相互检查，对学校教学工作牵动很大，学校要求的是安定，教师最好按课表上课，不要频繁调课，否则就是虽曰爱之，其实害之了。我曾经遇到过一次体育检查，有一张评分表格，看来像是定量的，不是马马虎虎的定性。其中有一项，是校长是否重视，是否听体育课，满分是五分。为了争得这五分，体育教师要我去听课。我当然也是要分数的，于是乎去看体育课了。我看见女生练跳箱，多数跑到跳箱前面，两手一撑，却没有跳起，转身回去了。我知道这是不合格的，于是提了一个意见，我说是不是把跳箱拿下一格，低一点，不是就好跳些吗？不料体育老师说，拿下一格，学生跳箱时要弯下腰去，更不好跳了，你是外行。不错，我是外行，外行冒充内行，是免不了出洋相的。后来写听课笔记，什么运动量，心跳次数等，我就老老实实请体育教研组长代笔，我挂了个名，得了个五分。我看这分数是有依据的，但却不准确。形式主义的东西，还是少搞得好。

七、创造性能力和魄力是一种高质量

现在我们常常谈到要培养开拓型的人才，要提倡创造能力，这确实对我国当前的教育思想是一个有针对性的良方。为什么我们现在开拓型的人才不够多？因素很多，从学校的教育思想和教育方法找原因，我找出两点。一是唯书、唯上的教育思想。对任何事物的看法，总是多多少少有点本本主义。例如一个考试问答题，先要有标准答案，譬如有四个要点，四个都对，就是满分，缺一点，多一点或者换一点都要扣分。那不是束缚学生的思维吗？哪儿有创造性的思维？现在许多考试，提倡四择一的选择法，说有多少好处，例如覆盖面广，试题量多，评分标准统一,分数准确性高等。那样学生就不必写什么文章,只要填填一、二、三、四就行了。我看对培养创造性思维和开拓型人才是不利的。二是实践活动少,特别是学生独立实践少。无论是学生的课外活动,或者组织会议讨论,都在老师的指导之下,按照一定的规定进行。这样,当然可以少闯祸,但也缺乏创新精神了。如老师的教学,由一些有经验的教师执行公开教学,大家向示范的老师学习,领导上通知推广。其实我们的对象并不相同,教师的基础也并不相同,这种东施效颦,效果是否良好? 即使学会了,也只是模仿性而不是创造性,是学步型而不是开拓型啊!

(原载《赵宪初教育文集》)

我 的 学 生 观

一、学生是未来的主人

学生是未来的主人，这是我们对今天的中小学生应有的态度。我们要建设现代化的社会主义新中国，我们要振兴中华，让中华民族对全世界作出重要贡献，当然首先要求我们现在在工作岗位上的老年人、中年人和青年人努力工作，这是义不容辞的。但是，在十年二十年之后，新中国的主人将以今天的中小学生为中坚和主要力量，这是不可避免的自然规律。中国的未来，世界的未来，是属于今天的中小学生的。教育培养好今天的中小学生，是一项有重要战略意义的大事。这也是我们所说的教育要面向现代化、面向世界、面向未来的一个应有的含义。

二、要注意发展学生的个性

要培养好下一代，让下一代的每一个人都充分发挥他们的潜力，为祖国的未来作出贡献，重要的一点是要注意发展他们的个性。人们因为天赋的不同，家庭环境的各异，往往会有不同的个性。让他们的个性得到充分发展，成为各种各样的人才，为祖国各个方面的需要服务，我们的教育就是高效率的。相反，如果我们没有让他们的个性得到应有的发展，不是扬长避短，而是削足适履，抑其长而拔其短，当然也可以出一些人才，但有些人的个性都被抹杀了，有些人的潜力和特长，没有得到充分的发挥，结果是我们的毕业生是品种单调，模式一致，在教育上就不是高效率了。不幸得很，我们现在的中小学，恰恰有这样的弊病。常常听见高等学校的老师，评价我们的毕业生是一个模子里铸造出来的。比较多的情况是，做题目应付考试，很有本领，可得高分，但搞工作、写报告或汇报，却能力不强。如果要从中小学的教育教学工作中找原因，我以为作业和考试的难度太高了。作业多，题目难，有的人是不怕的。譬如我自己，我是喜欢数学的，作业多一点，考试难一点，不但不怕，还正合我意。但对有一些同学，则实在太苦了。我认为小学六年级的应用题，初中三年级的几何题，是可以就同学个性之所好，能力之所及，给以不同要求的，这不会影响学科的进度，不会削弱爱好者的兴趣，却可以避免不爱好的人的苦难。此外，我从小对手工和图画是低能的，幸亏这些算是小功课，所以老师往往送我及格。而有些同学，在这方面是很有潜力的，但学校里对他们的潜力，并没有充分发挥。而这方面的人才，我们国家却是大量需要的啊！

我在设想：如果在中小学里，各种基本学科，有一个较低的基础要求，同时让所有同学有时间和精力，在各自个性所长方面，有充分发挥潜力的余地，那么，一方面，读书太苦的情况可以缓解，另一方面，多方面的人才可以出来。这真是：但愿老师抬贵手，不拘一格出人才。

发挥学生的个性，应该提到我们学校教育教学改革的日程上来了。

三、要尊重学生的自尊心

"养不教，父之过。教不严，师之惰。"这是我国封建时代启蒙读物《三字经》里的句子。教师对学生，总是要严格要求的。但是，要求要严格，态度要诚恳，切忌严厉斥责，伤害同学的自尊心。学生都有自尊心，思想的变化需要时间，而且一定要冷处理，要想压服是困难的。即使表面上承认错误，也是假的，或者是不牢固的。思想教育，不能立竿见影，效果要事后才能见到。对学生更要注意，切不要伤害自尊心，如果造成了对立情绪，那效果就将更差。其实，教育学生而学生当场不听，教师就施加压力，这实际上也是想维持教师的尊严，也是维护教师的自尊心。那么推己及人，我们要维护威信，保护自尊心，学生的自尊心就不应该尊重吗？一定要知己知彼。事情弄僵，教师要设法下台。等冷静下来，再找学生谈心。即便学生一时不接受，将来总会见到效果的。我们见到过不知多少个学生，在学校里读书的时候是不大讲道理的，但有些人长大了，自己有了孩子，我看他们教育孩子时，也要求他们好，所讲的话，实际上就是当年我们讲给他听而他不肯听的。不肯听，是他表现出来的自尊心，拿来教他自己的孩子，说明他还是接受的，还是听进去的。思想教育的效果，是要耐心等待的。这是一项长周期的工程。

四、对智力较差学生的教学法设想

在许多学校里，往往有一部分智力比较差的学生，他们对现在的教学要求和教学进度，不能适应，听不懂，做不出，考不及格，情绪低落，上课积极性不高。对这类学生怎么办呢？为了社会主义现代化建设，我们要教好每一个学生，使他们将来在工作和劳动岗位上,能够称职,要有一定的文化和良好的道德品质。九年制义务教育的制度也不允许在这九年学习时间内离开学校,因此我们有责任帮助他们打好一定的虽然是较低的文化基础。我认为,勉强把他们混在一般的班级里,其实不是良策。虽然这样的人数不多,不会影响大局,但他们听不懂,要安定地坐在教室里上课,是比较困难的。如果一个班里这样的同学有五六个,那还可能造成混乱,使其他的同学受到损失。因此,还是把这些水平特别低的学生,集中起来在一个班里进行教育,恐怕倒是比较符合因材施教的教育原理的。我以为这样的班,最好不超过二十人。在这样的班里对学生要求要低,教得少一点,老师讲得慢一点,而且不能光由老师讲,要让他们有事做,而要求又不高。对这类学生,教师要循循善诱。循循,不仅仅是态度上的和蔼耐心,也应该是方法上的循序渐进,循环反复。

我是教数学的,每一班总有一些人学得不好,我对这些学生,也循循善诱。例如因式分解的公式,我是经常和同学一起念,天天念,每堂课念上三分钟。好的同学也并不讨厌,差的同学也有兴趣。考试的时候,容易的题目比较多,使同学们猜得着题目,容易及格。有些题目很容易错,错的人多,我就第二次再出这样的题目。有的题目往往一出再出,不达目的,誓不罢休。有时候为了让聪明的学生也得到较难题的锻炼,我出一次难题,讲明做出的加分,做不出的不扣分。这样差学生不怕,好学生也喜欢。我教数学,是要每周一次测验的,题目不难,目的是使学生得到消化和巩固,另一方面是及时从考卷上得到反馈的信息。有问题可以及时补救,再考一次,叫作"事后一百分",允许把分数提高到 60 分。这样不烧"夹生饭",同学接受了、消化了,才算有效。差生的积极性能调动起来,我们的教学才能算是比较成功的。

五、关于留级问题

只有确实因为缺课、脱节或其他原因才可让学生留级,决不能用它作为一种惩罚手段。现在有些小学有所谓"胡子留级生",这些学生留过几次级,男孩子已经要长"胡子"了。我是不赞成对他们多留级的。第一次留级,希望他重读一遍,可以有所进步,如果留了级成绩仍旧不行,那就不必留了,让他跟班上去,对他提出一些特别低的要求,也就行了。因为连留两次级,学生的学习积极性将更加低,而且容易影响到新班级的秩序。于人于己,都没有好处,还是让他升上去。让他升级,好言开导,要他在教室里安分点,在作业上有一个较容易完成的内容,重点在语文,在校内完成,日积月累,有所进展。数学上则是基本的四则运算,天天做一点不太复杂的作业,也就可以了。到了毕业年龄,就让他"毕业"。升入中学之后,如果可能,把这类学生分成一些小班,专人担任补小学内容的课程,在品德上加以教育。这样的班主任是特别辛苦的,学校应给予必要的津贴。为国家培养好每一个学生,"好"的标准当然是有差别的,但"不坏"的标准却应该是共有的。天下无蠢才,九年制义务教育的精神应是这样的。

(原载《赵宪初教育文集》)

校长与教育工作

我 16 年做学生,60 年做先生。我的一生,可以说是在学校这个圈子里度过的。我在学校这个环境里长期生活,体会到学校教育,对青少年的成长、人生观的树立和生活工作等方面的关系,非常重大。而学校的校长,就担负着决定方向和带动全校师生在正确的道路上前进的重要责任。

一、校长要在全校师生的思想品德上起领导和带头作用,为学校树立良好的校风

每一个人,对国家、对社会、对人民、对自己是否有益,最根本的是看这个人的思想品德,而思想品德是在人生的历程中逐步形成的,其中最重要的是青少年时期,也就是学生生活的时期。学校的教育,不但使青少年不断获得各方面的知识和技能,更重要的是在校长、老师和同学的影响下逐渐树立自己的人生观、世界观。这种人生观和世界观一经树立,就将在一个人以后的生活和工作中起着指导的作用。因此,教育家们历来都把为学生在思想品德上打下良好的基础,树立正确的、向上的人生观、世界观,看作是一项最重要的学校教育任务。

我是 12 岁进入上海南洋公学附属小学的。当时大学的校长唐文治,是晚清进士,经学大师,做过清朝的大官,官至尚书(相当于现在的部长)。他在南洋公学担任校长 13 年,为学校树立了良好的校风,师生们对他非常敬重。他为学校制订了四个字的校训:勤、俭、敬、信。他自己辞去高官,来到清苦的大学,在学校身体力行,成为全校师生很好的楷模。学校里有一个大礼堂,凡逢重要节日或发生重大事情,全校师生六七百人,聚集礼堂开会,唐校长常常亲临训话。礼堂内悬挂一副对联,是唐校长亲自集句创作的,说明他的办学主旨,现在把联语抄录如下:"好学近乎智,力行近乎仁,知耻近乎勇,所存者仁,所过者化。富贵不能淫,贫贱不能移,威武不能屈,虽愚必明,虽柔必刚。"这四字校训和一副对联,是唐校长对学生思想品德要求的一个总的概括和纲领。在唐校长的倡导下,学校形成一个良好的淳朴校风。今天碰到一些当年的老同学,大多能回忆起这些校训,印象深刻,认为我们后来的生活和工作,虽然各有不同,但都在相当大的程度上,受到这种良

好校风的熏陶和影响。唐校长虽然是一位旧时代的学者和校长，我认为不愧是那个时代的一位教育家。

我在小学、中学和大学读书的时期，正是北洋军阀统治的时期。当时外国侵略者欺侮我们国家和人民，我是亲身经历的。学校里讲到近代中国历史，差不多可以说全是外国的入侵和丧权辱国的国耻史，因此对中华民族的未能真正独立、国家的贫穷落后，都感觉到非常气愤。我们在师长的长期教育下，懂得了我们自己的责任。国家兴亡，匹夫有责。爱国的思想，也随着学习生活和亲身经历而牢固形成。应该说，我们这一代人在学校生活中，是受着较为良好的思想品德教育的。

后来我在南洋模范中学工作，做教师，做校长，也就将自己在读书时期所受到的教育，传给我的学生，希望他们也能像我们这一代一样，接受良好的思想品德教育，形成优良的校风传统，树立起正确的爱国爱民的人生观，养成勤俭朴素、有礼貌的行为习惯。我们当时的学生虽然大多出生于比较富裕的家庭，但绝大多数学生是勤劳朴素的，没有奢侈浪费的习惯，待人有礼，对祖国也很热爱。解放以后，中国人民站起来了，在中国共产党和人民政府的领导下，在人民解放军的模范榜样的影响下，学校里的爱国主义思想教育，为人民服务的思想教育，以及勤俭建国的思想和行为习惯，更有所增强，形成了更好的校风。

现在，中国共产党十三大制定的基本路线，又把"独立自主，艰苦创业"这八个字重新提出来，进一步肃清"文革"流毒。我们在学校里做校长的、做教师的，自然应该更加勤奋努力，和同学们一起，把学校历来的思想品德教育的优良传统，予以继承和发扬，使我们的学生都能有理想、有道德，立志为祖国的社会主义建设作出贡献。

二、校长应努力成为具有优良素质的人，在全校师生中起表率作用

我认为校长应该是在人品方面值得人们尊重的人。

首先，要为人正直，不谋私利，处事公平，待人谦和。这些品德，本来是作为一个公民，人人都应该具备的。但作为校长，要为人师表，要做教师和学生的榜样，那么对这些条件更加应该注意。只有这样，才能受到人们的尊敬，在群众中有威信，在学生中起教育作用。

其次,作为一校之长,应该热爱教育事业,有献身教育事业的决心。中小学教师是比较清苦的工作,但却是国家兴旺发达的关键事业。我们不但要把教师工作作为自己的终身职业,还应该把教育工作作为自己从事的一项为国为民的事业来看待,生活虽然艰苦一点,但看到自己的工作对社会有一些贡献,应该感觉乐在其中。我曾经说过两句话,叫作"终日忙忙,不甘碌碌;常年辛辛,不觉苦苦"。我认为做教师,特别是做校长,应该有这样的抱负。

再次,要不断学习,钻研业务。做任何工作,要称职,要做出成绩,都应该对担任的工作所需要的业务知识,比较熟悉。校长是领导学校工作的,学校工作的任务就是培养学生,学校的大量工作,是教学工作。教师的业务就是熟悉所教的教材,熟悉学生的学习心理,熟悉教育教学的方法和规律。校长当然更要如此。但教师往往只教一门或二三门学科,而校长则统管全局,能不能熟悉所有学科的知识呢?这恐怕是困难的。一般来说,校长必须对一门学科相当熟悉,能够成为这一学科的优良教师。对其他学科,是不可能都非常熟悉的。不过校长也应该对各种学科内容有所了解。我曾经有过一个想法,要花几年时间,把初高中各年级各学科的课本,通读一遍,但并不要求把所有的练习和习题都完全做一遍。我这个愿望,由于决心不大,没有完全做到。但对其中若干学科,则结合听课,做了一些。虽然我自己没有完全做到,但我还是认为校长应该力求做到这一点。这叫做一专多懂。对一门学科,要达到"专",对其他学科,也要达到"懂"。至于教育教学的原则方法和学生的学习心理,各科实际上是大同小异的。在钻研一门学科时所掌握的规律,大致可以通用于各种学科。

中学的各科教学内容,一般是比较稳定的,不像大学那样变化大。但是,在科学迅速发展的时代里,也会有一些内容陈旧了,有一些新内容应该补上去,或者至少要让教师了解信息。国内国外的教育改革,也有许多应该了解和值得学习的经验。作为一校之长,必须广泛了解和有选择地钻研。重要的是还应该及时介绍给有关学科的老师。世界和国家的政治和经济形势,也在不断发展和变化,校长也应该带头学好,才能带动全校师生。

以上三点,我认为是做校长必须具备的知识和修养。

三、校长应审时度势,高瞻远瞩,既看现在又看未来,既看国内又看世界,领导好学校的教学工作,使学生在文化科学知识和能力上有较好发展,成为各种人才

中小学是基础教育。中小学的各科教学内容,大多是属于每一个公民所应该学习和知道的基础知识中的基本常识。但这些学科的内容有多有少,作用也不完全相同。我在南洋公学附属小学和中学读书的时候,就有一种说法,认为国文、英文和数学是三门最重要的学科。当时,在校长唐文治的领导下,把这三门学科的教学时数安排得特别多。他认为,中国人当然是要学好本国文字的。除此之外,要向西方发达国家学习科学,而英文是重要的工具。我在中学里读的数学、世界地理、世界历史、物理、化学、经济等学科,用的都是英文课本。现在回顾起来,这里有优点,也有缺点。优点就是英语水平提高快。缺点是这些课本的观点,有许多是不正确的,如他们讲的世界史中,就没有中国的地位。还有一个缺点,我读的化学是英文课本,对现在的中文化学名词,完全陌生。因此,这种办法现在是不应该再恢复的。但我认为在当前形势下,重视一点语文、数学和英语,还是正确的、必要的。因为这三门学科是带有工具性的学科,这三门学科学得不扎实,不牢固,会影响其他学科的学习效果。我也仍然主张对这三门学科,要给以较多的时间,并要求学生较牢固地掌握。另外,高中的物理和化学两科,如果学生准备升入理工科大学,那也应该有较坚实的基础。其他有些学科,也大多是基本常识,学生应该知道。我认为基本常识学科可以讲得面宽一些,内容多一些,做到广见博闻,但却不必详细牢记。这和基础知识学科的必须坚实牢固,性质上是有所不同的。现在世界上的各种知识信息,比以前要多得多,我们要面向世界,面向未来,既不可孤陋寡闻,抱残守缺,又不可能也不必要对所有知识有闻必记,使知识杂乱无章。

各人的禀赋是有不同的,各人的兴趣爱好,也是各有差异的。将来学生从事的工作,也是多方面的,因此对学生的要求也应有一点灵活性。我是教数学的,在我的学生中,有一部分学生数学成绩并不理想,有的甚至常常出现不及格,如果其他学科不差,我往往在补考时会让他们过关。这算不算我不负责任呢?这些学生中,有的成为有名的医生,有的是音乐学院的教授,有的文学方面有很高的造诣。如果我那时不让他们过关,而要逼他们在数学上多花精力,也许反而不利于他们

日后的成就。在这一点上,我认为校长要和老师们好好研究,要有点弹性,使学生能扬长避短,成为各种人才。各科教学工作,除了让学生学习知识和技能外,还有培养逻辑思维能力的共同任务。老师的讲话,要有逻辑性,这是学生的榜样。指导学生阅读课文,分析课文,也是培养逻辑思维能力的重要途径。对学生试卷上的回答,要多注意文字表达的清晰流畅。各科教学对学生在逻辑思维能力上经常进行培养和训练,学生就会形成自己的逻辑思维能力。这种能力,对学生今后做任何工作,都是非常有用的。各科知识,如果今后不经常用到,会有遗忘,但逻辑思维能力,则是不会遗忘的,到处有用的。这就是科学头脑,是一个人的文化素质和工作能力的一个重要部分。做校长的,做教师的,在这方面就要站得高,看得远,不斤斤计较某一题目某一知识的得失。评定一位教师教法的优劣,当然涉及知识业务的熟悉与否,但更重要的是看他语言表达是否具有逻辑性和对学生的科学思维能力是否进行有意识培养。

四、校长要气度恢宏,不谋私利,要能团结全校教职工,爱护所有学生,使学校形成一个团结互爱的集体

学校是一个集体,由校长、教职工和广大学生组成。要办好学校,校长本身一定要有气度,有容人之雅量。任何人都有优点、缺点,不可能十全十美,有学问、有能力的人,也许有一点脾气。做校长的人,必须能团结所有教职员工,齐心协力,取长补短,彼此相互理解,相互谅解,发挥各自的优点和长处,把学生教育好。

目前的中学有一种现象,有些学生学习积极性不高,我们要分析原因,循循善诱。据我了解,现在有些中小学里,一部分学生学习积极性不高,是由于我们对他们的要求过高。现在作业,往往都放在课堂教学之外,要学生回家去做。如果有些学生,回家做作业有困难,家长督教又不严,或者家长本身缺乏文化,那么学生就只有欠作业或抄作业了。日子一久,这些学生就会在学习上脱节,上课听讲,就缺乏积极性了。对于这类学生,做校长的就要帮助教师予以了解。课后补课当然是好的,但更重要的是改变教学方法,放慢教学进度,把学生作业尽可能在课堂教学上予以解决。如果每天对所学内容能够及时消化,考试时能够考得出,有良好的成绩,我想每个学生都会积极向上的。有些学生,文化学习可能接受能力较差,但动手操作有才能,我们要鼓励他们多动手。这方面的人才,我们也是需要的。

有人说，我国学生到外国去，学习能力都比较强，不逊于外国学生，但动手能力则比较弱。我国学生的动手能力果真不如人家吗？也许有这样的情况，那就是动手能力较强的学生，由于动手多花了时间，在学习上时间少了，因此考试成绩落后，被我们淘汰了。这就不是我国学生动手能力差，而是我们的教育思想有问题。我们说要爱护学生，还应该从爱护学生的各种特长着手，鼓励他们的学习积极性。我在南洋公学附属小学学习的时候，见到当时附小的校长沈叔逵先生办公室里有一副对联："唯天生才皆有用，他人爱子亦如余。"我一直记住这一副联语，作为我对待学生的座右铭。

五、校长在学校工作中应该抓主要工作

我认为校长的主要工作，第一件就是抓好教育工作。校长要选择优秀教师并将他们安排在最适当的岗位上。

在人事安排方面，校长应该特别注意把学识丰富、最有经验的教师安排在第一线的适当岗位上，而且尽可能把工作量排足。在解放以前，我们是按上课钟点数计算教师薪水的，这样做比较容易。1956 年学校改为公立之后，教师的工资，不可能随工作量的多少而变更，但校长还是要请一些最优秀的教师多上一点课。我认为大部分老师，还是有这个觉悟和责任感的。教师教学得法，学生多受益，他们会在家里讲，家长们就会在亲友之间传。这样，学校就会有较好的声誉，许多家长会愿意或者争取让自己的子女来投考，学生的来源就好了。天长日久，一个学校就会在社会上受到赞誉。

当然，不太可能所有的教师都是非常有吸引力的优秀教师。但现在，学校并无用人权，好教师不能进，不太称职的教师也不能退。那么，在一些关键岗位上，就一定要安排信得过的教师。

教师的教法和特长也不是一样的。在学校里安排教师，我是不主张让教师跟班的。我主张像语文、数学、外语等教学课时数较多的学科，三个年级要安排三位不同的教师。教师固定年级而不固定学生。这样做有什么好处呢？就是让学生能博采三位教师之长。学生，特别是好学生，是有鉴别能力的。教师各有所长，也不可避免地各有所短。三年通过三位不同教师的教学，学生就会博采教师的长处，而扬弃或补救教师的短处。

关于教师的教学方法。我是主张校长或教导主任不应该对教师强求一律。有的教师喜欢一讲到底。如果效果不错，学生满意，就不必说这是满堂灌而加以否定。我们听政治报告或学术讲座，不也都是主讲者一讲到底？只要讲得头头是道，听得津津有味，就不叫"灌"。灌者，硬塞也。讲得对路，有针对性，就不是硬塞，不是"灌"，而是针对我们的食欲提供营养。有的教师喜欢用对话形式，边讲边问。有的教师喜欢讲得很少，而让学生自己看书，自己做练习，有必要时提出问题，进行讨论。这些方式，只要效果好，都是可以的。我们向外国学习，不能生搬硬套，要和我们的实际结合起来，发挥自己的长处，这样才是可取的。我从自己的教学看，就觉得学习凯洛夫那一套以后，有些地方不太自由，反而不及以前效果好。现在各处介绍的先进经验不少，做校长的，应该去学习、了解，也要鼓励教师自愿地学习和了解，但决不宜一律照搬。在这个学校或这个班级适宜的，不一定适合于另一个学校，另一个班级。这位教师擅长的而且效果很好的，另一位教师就不一定擅长，不一定习惯，效果不一定很好。我做校长和教导主任时，对这方面是不强求教师一律的。我在听课的时候，除了教学内容在科学性上有明显错误的，作为意见向教师提出外，对教学方法方面，提的意见很少，即使提了，也是讨论性质，仅供教师参考，教学上应该有点民主。

在考试测验方面，我是一直主张应经常进行测验的。我教数学，一般一星期有六节课，每天一节。我大概每星期要测验一次，作为教学效果的信息反馈。同时，通过测验，也让学生看看自己在哪些方面已经懂了、会了、熟了，哪些方面还有缺陷。这样做学生负担重不重呢？我个人认为负担不重。同学反映，也并不感到怎样紧张。现在大家说学生负担过重，是考试太多了。其实考试越少，学生对分数的高低、成绩的好坏越紧张。以一日之短长，一卷之优劣评定终生，才是学生心理紧张的主要因素。至于教师经常测验，是作为巩固检查的一种方法，这次考得不好，经过努力下次可以考好。"悟已往之不练，知来者之可追"，当然多少也有点紧张，这是学习过程中必要的紧张。人都是需要在学习上有一点压力的，这是我的看法。教师搞测验的次数，我是不加限制的，我自己就是主张多测验的老师。

有些学生成绩考得不好，我也有一个补救的办法，叫"考后一百分"。这是什么意思呢？考试，人人希望得一百分，但事实上往往总会有疏忽或差错，那么疏忽和差错在哪里呢？即使得到 99 分，也要看看，哪里少去了 1 分。如果再考，能否得一百分? 这样每个学生考试之后,都要再做一遍,自己认为可以得到一百分了,才算满意。这样一来,测验不但能衡量各人的学习效果,还起着复习巩固和补缺陷的作用。我说的测验是教学的一个过程,就是这个意思。

有些学生,考试不及格,我是允许补考的。不是到学期结束时补考,而是在平时测验后就补考。我让你再测验一次,内容大致差不多,如果能考好了,你的不及格分数可以提高,但只能提高到 60 分。如果再不行,只要你有信心,复习后再补考。我的要求,就是要让学生个个跟上来,为什么他想补救而你不许他上进呢?

除了教学工作以外,校长对学生的思想品德教育,必须十分重视。过去,南洋模范中学是个私立学校,学生的家里一般都是比较富裕的。我们在思想品德方面,特别注意的是要俭朴,不能因为家里有钱,就摆阔气。做校长的,做教师的,也很注意这一点,大家勤勤恳恳,衣服朴素。我们对学生在学校里的服装打扮、生活作风也都要求质朴,反对奢侈浪费。除此之外,我们还注意礼貌教育,对教师要尊敬,同学之间也不要粗鲁吵闹。在这些方面,我们觉得,对学生也能收到一定的效果。现在有许多毕业生,在社会上已有了一定的地位和声望,到学校里来,看见我们,还是很有礼貌,服装方面,往往也大多是比较俭朴的。除了教师和学生以外,学校还有相当数量的职员和工人,校长当然也要注意抓好。我曾经向职工提出三个"度"的要求。第一叫制度。特别要求职工遵守财会制度和学历证明制度,这两个方面,学校里是不允许随随便便的。第二个叫态度。职员和工人,是为学校教育教学工作服务的。有时候工作多了,不免有点急躁,态度不好。我要求大家要有耐心,说话要和气。第三叫速度。就是办事不要拖拉,今天能做到的,不要拖到明天。有人来问,要认真回答,是则是,否则否,不要让人家一次一次地空跑。在这里,还有一个值得讨论的问题。我是不赞成政治学习时停止办公的。有人来问,我总要职员或工人出去接待,也允许听电话。我们的学习就是为了做好工作。为什么为了学习反而妨碍工作呢?我在学校许多年了,总结学校的工作,归纳为四个"实":"学业要扎实,工作要踏实,生活要朴实,身体要结实。"我们不一定完全能做到,但我们当以此自勉。前面所说的一些做法,就是达到"四实"要求的具体措施。

(原载《赵宪初教育文集》)

校长要注意建立优良的校风

校长是一所学校的领导,在实行校长负责制的今天,学校的一切工作,都要由校长负责,头绪纷繁,事务庞杂。但建立优良的校风,应该作为校长工作的头等大事。我曾经遇见过许多国内著名大学的毕业生,在谈到各自的母校时,往往都非常自豪地谈到他们当时在校长领导下建立起来的各有特色的优良校风。如北京大学在蔡元培担任校长时,提倡学术自由的校风,同时延聘各方面的著名学者任教,不论新旧左右,都同样受到礼遇,校长从不横加干预。南开大学的毕业生,则往往津津乐道南开在张伯苓校长的领导下,课外活动非常活跃,使学生都富有活动能力。我是交通大学的毕业生,我们的同学对二十余年的唐文治校长时期,提倡踏实诚朴的校风,也觉得颇可以自豪。陶行知的办学,是亲自带头,与学生同甘共苦,提倡刻苦耐劳,在实践中创造。这些著名的教育家,在各有特色的同时也有一项共同的,那就是悉心培养人才,具有爱国热情,为振兴祖国服务。因为有这一指导思想,各种特色才能发挥有效的作用,为学生和后人所乐道和赞颂。

今天我们的中小学是基础教育,我们要培养的是为振兴中华作贡献的 21 世纪的国家主人。我们有一个总的要求,那就是"四有":有理想、有道德、有文化、有纪律。有的同志感觉到有理想谈起来比较抽象,不太具体。我认为有理想就是将来不论做什么工作,都能够称职尽力,对国家对人民有益处。因为我们要建设社会主义,就是要靠千千万万的克尽职责的各方面的多层次的工作人员。而我们每一个人能够在工作岗位上把工作做好,就是为建设社会主义作出贡献,就是在实践我们建设共产主义和社会主义的伟大理想。至于具体要求,那么后面的三个"有",即有道德、有文化、有纪律,实际上就是为实现第一个"有"。

一要培养"四有"的下一代,从学校的角度来说,就是要有一个良好的培养环境,也就是说要有优良的校风。青少年在中小学里要学习九到十二年,时间是不算短了,如果学校有优良的校风,那么学生在九年或十二年中,朝夕置身其间,耳濡目染,相互影响,就会在"四有"的要求上,打好初步的坚实基础。离开中小学以后,不论是进高等学校深造,或者到社会上工作,可以把学校里受到的良好影响,带到新的学习或工作岗位上,发挥积极作用,形成优良风气。而且,在新的地方,如果有不良的风气和习惯,他们也会予以抵制。古人曾说过这样的话:"富贵不能淫,贫贱不能移,威武不能屈。"现在看起来,下面还应该加上第四句话"人情不能动"。要做到这一点就得靠在学校优良的校风中养成的品格。

二要建立一所学校的优良校风,第一个重要的是校长本人要以身作则。我们要时刻想到,做一个校长,虽然不是什么了不起的职位,但是校长的一言一行,却是为全校的教师学生所注意的,而且在建立了威信之后,必然是会为全校教师学生所模仿的。我上面所举的四位近现代校长,就产生了这样的效果。

校长要以身作则,当然是要求全方位的。我想列出几条特别重要的,供大家参考。

一是要热爱祖国。我们要培养学生为了振兴中华作出贡献,校长必须起模范带头作用。凡是有害于祖国利益的,不但我们本人坚决不做,而且也不允许学校里有任何有害于国家的措施。这两条是非常重要的,有之,校长就有威信,否则人们就会看不起你。优良的校风,缺不了爱国主义这一条。

二是要团结师生。我们虽然是一校之长,在个人关系上,与教师和学生是平等的。在学校工作上,我们要负责,也可以有决定权,但我们的决定是否正确呢?智者千虑,必有一失。我们应该在决定之前,提出我们的看法,与老师们多多商量;有些问题,还应该以一定的方式,征求一些同学的意见。任何措施,也许都是很难尽善尽美的,但在决定之前,多征求各方面的意见,补充完善或者修改我们的决定,使最后的方案尽可能得到大家的赞同。这就是民主,而民主就是团结的前提。校长在工作上民主多一些,就是校长开明一些,学校的团结就可以增强,行动也可以减少阻力。校长的威信,不但要在个人的德行品质上来树立,还要在工作中的开明民主以及与群众的团结上来树立。民主和团结,也是优良校风不可缺少的一条。

三是校长要不断学习,增广见闻。当前的世界变化很快,科学和技术不断有新的信息,任何人不论他原来的学识如何丰富,都会不够或者会逐渐变得不合时宜的。因此,校长首先要不断学习新的东西,要增广见闻。校长带头虚心学习,刻苦学习,也就会带动教师和学生的学习风气。这不但能使学校与时代俱进,不致落后于形势,而且能为学校建立起优良的学风,而学风是校风的重要组成部分。优良的校风是多方面的,校长为建立优良校风所应努力的方面也是很多的。以上三点,我以为是校长在建立校风时本人应该注意的最重要的几点。

要建立优良的校风,光靠校长一个人的修养是不够的。可以这样说,这仅仅是建立优良校风的必要条件,还不能说是充足的条件。要使优良校风建立起来,校长的周围一定要有若干志同道合的同志,这就是学校的骨干班子。一个学校的学生是经常流动的,一个学校的教师队伍也不可避免地会不断有变化。但我认为要建立学校优良的传统,应该有一小部分的骨干队伍与校长同心同德,长期合作。这些骨干,要有一定稳定性。我经过数十年的观察,觉得许多有优良传统的学校,往往除校长以外,还有个稳定得力的骨干队伍。而有些学校,曾经在社会上有一定声望,后来落后了,原因往往是校长或骨干队伍的散失。关于这一点,也许当前做校长的,自己是作不得主的。我只能希望教育行政领导方面,注意到这点。我们要不断培养新干部,同时对某些学校的骨干队伍的稳定要予以充分注意。对新办学校或校风不够理想的学校,在组织新的领导班子和骨干教师时也要注意群体结构。任何一个领导者,单枪匹马,要在短期内为学校建立优良的校风是困难的。

于一九八九年二月

(原载《赵宪初教育文集》)

加强中小学的爱国主义教育

我们是中国人，我们就应从小学会做一个很好的中国人。怎样才算学会做一个很好的中国人呢？我看最根本的一条，就是要热爱祖国，要立志振兴中华。

为什么要热爱祖国？道理很简单，因为我们和祖国是休戚相关的。国家统一和安定，国家繁荣和富强，人民就能够安居乐业，就能够过着幸福、愉快的生活。反之，如果国家不安定，国家贫穷和落后，人民也就不安定，就会受到外国人的侵略、侮辱和歧视。这是我们生出来就注定的不可逃避的休戚关系，也是古今中外永远不变的真理。因此，我们必须热爱祖国，也必然要热爱祖国。但是，要坚定热爱祖国的观念，还应该从中小学开始打好基础，加强对学生的爱国主义教育。

中小学生能懂得和接受爱国主义教育吗？完全能够。我们只要看一些国际体育比赛，中国人总是希望中国的代表们能够取得优良成绩，或获胜或夺冠，这就是中国人的思想感情的本质，也就是我们的爱国之心。

在中小学，怎样进行爱国主义教育呢？

第一，在中小学，要加强本国历史的教育。让学生知道我国是一个有悠久文明历史的国家，对世界文明的发展有过很大贡献，也产生过许多伟大的人物和许多可歌可泣的事迹，以使学生们对作为一个中国人有自豪感。

关于这一点，我觉得许多年来我们对中国古代史的教育削弱了，应予以改正。过去有一种看法，认为中国古代史是漫长的封建王朝的改朝换代、帝王将相史，是剥削阶级的人物史。其实这种看法是片面的，因为否定了中国古代在世界文明史上的业绩，否定了中国历史上许多伟大人物，这就会削弱我们作为中国人的自豪感。

第二，对中国近代史的教育，要重新强调外国帝国主义欺侮中国、侵略中国的史实的教育，以增强学生发愤图强、振兴中华的决心。

我在中小学读书时，就接受了从 1840 年以来外国列强侵华史的反复的教育。这使我从小就有了要振兴中华的愿望。因此，我对 1949 年中国革命的成功，对清除了外国帝国主义在中国的特权感到非常兴奋。但是现在的青少年们，似乎在这方面所受的教育比我们这一代少得多了，所以不懂得当时租界上外国人横行的可恨,不懂得日本军国主义者侵华暴行、残杀中国同胞的可恨。为了加强中小学生的爱国主义教育,我以为必须重新进行中国人民由于受帝国主义侵略所饱受的痛苦的教育。我们要发誓不让这些旧事在新的时代里变相重演。

第三,必须在中小学加强对社会主义祖国的发展有坚强信心的教育。应该从国家和全国广大人民的角度来看问题,应该承认,我们新中国的国际威望比以前是大大提高了。我们祖国的统一事业,是解放前的地方割据或战乱频繁所不能比拟的。我们的人民生活,从全局来看,也是大大地改善了。在解放前,我们听说外国的劳动人民空下来也能读报,认为是不可想象的。而现在我们的劳动人民不是也大多能看报了吗? 文化的普及和提高,确是客观的事实。所以我说,社会主义新中国的四十年来的发展,是不可抹杀的真实。今后的进一步发展,也是可以有信心的。对此,我们自己首先要有信心,也要教育我们的下一代有信心。在中小学的教育里,要作这样实事求是的分析,而不要光看现在的横向对比而感到不如人家。

第四,进行礼貌教育和勤俭节约、艰苦奋斗的教育。同时提倡用国货,这也是爱国主义教育的一项重要内容。一个国家的人民是否讲究礼貌,事关国家的声誉。我们许多人给外国人的不良印象之一是礼貌较差。因此,礼貌教育必须大大加强。

勤俭节约,艰苦奋斗,也是当前必须加强的教育。如果我们的下一代不能艰苦奋斗,而贪图享乐,追求奢侈,特别是崇洋媚外,那么这种社会风气一蔓延,必然贻害无穷。我们要教育学生爱用国货,尽可能不用或少用洋货。我们不是说要继承五四运动的光荣传统吗? 五四运动就是提倡国货的。五四运动后,我国的民族工业就有所振兴。这在今天,更是应该大大提倡的。

(原载《赵宪初教育文集》)

进行爱国主义教育要遵循自身规律

加强爱国主义教育,要从幼儿园和中小学开始。在幼儿园和中小学对少年儿童进行爱国主义教育,有它自身的规律性。遵循这些规律来进行,就容易被接受,效果就比较好。

一、对青少年和儿童进行爱国主义教育,要注意年龄特征,不必一下子就要求很高

例如在幼儿园里,首先要让小朋友们知道我们国家的名称——中华人民共和国,认识国旗、国徽,会唱国歌,知道首都天安门、中国共产党、人民解放军等,并通过升旗、唱国歌,讲共产党员和革命先辈的故事和人民解放军的功勋,培养他们对祖国的热爱,打好爱国主义教育的初步基础。然后随着年龄的增长、年级的升高,逐步讲讲新中国的历史,共产党、解放军艰苦奋斗为人民服务的精神以及我国的社会制度等。在幼儿园和小学里打好热爱社会主义祖国的基础,会对他们今后的思想和行动起重要的影响,至于社会主义制度和资本主义制度的比较等带有理论性的内容,我认为可以放到中学里逐步进行,不必过早。如果急于求成,恐怕欲速则不达。

二、爱国主义教育,如同其他政治思想教育一样,和知识教学有一个很大的区别,就是需要反复进行

知识教学的规律是懂、会和熟等几步,懂了、会了、熟了,就掌握了。就是长期不用,也可以略加复习,马上记得。但思想教育、爱国主义教育,不单单是一个认识问题,不是懂了就可接受,常常有反反复复的过程,因此我们的教育也应该是反反复复地进行的。有人认为,现在有些政治教育的内容,初中、高中、大学都差不多,是不是重复了,我觉得不应该这样理解。政治思想教育、爱国主义教育是随着形势发展而不断发展的。因此,我们的教育也应该从小学到初中、高中、大学,以至到踏入工作岗位,都要根据形势发展的特点有一定的反复。

三、政治思想教育、爱国主义教育,都不可能是立竿见影的,要有一个消化接受的过程

现在中小学进行政治思想教育、爱国主义教育的时候,常常会遇到学生不太愿听或提出怪问题的情况,这表示他在接受上有一定困难或思想障碍。我们不要灰心,要耐心解答。我记得在解放初期,抗美援朝开始的时候,党领导我们进行对亲美、恐美、崇美思想的批判,当时我们许多教师和学生都感觉到不容易接受。但当时中国共产党对我们进行了反复的耐心的教育。后来过了很多时候,在事实面前,我们的思想转变了,我们就接受了。现在青年中对某些问题的思想障碍,也和当年我们一样。我相信,随着时间的推移和事实的证明,这些问题是可以解决的,我们应该有信心。

四、中小学的政治思想教育、爱国主义教育,不能由政治课单独进行,必须在各科教材和教学过程中,共同配合进行

如中小学的语文教材、社会科学教材,都应编入适当内容,各科共同进行。

（原载《赵宪初教育文集》）

怎样当好初中数学教师

初中数学教师作为人民教师这支大军的一个分队,当然首先要具有人民教师共有的基本的师德修养。关于这方面内容的文章不少,本文不再赘述。在这里,我只谈谈如何把握初中数学教学要求和初中教师的文化业务修养这两个问题。

一、关于初中数学的教学要求问题

初中的数学教学有哪些要求呢?我以为:1.要使学生掌握最基本的初中数学的有关知识和技能;2.要使学生通过学习数学,培养初步的逻辑思维能力;3.对数学有特殊兴趣和爱好的学生,要满足他们的学习要求。

我想就这三个方面,作一些简单的说明。

(一)初中数学的最基本的知识和技能

初中数学的内容,基本上就是代数和几何。但是不能忘记,数学是一门系统性较强的学科。如果有些学生对小学的数学没有掌握好,学习代数和几何就会有困难。因此,初中教师要教好每一个学生,必须负责对那些小学数学还没有学好的学生进行补缺补漏,不能因为这是小学数学的内容而置之不顾。我认为初中数学的最基本的知识,首先是小学数学的整数、小数和分数的四则运算,特别是分数的运算。在我们接受初中新同学的时候,必须通过一些练习搞清学生对小学数学内容是否已经消化和熟练。

对小学数学消化不良的学生,要给他们以补缺补漏的机会,务必使人人过关。但应用问题则不必去补。因为应用问题,在初中代数中还可以再学,而且复杂的艰难的应用题,事实上是不属于基本的知识和技能范围的。初中代数最基本的知识和技能就是有理数的运算和代数式及代数方程与方程组。几何最基本的知识和技能是直线和圆的有关定理及论证方法。代数和几何的较难的题目则并不是最基本的内容。不能要求所有的学生都会做很难的题目,特别是需要添辅助线才能证明的难题。这些内容对较好的学生来说是应该掌握的。但如果要求每一个学生都能做很难的题目,我看是不现实的。应该对所有学生进行训练,但不可能使所有学生达到很高的要求,否则容易挫伤水平较低学生学习的积极性。

（二）培养逻辑思维能力，是数学教学的重要目的

数学中许多实用性不大的内容，将来学生是容易忘记的，既然用处不大，为什么一定要记住它呢？但是，这些内容，在教学的时候，是培养学生的逻辑思维的。不论是代数的概念、代数的解题、几何的定理、几何的证明，在教学中都经常有"为什么"的问题，这就是分析，这就是逻辑思维。将来所学的知识，不用是会忘记的，但教这些知识过程中培养的逻辑思维能力则是不会忘记的，而且这些能力，可以迁移到数学以外，对我们的工作能力有重要的影响。教师的教学工作，必须重视这些，不但要发展那些成绩好的学生的思维能力，也要注意发展那些成绩较差的学生的思维能力，要让这些学生感觉到也能够想，也能够想得出，这就叫循循善诱。如果我们的数学课能够上得使所有的学生都有兴趣，至少是不头痛，那就是成功了。

（三）对成绩好的学生有较高的要求，这也是我们在教学中必须注意的

我们初中是九年制义务教育的一个部分，因此必须教好每一个学生。但不能忘记，初中学生中，将来是要出一批出类拔萃的尖子人才的，出类拔萃是将来的事，但为出类拔萃的人打好基础，这是今天的事。我们既不可用高深的要求去要求所有同学，也不应该满足于让所有同学停留在低要求水平上；对那些对数学有特殊兴趣爱好的人，我们要在课内课外给他们以更多知识，更高的要求，做更难的题目。不这样做，我们也会挫伤这些学生攀登知识高峰的积极性。

二、关于初中数学教师自身修养的问题

（一）教学业务的修养

初中数学教师是教初中数学的，我们自己的数学业务知识当然应该要比学生高一段，按照国家的规定初中数学教师的业务水平应该达到大学专科的水平。只有我们的知识丰富了，对初中数学内容的重点、难点等，才能了如指掌。当然，我们并不要求在教学中把自己所有的本领，统统教给初中学生。但是，我们必须准备回答较好学生在自修中提出的超出初中范围的那些问题。当然，我们应该知之为知之，不知为不知，但是应该尽可能多地知之，尽可能少地不知。

（二）教育学、心理学的知识

要把我们的教学工作搞好，不是简单地把书本上的知识教给学生就能成功的，我们必须讲究教学方法。如上所说，一方面要能吸引上中下所有的学生的兴

趣和注意力,一方面又要在教学知识的同时,着重培养学生的逻辑思维能力。这就需要随时观察学生的情况,要做到快慢深浅正确得当。要注意自己的语言,条理清晰,简洁明确。教育学和心理学的知识是必要的,但教育学和心理学知识的灵活应用,则必须在实践中不断摸索,不断总结。

(原载《赵宪初教育文集》)

我是怎样教中学数学的

我今年 74 岁,1928 年到上海市南洋模范中学工作,迄今已经 53 年。我一直是教数学的。因此,就"我是怎样教中学数学的"这个课题作一回顾。

一、我是怎样教同学念代数和三角公式的

前一期有几份报纸,报道了我教同学念"三角公式歌"。于是接到许多同志的来信,向我要"三角公式歌"的歌词、歌谱等。其实,我既没有歌词,更没有歌谱。但报纸上的报道,事出有因,并非虚构。我在教学的时候,确实常常领同学们念公式。

我是怎样领同学念的呢? 现在举代数一元二次方程的求根公式为例。

代数一元二次方程的求根公式是:$x = \dfrac{-b \pm \sqrt{b^2 - 4ac}}{2a}$。同学初学这个公式时,不容易记住。这个公式是要同学记住的,但我却又不太愿意要同学回去读熟背出来。这样是死记硬背,不容易巩固持久。因此,我在导出这个公式之后,就在教室里带着同学念。要同学一起念,又要不造成乱哄哄的声音,所以我念的时候,念得比较慢,而且用一点快慢高低的上海土调。我是这样念的:

"x 等于 $2a$ 分之负 b,正负开方 b 方减 $4ac$"。

我念的时候,要同学们一起跟我念。开始时同学们嘻嘻哈哈地笑。我既不批评他们,也不跟着他们嘻嘻哈哈,而是依然严肃、认真地念,念到第二遍,就有一些同学跟着念起来。有了带头人,很快就全班一起念起来了。我领着他们一起念五六遍,然后我不念了,又指挥他们再一起念一两遍。这样的念法有一个好处,即使班里比较差的同学,也能够随声附和,有劲地跟着念,逐步朗朗上口,最后也能背出来。但是,背出后还是很容易忘记的。

我教三角时,因三角公式比较多,也不易记住,就采用这样的方法,把许多三角公式连在一起,经常一遍一遍地念。如函数和差化积的公式,就照 $\sin A + \sin B$ 等于 $2\sin \dfrac{A+B}{2} \cos \dfrac{A-B}{2}$……,四个公式一念到底。据同学反映,这样念了多次

之后,比较容易记住,对此颇为赞同。有时候,到节日联欢的场合,同学们要我表演节目,我既不会唱歌,更不会唱戏,有的同学就点我念代数公式或三角公式。我也就跳上台去指挥大家一齐念。这里根本没有艺术,但却颇受欢迎。"下里巴人",和者甚众。1979 年,1949 届在京校友聚餐,纪念毕业三十周年。在餐桌上,大家就齐声念起三角公式来,事后即写信向在沪的校友报告。这就是报刊报道此事的由来。同学们返校访问时说,这是好经验,要我总结。怎样总结呢? 大概不外乎两条:一是调动同学特别是水平较低的同学的学习积极性,使数学课上得不至于令人枯燥头痛;二是拳不离手,曲不离口,经常反复,就容易记住,也算是一点基本功。

二、我是怎样看待加强基础与发展智力、培养能力的关系的

最近一个时期,大家对发展学生的智力、培养学生的能力问题谈得很多,认为这是当前提高教学质量的一个关键性问题。我根据自己的教学实践,提出下面几点想法。

1. 加强基础与培养能力是密切结合不可分割的。我对学校教师提出:要寓智能的培养于基础知识的教学之中。基础知识的教学怎样体现智能培养呢? 我仍旧举一元二次方程的求根公式的教学作为例子来说明。

先在黑板上写题目要求:

解关于 x 的方程 $ax^2+bx+c=0$,其中 $a\neq0$。

问:为什么要写"解关于 x 的方程"而不简单地写解方程?

学生或我自己回答:因为这样就明确这里的未知数是 x,而字母 a、b、c 不是未知数。

问:为什么要说明 $a\neq0$?

答:如果 $a=0$,那这个方程就不是二次方程了。

问:怎样解这个方程?

答:用因式分解法有困难,只能用配方法。

这些问题,同学是能够回答的。而且也不止一次问了,但还是应该问,应该答,但不要花太多的时间。

然后写:

解：$ax^2+bx+c=0$

移项：$ax^2+bx=-c$

问：为什么要把常数项 c 移到右边？

为什么可以把常数项 c 移到右边？

第一个问题是明确这样做的"目的"。回答是"为了便于配方"。第二个问题是阐明这样做的"合理性"。回答是方程的同解变形，即方程的两边可以加上或减去相同的数或者整式，所得的方程与原方程同解。

再写：

$$x^2+\frac{b}{a}x=-\frac{c}{a}$$

问：为什么要两边除以 a？为什么可以两边除以 a？

答：（1）为了便于配方。（2）方程的同解变形。因为 $a\neq0$，方程的两边可以同乘以或除以不等于零的数，所得的方程与原方程同解。

再写：

$$x^2+\frac{b}{a}x+\left(\frac{b}{2a}\right)^2=-\frac{c}{a}+\frac{b^2}{4a^2}$$

问：$\left(\frac{b}{2a}\right)^2$ 是怎样得来的？

答：未知数一次项的系数的一半的平方。

这在配方法解二次方程时讲过多次了，但是我愿意再重复问，要同学能够一字不错地清楚地回答。

再问：为什么要两边加上 $\left(\frac{b}{2a}\right)^2$？为什么可以两边都加上 $\left(\frac{b}{2a}\right)^2$？

同学往往有回答说：为了便于配方，这一次却不对了，因为现在已经进行配方，不是"便于"配方了。正确的回答是：使左边配成平方。第二个回答仍旧是：方程的同解变形，即方程的两边可以加上同一整式，所得的方程与原方程同解。

问：$\left(\frac{b}{2a}\right)^2$ 是整式吗？

答：是的。对于字母 x 来说 $\left(\frac{b}{2a}\right)^2$ 是整式而不是分式。

再写:

$$\left(x+\frac{b}{2a}\right)^2=\frac{b^2-4ac}{4a^2}$$

问:为什么要这样写? 为什么可以这样写?

答:左边写成平方的形式,便于开方。第二个问题同学有可能又回答说是方程的同解变形。但这样回答不确切,这不是方程的同解变形,应该说是方程两边的各自代数式的恒等变形,这样说更为确切。

于是再写:

如果 $b^2-4ac\geq0$,

$$x+\frac{b}{2a}=\frac{\pm\sqrt{b^2-4ac}}{2a}$$

又问:为什么要这样做? 为什么可以这样做?

答:把两边开方,把一个二次方程变形成两个一次方程,就容易解了。

因为 $b^2-4ac\geq0$,所以 b^2-4ac 是可以开方的,一个非负数开平方,应该是两个平方根,所以要写上±号。但这里又有问题了,$\left(x+\frac{b}{2a}\right)^2$ 开方成 $x+\frac{b}{2a}$,为什么不加±号呢? $4a^2$ 开方成 $2a$,是不是算术根呢? a 如果是负数怎么办?

第一个问题的回答是:我们的目的是要把原方程变形成两个一元一次方程,只要在右边加上±号就达到目的了,不需要两边都加上±号,如果两边都加上±号,反而复杂化了。

第二个问题的回答是:$4a^2$ 的平方根也应该有±号,但分子里如果有了±号,分母里就不需要了。

$$x=-\frac{b}{2a}\pm\frac{\sqrt{b^2-4ac}}{2a}$$

即
$$x=\frac{-b+\sqrt{b^2-4ac}}{2a}\text{或}x=\frac{-b-\sqrt{b^2-4ac}}{2a}$$

又问:为什么要这样做? 为什么可以这样做?

答:这是解一元一次方程,目的是求得 x 的解,这样做还是方程的同解变形。

我啰唆地讲了这么多,就是想说明:在教基础知识的时候,不仅仅教学生懂,教学生会怎样做,还必须教学生善于思考,不时提出问题,"为什么要"和"为什么可以"，使他们懂得我们每一步工作的"目的性"和"合理性"，还要教学生学会咬文嚼字，这样学生自己表达时就可以字斟句酌，清楚明确，这就是培养能力。

我想再举一个几何的例子：点的轨迹的教学。

点的轨迹的教学怎样进行？可以有两种考虑。

一种是先讲轨迹的定义：适合某种几何条件的点所组成的几何图形叫做适合这个条件的点的轨迹。再讲基本轨迹：和一个已知点的距离等于已知长的点的轨迹，是以已知点为圆心，已知长为半径的圆。

这个轨迹定义和基本轨迹定理对初学者来说，是比较费解的。要逐字逐句地解释，再举一些具体例子来说明。

这样的教学法是从一般到特殊，从抽象到具体。虽然这样做也是合理的，但对培养同学的抽象概括的逻辑思维能力来说，不够理想。

第二种考虑是从特殊到一般，从具体到抽象。这样做就对培养同学的逻辑思维能力较为有利。

我教学时是采取第二种方式的。

那就是先给出一个已知点 O，然后提出要求，要找一个与 O 距离为 3cm 的点。

问：能找到这样的点吗？

答：能（可以用圆规来画）。

问：能找到多少这样的点？

答：可以找到无限多的这样的点。

问：这些点能够组成怎样的图形？

答：一个圆。

问：怎样的圆？圆心是什么？半径是什么？

答：以 O 点为圆心，以 3cm 为半径的圆。

肯定这一回答，并指出这个圆叫作与 O 点距离为 3cm 的点的轨迹。

再问：如果已知点是 A，要求的距离是 4cm，这样的点的轨迹是什么？

答：点的轨迹是以 A 为圆心，以 4cm 为半径的圆。

问：O 点、A 点、3cm、4cm，都是特殊的具体情况，应用面不够广。能不能不要说 O 点、A 点、3cm、4cm 之类，使我们的叙述的应用范围更广泛呢？

答:和一个已知点的距离等于已知长的点的轨迹是以已知点为圆心,已知长为半径的圆。

要得到这个结论,可能要经过一番议论和加工,但得到这样的结论是可能的。

这样一个过程就是抽象和概括的过程,是培养学生逻辑思维的过程。从花费的时间来说,也许比先讲轨迹定理再举例解释要多一些,从知识的教学来说,也许都可以很清楚。但从培养逻辑思维能力来说,我以为后一种方式比较有利,多花一点时间,啰唆一点也是值得的。

从 4 个或 6 个基本轨迹的例子中再抽象概括,得出轨迹的定义:适合某种几何条件的点所组成的几何图形叫作适合这个条件的点的轨迹。

这样几次反复训练之后,什么叫抽象,什么叫概括,怎样进行抽象和概括,学生就可以进一步从感性到理性,有所认识,而且抽象和概括的逻辑思维能力,也可以得到初步的培养了。

我的观点是,这样的教学,既加强了基础知识的获得,又培养了智力和能力。加强基础和培养只能是密切结合,不可分割的。

2. 发展智力和培养能力是对全体学生的要求,不能理解为只是对少数高材生的要求。

从上面这些例子可以看出,发展智力和培养能力,对全体学生都有必要,也都有可能。如果忽视了这一点而只把对解难题的训练作为培养智能的方法,只把会做难题作为智力和能力,那就必然在智力的培养上只着眼于少数高材生,而压抑许多中等以下水平的学生的学习,不利于提高全体学生的积极性。当然对高材生的智力的发展与能力的培养,也是重要的,一定程度的难题也是需要的。但须适量,而且应该是主要利用课外小组来训练。

3. "双基"的掌握和逻辑思维能力的培养,哪一个重要?

数学作为工具学科,加强基础当然是十分重要的。我们教学的目的,当然要为学生打好一个坚实的双基基础。但更重要的是培养学生勤于思考的习惯,有一个善于思考的头脑,也就是所谓数学头脑。学生毕业后,数学知识如果与他的工作关系不大,不常用,那么基础知识是会生疏的,甚至会忘记。但通过数学基础知识学习而培养起来的那种科学思维能力,则不仅仅是应用在数学或自然科学上,而是对一切工作都有用,可以说是"放之四海而皆有用的"。运用思维能力的机会要比运用数学知识本身更为广泛、更为重要。

三、我的教学效果怎么样

现在通行用分数来衡量教学效果,因为这是数字,容易比较。我过去教学时,没有对自己学生的成绩作过仔细的统计,只能凭印象回忆一下。

大概我的学生最终得到 90 分以上的不过 15% 到 20%;80 分、70 分的占 50% 左右;60 分以上勉强及格的 20% 左右;不及格的补考后勉强及格的有 15% 到 10%。很差的最后也无法及格的,一个班里往往有一两个或者更多一些。

任何地方,总有先进的、中间的、落后的。在班级中达到全优,我看是很少的。我的要求不高,题目也总是以基础为主,同学猜得到的不少,难题的难度也不很高。即使这样,成绩大概也如上述。但我还是感到满意的,我认为这是合乎客观实际的。

但我自以为有一个优点,那就是可以使绝大部分学生,不讨厌上数学课,不怕上数学课,他们自己感到听起来有点懂,也能够做做题目,不过考试成绩总不够理想罢了。

我有一个想法,我教的学生中间,将来不会全是读理工科的,有一部分学生会学其他方面的,也许可以成为体育健将、艺术家。对这些学生来说,我也要认真教他们学数学,懂得一点基础知识,获得一定的逻辑思维能力。数学成绩可以差一点,逻辑思维的能力对他们成才还是有用的。不必勉强他们把太多的精力花在既不擅长将来也不太用的数学上。我们要培养的是各方面的人才,人人都是数学家既不可能也不必要。

于一九八一年六月

(原载《赵宪初教育文集》)

"举一反三"与"举三反一"

"举一隅不以三隅反,则不复也。"这是两千多年前孔子所说的。学生学到的知识,是不是高质量,就应该看他能不能举一反三,能不能灵活运用。

我从自己狭隘的教学经验来看,总觉得孔丘的要求似乎是高了一点。真正能够一下子就举一反三的人,我看是不多的,我的学生中,如果能够举三反一,我已经觉得孺子可教也。

为什么呢? 因为要"反",那就先得掌握规律。一般来说,一类事情,一类题目,只碰到一次,做过一个,就能掌握规律,恐怕是不可能的。规律总是归纳出来、总结出来的,要遇到相类的事情、相类的题目好多次,才能总结异同,得出规律,推而广之,然后能"反"。语云:"熟能生巧。"要见过多次相同的和相类的事情或题目,才能够熟。天天看陌生面孔,我看是熟不起来的。

有一年高校入学考试出过一个题目,是讲达·芬奇画蛋的故事,要求写读后感。我不很熟悉这个故事,听说他画蛋画得很多,苦练基本功,摸出了规律,后来成为名画家。但我们中国人似乎常常不喜欢依样画葫芦,其实画蛋和画葫芦是差不多的,可能的区别是,达·芬奇画时是依实物,而我们画时是依样张。实际上就是样张也应该依样多画几遍。书法家不是要临帖吗? 我们的国画不是也有什么《芥子园画谱》之类的书籍吗?

我发这一段议论是因为现在有些课本的练习题,不太喜欢依样画葫芦,基本题太少了,而思考题却是跳跃式的。教师教的时候,总觉得学生不够聪明,不能举一反三。学生学的时候,则往往要感叹,刚刚学到,还没有摸着门槛,又要换花样了。有许多家庭作业,因为要举一反三,学生到家之后,因为不会做,就要家长教,家长如果不会教,那学生只好等到明天早上去向同学抄。学生抄作业当然是不好的,但举一不能反三,奈何奈何!

我在学校里,往往要劝教师多出点补充题。我要求教师出的补充题决不是市面上流行的题海中的难题,而是课本上的基本练习题,目的是达到举三反一,甚至举十反一。

举三反一,或者举十反一,有什么好处呢? 那就是同类的题目多做一点,学生自己会做了,就会增强信心,调动起积极性。题目多做一点,懂得一点规律,然后熟能生巧,"反"起来就有本领了。补充这类题目,是不是会加重学生负担呢?我认为,学生会做的题目,多做一点,是愉快的,不会感到是一种负担(当然题目不能太多)。学生的负担,主要是在不会做的题目上,因为看来题目似乎不多,但把练习本摊在桌子上,苦思苦索也做不出来,这才是非常重的精神负担。

那么过多的依样画葫芦,学生是不是会厌烦呢?当然,过多的依样画葫芦那是要使人厌烦的,但也不宜过少。因此,我认为"举一反三"是有困难的。"举三反一"也许好一点。不行的话也可以"举十反一",那就要教师根据实际情况,灵活掌握了。

"举一反三",在孔子说的时候,这个数字本来并不是这么呆板的,我读书一知半解,就把它绝对化了,其目的只是想说明上面的问题和对目前教学工作提出一点看法而已。

于一九八二年三月

(原载《赵宪初教育文集》)

让学生多学一些,少考一些

在现在的中小学里,有两个问题比较突出:一是负担过重;二是知识面比较狭窄。这两个问题从表面上看,是互相矛盾的。你说要减轻过重负担吗? 似乎又得把中小学的教学内容减少一点,这不是知识面更加狭窄吗? 你说要让中小学生的知识面广一些吗? 那么又要加这样那样的课程,在已有的课程内,又要加这样那样的内容,学生的负担不是更重吗?

有没有两全其美的办法呢? 我提出一个方案,就是多学一些,少考一些。

多学一点,吃得消吗? 学生的负担不是更重了吗? 其实不然。学生的负担过重,主要是重在考试上,重在考试的精神压力上,而不是学习内容太多。我想举两个例子来说明。现在电视台常常放映一些知识竞赛之类的节目。说实话,有些题目其实是偏题、怪题。尽管如此,还是吸引了大批的电视观众,其中很多是中小学学生。这就说明青少年学生是希望多学一些的,决不是"吃不消"。参加知识竞赛为什么不觉得是增加负担呢? 因为在看电视的时候,虽然也在动脑筋想,却不是考试。即使是参加竞赛的那些青少年,虽然事先也要准备,当时可能也有点紧张,但是,竞赛成绩好,当然很好,竞赛成绩不好,也没有精神上的压力。

在平时的教学工作中,我们也有这样的经验。我们离开课本,讲一点课本以外的补充性的知识,同学知道将来不会考,都非常欢迎,而且也很用心听。这也说明,学得多些,既是时代的需要,也是学生的要求。知识往往是相互渗透、相互依赖和相互启发的。知识面广了,知识量多了,学生学得过死的情况也会自然而然改变。

考得少些行吗? 我说行。不考的知识,学生会用心听吗? 上面举的例子已经说明问题了。教师的教学,教得有条理,教得生动活泼,教得有兴趣,学生是不会不听的。反之,你教得乱,教得死,教得枯燥,就是考得再勤,学生也不会好好听,至多临考前把一些知识死记一下,"抱抱佛脚",应付考试,过后即忘。

现在我们的中小学里,是用考试成绩来衡量质量高低和教学效果优劣的。考试的内容和要求就是教学大纲和教材的全部内容。譬如高中毕业的语文考试,就可能涉及高初中六年的全部语文课本十三册,这里面的课文大多要记住,至少要知道每篇课文涉及的一些情节、人物、词汇,包括一些古典文篇目中的冷僻的字和词语。譬如数学,也要考中学六年的数学各门学科的内容,对概念、定义、定理、方法,都要求不但熟悉,而且从各个角度来深刻理解。又如政治、历史、地理,有时不仅要把课本的一切内容全部记住,包括年代等,对有些重要的段落,还要一字不错地背出来。甚至内容的分析,往往也要求根据教师的教学或者一些参考资料来叙述,一共有几个要点,连前后次序也不能颠倒,因为考试时有标准答案,有评分标准。这样,学生所学的东西,需要记忆的内容太多,而自己创造性思考和发表意见的余地太少了。这恐怕是学生负担过重的一个重要的因素。

少考会不会忘记呢?凡是应该记得的知识,考一考,温一温,当然可以学得好一点,记得牢一点,但归根到底,是看用得着还是用不着。用得着的知识,反复在用,自然不会忘记。即使忘记了,一经提起,又可以记起来。譬如代数的乘法公式,圆周率的近似值,语文中的一些重要的词语,物理学的基本公式等。

我也不是说不要考试,而是少考一些。哪些要考呢?凡是以后经常要用的,是应当考的,这叫作应知应会。平时已经常用,考考也负担不重。哪些可以不考或少考呢?以后用处不大的,或者可以通过一些字典、词典之类去查阅的,可以少考或不考。比如语文里的古文,是中国的优秀遗产,文化精华,一定要学,一定要教。但我们不要求学生写古文,古文里一些有用的字、词或成语、格言,一般都已经成了现代文里常见的内容了。如"有的放矢",这无疑是古文,但又是现代文里的常用语了。凡是古文里的冷僻字词,学古文的时候应该解释一下,不必去考了。数学里的四则应用题,几何证明的难题,实际上是为培养思维分析能力而教而学的,应该学、应该教,这是大有用处的教材,但不应该是大有用处的"考材"。考这些内容,很容易造成死记模式,而且大大加重学生负担。当前的问题正在于此,所以应该少考。

对于政治、历史、地理和自然各科的内容,现在还是学得太少,不适应"三个面向"的要求,我以为还可以多教一些,多学一些,但切不要因为多教多学就要求多考。考是要考的,考一些最基本的常用的知识内容,其余的就让电视知识竞赛之类去考吧!

如能这样,学生的知识面就可以广了,思路可以活了,学生的学习负担也不会过重了。要强记死记的内容精简了,学生的时间和精力多余了,他们自然会乐于参加课外活动,乐于阅读课外书籍,乐于在电视电影中接受新的知识和信息。教与学的全局就要活络得多了。

于一九八四年十二月

(原载《赵宪初教育文集》)

公 私 分 明

有一次谈论廉政问题,一位同志举了一个美国人的例子,他说他知道美国有一位公职人员,有两辆小汽车,一辆是公车,另一辆是私车,这位公职人员上下班或因公务出去,都是用公车的,但如果是自己的家务私事,他就用私车,界限分明,从不马虎。有一次他下班回家,要在中途的地方去看望一位亲戚,虽属顺路,但还是回到家里,再换自己的私车去探望亲戚。这样做又费时间,又比较麻烦,但他还是这样做了。有人问他为什么这样分得清楚,是不是过分了,他说不对,在美国,如果有人发现你在用公车办私事,不管是顺路或者乘便,都会对你有不良的印象,一旦传扬出去,大小也是一种丑闻,可以使你名誉扫地,一辈子就身败名裂了。

我听了之后,颇有感触。我们不是在大讲引进吗?为什么老是引进什么外烟洋酒,最近又在商店里看见了大批的克宁奶粉。四十年不见了,久别重逢,别有一番滋味在心头。我想对外国的这种公私分明的严格贯彻,为什么不引进呢?

有人说,我们根本就很少人有私车,而公共交通又拥挤不堪,老年人休想挤得上,带行李更不行。因此,用用公车,也是迫不得已。怪不得不久前报载某学校开学,学生到校时,由家长用公车送来的有一二十辆之多,而且还抄出了一些汽车号码,但似乎并无下文,习以为常,所以也心安理得了。在这种"初级阶段"的情况下,要引进国外的公私分明的廉政风尚,真是难矣!

其实,只要雷厉风行,说难也是不难的。曾记得在 50 年代"三反五反"之后,各单位的风气和美国相比并不逊色。我记得当时写信,如果是单位公事,可用单位的信纸信封;如果是个人私信,那就非常注意,要自费去购买信纸信封来备用的。这是不敢含糊的。那时候单位的电话机旁,放了一只纸箱,要求"私人电话,请自觉投入五分"。我们也是很注意贯彻执行的。为什么?万一贪一点小便宜,被人检举揭发,那是批判检查,后患无穷的。这和那位美国公职人员的作风,不是也差不多吗?

然而时到如今,我自己有数,打电话不论公事私事,早已不付费了。电话机旁那只纸匣子,也早已不知去向了。写信的时候,用公家信纸,当然也是无所谓的。这些虽然似乎是区区小事,但原则是不论事情之大小的。如果我们公私可以不分,那么吃请送东西之类,也自然不断乘虚而入了。廉政云云,就真正难矣。

当然我并不认为 50 年代"三反五反"运动的那种"有山必有虎""怀疑一切人"之类的过"左"的运动是好方法,现在当然更不应该再这样做。但我总觉得公私分明的好风尚是值得提倡的,而且是主要应从上而下认真贯彻的。风气的好坏,不仅仅是在物质金钱上来算账,更重要的是民族的素质问题啊!切不可等闲视之。

(原载《新民晚报》第 6 版,1989 年 05 月 15 日)

从沈万山想到"向钱看"

我很少去旅游,最近却凑了一次热闹,到江苏昆山的周庄古镇去参观。周庄镇是一个新的旅游热点,以保持明清建筑的街道较为完整而出名。参观的必游之地是沈厅。沈厅是元末明初江南巨富沈万山的住宅,前后共有七进,有"走马堂楼"。这在江南一带是较为常见的。但关于沈万山有一种传说,说他有"聚宝盆"。我的家乡距周庄也不远,从小就听到过有关沈万山和聚宝盆的故事。沈万山是实有其人的,但聚宝盆当然是荒诞的虚构。有一部评话叫《英烈》,对沈万山和聚宝盆的传说作了一些渲染,所以这一带的人,对沈万山很感兴趣。

我查阅了新《辞海》,上列有沈万山的条目。传说他是金陵人,又说据明史记载,他是明初吴兴巨富,曾向明太祖捐助款项,筑南京城的三分之一,并犒赏军队。但又说明太祖怒,欲杀之,旋改为流放云南云云。既然他向明太祖捐献巨款,为什么又要杀之呢?听了周庄同志的介绍,才弄明白。原来沈万山本来是资助元末另一位起义的人张士诚的。元亡后,朱元璋又击败了张士诚。因此,沈万山向明太祖朱元璋献巨款筑城,以赎他的罪行。但明太祖还不满意,所以要杀他,后来又改为充军。

沈万山是当时的巨富,但钱财虽多,还是不得善终。因此,我想到现代的"向钱看"潮流,到底对不对?

当然,人总是要生存的。开门七件事,样样都要钱。穷到衣食不周,总是痛苦的。但钱财太多是不是一定可以享福呢?也不一定。西汉有一个人叫邓通,是古代有名的富人,《水浒》这部小说中讲西门庆要想和潘金莲私通,求王婆牵线,王婆对他提了一些重要条件,其中有一条就是有邓通的财。但历史记载,邓通最后也穷困到寄食他人门下,贫困而死,结局也不妙。历史上另一个有名的富翁是陶朱公范蠡,他因为既能聚财又能散财,所以结局较好,与西施泛舟隐居。解放以前,上海的富人是不少的,但既怕抢劫,又怕绑票,要雇佣保镖,深居简出,不像我们这些不是富有者自由自在。

我们中国人现在大多还是比较不富有的,万元户终究是少数。但是解放四十年来,到今天真正穷到衣食不周的,除了十分贫困地区以外,像沿海一带我看似乎也不多了。街道偶然也还会见到一些乞丐,但听说其中有些人是以此为业,而不是赖此为生。他们家里,也许比我们还富有呢? 可以这么说一句,我们中国人现在大多数是穷而不苦,富而不豪,比起发达国家人民或者我国的港澳台居民,相对来说还是比较穷的。要想钱多一点是可以理解的,但是必先富国然后可以富民,大河多水才能小河满。如果我们向钱看是为了富国,这是正确的。如果向钱看而只图私人之利,干害国害民之事,那么到头来,我们的钱也终究会落空的。努力生产,节约浪费,为国家的长远的富强着想,才是我们中国人民应该努力的方向。

(原载《新民晚报》第 6 版,1989 年 09 月 06 日)

考试季节随想

暑期是考试的季节,各级各类学校,往往都要在这一期间内举行招生考试。成千上万的新一代,经过几年的窗下和灯下,就要在考场上比高低。一分之差,千人之距。学生和家长们,无不紧张万分,甚至寝食不安。一经发榜,有哭有笑,有喜有恼,真正是几家欢乐几家愁。

为什么会这样紧张呢?有的家长说这是决定子女们一生命运的事啊!这虽然有点"言重",但家长们关心子女的前途,望子成龙,怕子成虫,确实也是完全必要的,值得称赞的。

其实,一个人真正要成为"龙",也是很不容易的。封建时代,真龙只有一条,就是皇帝天子。现在呢?即使把专家名人都称作龙,我想也还是不太多的。但是,只要你做有益于人民的人,勤勤恳恳地做好本位的工作,就是对社会主义对人民有贡献,就会受到人们的尊敬,即使没有创造发明,不能算龙,也是心安理得的。而要做到这一点,就要青少年们自己长期努力,敦品励学,即使不进大学,不进重点中学,也是完全可以做到的。与此相反,如果进了大学,进了重点中学,骄傲了,放松了,一失足成千古恨,那也可能成为社会的渣滓,害人的小虫。

在望子成龙与怕子成虫之外,似乎还有一种劝子成"熊"的。熊是怎样的动物我没有深入的研究,可是我有时带家里的小孩子去动物园,也看见过熊。我觉得熊是庞然大物,体格健壮。在动物园里的熊,大概因为有了依靠,不愁饿死,往往在场里无所用心,有时也东张西望,欢迎游园的观众,投一点额外的闲食。生活是舒舒服服的,工作是无所事事的,嘴巴却是非常馋的。我们中间,有没有羡慕公园里的熊这样生活的人呢?我们的家长有没有劝子成熊的呢?我看可能还是有的,也许还不能算少。在办公室,在工场间,在店堂里,有事不办,有工不做,有问不答,松松散散,反正工资笃定,奖金不少,有点外快,更加欢迎。这样的人,当然不会算龙,似乎也还不至于算虫,我说是有点像公园里的熊。而我们自己,畏难怕错,遇事推拖,效率不高,稍微也有点"熊相"吗?这样的人一多,我们朝夕盼望的早日四化就不免要进展迟缓了,岂不可怕!

关键问题是什么?是人生观、苦乐观。做家长的对子女的教育,除了希望考试顺利之外，对子女的人生观的教育，也是非常重要的。我们每一个人，自己也应该每日三省吾身，为人民服务而不忠乎？只求个人的惬意乎？碰不得一点个人利益乎？

明代有一位朱柏庐，他的《治家格言》，过去是颇为传诵的。我想抄两句，赋以新意，不知是否可以古为今用。"读书志在圣贤，为官心存君国"，这里的圣贤，可以解释为好人，为官可以当作工作者解，君字则应作人民。如果人人如此，那就庶乎近焉！

(原载《新民晚报》第 5 版，1983 年 08 月 17 日)

婆 婆 与 媳 妇

在封建社会里,做媳妇是很不容易的。婆婆常常要你做这做那,做媳妇是不能违拗的。媳妇要想做点什么,又必须得到婆婆批准,婆婆不点头,媳妇就不能做。

在新社会里,情况就不同了。婆媳都是家庭的成员,应该平等相待,和睦相处。可是在有些家庭里,也有一些不太正常的情况,媳妇掌握了经济和家政的大权,婆婆不但不能作主,有时还要受媳妇的气。有人说,解放初期,妇联的工作主要是以婆婆为对象,劝她好好对待媳妇,现在三十余年之后,妇联的工作又往往是以媳妇为对象,劝她好好尊重婆婆了。

最近有一位同志谈工作,他颇为慨叹地说,我的工作可难啊!我不只是一个婆婆,我一共有二十多个婆婆,我们的计划要经过二十多位婆婆的批准,只要有一位婆婆不同意,事情就做不了。我后来一想,这位同志恐怕还只谈了一半,还有一半就是他还有更多的媳妇,我替他算一算,恐怕媳妇数将近一百。他要做工作,即便二十多位婆婆都点头同意了,如果有一位媳妇不同意,他还是办不了。这种情况,不但这位同志有,恐怕许多同志都有。我们在婆婆面前,是封建社会里的媳妇,而我们在媳妇面前,却又是新社会里家庭关系不太正常的婆婆。上面婆婆的办法是搁,不批准。下面媳妇的办法是顶,不贯彻;或者是推,大房推二房。许多事情,就是这样几搁几顶,一拖可以拖上几年。这种例子难道还少见吗?

现在的家庭里,祖孙婆媳三代同堂的是比较少了。现在的机关里,那就不只是三代同堂,拿层次来说,恐怕七代八代同堂的也不少。奈何不使我们的工作缓且慢也。

发了一通牢骚,叹了一阵苦经,那是不能解决问题的。应该想想办法,要改。我以为,上下左右,虽然关系很复杂,但总应该有一个头,一个权威。譬如在二十多个婆婆里,总有一个直接上司的婆婆;其余都是旁系的上司,是伯婆、叔婆、舅婆、姑婆等。要做一件事,当然应该协商协商,通通气,但有否决权的,应该只有顶头上司那个婆婆,其他的人,可以有发言权、建议权,不应该有否决权。至于众多媳妇,或者媳妇的媳妇、孙媳妇、曾孙媳妇,那么都是受婆婆领导的,当然也应该协商,但婆婆最后决定了,拍板了,媳妇们是应该贯彻的,不能再顶,再拖,否则婆婆就要行使权力,可以撤职,可以调离。

十亿人民,都在盼望我们提高行政效率,加速社会主义现代化的建设,我们难道还可以拖拖沓沓,让本位主义官僚主义拖着后腿吗?

(原载《新民晚报》第 5 版,1984 年 12 月 23 日)

消费品的层次

我在中学读书的时候,曾经学过一门《经济学大意》,我记得在那本资本主义的经济学课本上说过,人们的消费品可以分为四个层次。第一个层次叫生活必需品。人们要生活下去,必须吃饭穿衣。柴米油盐,就是吃饱肚子的必需品。布衣敝褐,则是御寒保暖必不可少的。这个层次的要求是比较低的,但却是每一个人都需要的。第二个层次叫礼仪体面品。人总有一定的社会活动,参加社会活动,有一定的礼仪,要保持一定的体面。走亲访友,要有一套整洁的服装。住在家里,不免有亲友来访,要准备茶叶卷烟。逢年过节,还要准备糖果点心,瓜子花生,不能怠慢客人。第三个层次叫作舒适品。一天工作,辛苦劳累,回到家里最好在沙发上躺一躺。晚饭以后,看一下电视。这些设备在现代社会里,也可以使你劳逸结合,精神舒畅。第四个层次叫豪华奢侈品。弹词《描金凤》里的汪二朝奉,为了想娶钱笃笤的女儿,差人送去了阔气的聘礼。莫泊桑的著名小说《项链》中写的那个遗失后劳累一生还赔不清楚的项链假宝贝。富有人家客厅里陈列着的古董橱。应该说,这些都属于豪华奢侈品了。

这四种消费品的层次之间,界线是不容易划分清楚的。随着社会生产的发展,人民生活水平在不断提高。消费品层次的"层高",似乎也在不断变化进展。例如我把沙发和电视机,都放在舒适的这个第三层次中,在现在准备结婚的青年男女中,可能是要列入礼仪体面这个第二层次中了。新房里如果没有沙发,没有彩电,还像什么新房? 不要被亲友贺客们耻笑吗!

我读这本资本主义经济学课本的时候,还是二十年代,距今已六十多年了。那个时候,旧中国的广大劳动人民,缺衣少食,饥饿冻馁而死者不知多少。解放以后,情况有了很大的改变。然而在"左"的影响之下,三年"自然灾害"之时,低标准,瓜菜代,三月不知肉味,半饥半饱的生活,我们也是经历过来的。那时候多少人只要求能够解决黄豆与猪肉免于浮肿啊! 现在好了,科技发展,政策对头,农村连年丰收,城市产品丰富。全国除极少数地区以外,似乎第一第二层次的消费要求,绝大多数人都已能够满足了。大家都应向第三第四层次的消费要求进军,这是大好事。拿我自己的家庭来说,也是在追求第三层次的消费品水平之中。至于第四个层次,那么我们这些不是"能挣"的人,也就不大敢想"会花"。还是用小时候书上读到的"知足常乐",聊以自我安慰吧! 对那些万元户来说,豪华阔气一点,用的是自己的钱,谁也没有权利反对。但万元户从报上看看,虽然不少,终究还不是多数。对于今天还没有十分富有的人来说,我觉得消费水平还是要与家庭收入相称。人类的生活水平,当然应该不断提高,但人生的目的,应该不限于豪华奢侈的物质生活,而要物质与精神两个文明的并举。不知是不是我有点寒酸相。

(原载《新民晚报》第 5 版,1985 年 03 月 04 日)

一位传奇式的人物

一九八六年六月十二日,我家里来了一位客人,他叫李嘉良,是一位传奇式的人物。

他是南洋模范中学五〇年的毕业生,毕业后考入交通大学,后来在哈尔滨坐过长期的监狱,出狱后到过美国探亲,三个月就回来了。现在仍旧在哈尔滨市工作,是一个高级工程师。

他告诉我,这一次是来参加交大九十周年校庆的。先到西安,参加西安交大的校庆,然后再来上海,参加上海交大的校庆,日内又要返回哈尔滨了。

我问:"你交大毕业后分配到哈尔滨的吗?""不是的,"他说,"我交大毕业后分配到北京。那时我们正在致力于东北的建设。我是共产党员,应该到最艰苦的地方去,所以自己打报告申请的。领导上批准了,才调到哈尔滨去的。"

"那你怎么会打成右派的?"

"我反对当时一些做法,我认为这是不对的。"

"后来又怎样成为反革命的?"

"我说国外某些国家的政策是对的,还要过他们的资料,所以就是'里通外国'了。'右'派改造一年。反革命判了十五年,刑满在'文革'期间,又关了六年,一共坐牢二十二年。"

"劳动艰苦吗?"

"我在监牢里不是体力劳动。我是工程设计人员,所以一到监牢,还是画图设计,设计的产品,还受到过政府的嘉奖,有过感谢信。一个罪犯受到政府的感谢,有趣得很。"

"听说你去美国探过亲,又坚持回来的。"

"是的,我出狱后,与一位农村姑娘结了婚,现在她是工人。""我们一道去美国探亲,是十一届三中全会以后的事了。当时大家说我不会回来了。我在美国的母亲和几位姊姊也留我住在那里,但我觉得还应该回国,所以在美国只住了三个月,就回来了。从小母亲就希望我将来做工程师,现在让她看看,我是工程师了,而且工程师上面还有'高级'两字。"

　　他还告诉我说:"在美国我想再读两年书,增加点新知识,我考了一个大学,数学四十分满分,我考三十九点五分。英文三十分满分,我考二十三点五分,考上了。读两年,要缴学费五千元美金。我姊姊说,钱是有的,但有一个条件,你要留在美国。你如果仍旧要回去,我不愿出,所以没有读成,我宁愿回国。"

　　他又说:"数学的基础是在南模打好的。你教的东西我没有忘记。"他当场唱了两个数学公式。他说:"你教我们唱,我们记得很牢。"

　　"英语呢?"

　　"主要也是靠中学的基础,当时一些课本也是英文的,后来我在监狱中,又自己读英文版毛选,所以英文虽然考得不理想,也还是合格的。"

　　我说:"你的故事真可以编一部电影。"

　　"长春电影制片厂一位编剧编写过,但当时还有顾虑,编得很慢。到编写了一大半时,电影《牧马人》上映了,故事情节大同小异,所以后来剧本就没有写完。"

　　他这次在西安交大和上海交大,对学生做过两次报告,题目是"我爱母亲! 我更爱祖国!"

　　李嘉良同志今年五十三岁,是在解放前几个月在南模参加中共地下党组织的。他至今虽然饱经风霜,依然是一个白面书生。读书时非常规矩,这次谈话也非常亲切。

　　我为有这样一个热爱祖国坚持真理的学生而感到自豪。

　　我为有这样一个热爱祖国坚持真理的同胞而感到光荣。

(原载《新民晚报》第 6 版,1986 年 07 月 01 日)

人人都做主人翁

和朋友聊天,常常会听见一句话,说是"做一日和尚撞一日钟"。

"做一日和尚撞一日钟",是通常作为一个贬义词来使用的。

粗粗想想,做一日和尚撞一日钟,还是在职尽责的。为什么要作为贬义词受到批评呢?

当然,做一日和尚撞一日钟,比起做了和尚不撞钟的那些懒汉和尚,是要高出一筹的。但这句话的语调情绪,却流露出无可奈何不安于位的意图,因此他的撞钟,也只是混日子的。这样的一天一天工作着,缺乏主动性,对工作无感情,是不可能做好工作的。

一个寺庙,如果所有的和尚,上自住持,下至僧徒,都是混日子过生活,这个庙尽管有很大的庙产,经年累月,也总有一天会吃尽用光的。著名的大寺庙,也总要从上到下,六根清净,修身养性,不但撞好钟,还要勤修佛事,才能吸引各方的善男信女,闻风而来,朝山进香,这个寺庙才能名扬四海,兴旺发达起来。

做和尚如此,其他各行各业,也莫不皆然。任何一项事业,都是需要从业者对工作有信心,有热情,主动积极地以主人翁态度来坚持把它做好的。这就叫事业心。

西汉有一位司马迁,他为了朋友李陵的案件,受到株连,处了宫刑。然而他说"死有重于泰山",他发愤著述,作成《史记》一书,成为我国的史学名著,他也成为著名的史学家和文学家。

清朝有一位曹雪芹,出身于仕宦世家,但后来破败了。他在生活十分艰苦的情况下,写出了我国著名的古典小说《红楼梦》。

现代有一位邹韬奋,他编辑《生活周刊》,创办生活书店,也都是在环境十分恶劣之下,冒着生命危险而坚持下来的。他鼓舞了千千万万当时的青年们,热爱祖国,投身救亡事业。在生活书店里,他严以律己,与书店同人同甘苦、共患难,培养了一大批出色的爱国进步的出版工作者。

当代有一位杨怀远,是一个普普通通的轮船服务员。他以一根扁担,为千万旅客服务,成为劳动模范。模范者,学习的榜样也。他的工作态度,确实是我们学习的榜样。

以上诸人，都是以主人翁的态度，积极地工作，他们有事业心，不是消极地做一日和尚撞一日钟。

我们现在正在建设有中国特色的社会主义，我们每个人都有一个工作岗位。怎样对待我们的工作呢？是做只吃寺庙大锅饭而不好好工作的懒汉和尚呢？是做一个做一日和尚撞一日钟混日子而没有主动性没有事业心的和尚呢？还是像上面所举几位古今人物，做一个有事业心的既做好本职工作又有理想的人呢？

这个问题，是值得我们去认真思考的。

振兴中华，人人有责，人人有能。不可能人人成大事业，但必须人人立大志，切勿妄自菲薄。

（原载《新民晚报》第 6 版，1987 年 05 月 21 日）

此南洋不是那南洋

　　上海有一个南洋中学,还有一个南洋模范中学。有的人常常要问:这两个学校是不是南洋华侨办的或者是为华侨办的? 我说不是。那么为什么取名"南洋"呢?

　　在中英鸦片战争之后,清朝从闭关自守到被迫与外国通商,当时以天津和上海两个地方作为对外洋通商的两个主要口岸。清廷还专门设立了两个大官,叫北洋大臣和南洋大臣,管理对外交涉和通商的工作,天津属北洋,上海属南洋。李鸿章和袁世凯都先后担任过北洋大臣,李鸿章搞的海军就叫北洋水师,袁世凯在天津小站练的陆军就叫北洋新军。辛亥革命以后的北洋军阀,就是袁世凯和他的部属领导的那些军队。在十九世纪末年,清朝的以办理洋务出名的官僚盛宣怀在天津和上海办了两个高等学校,天津的那一个叫北洋大学,就是现在天津大学的前身;上海的那一个叫南洋公学,就是现在交通大学的前身。南洋中学和南洋模范中学,都和南洋公学有过一些关系或联系。因此,南洋并不是南洋群岛的南洋。这两个学校都不是华侨办的,也不是为华侨入学办的。

　　　　　　　　　　　　(原载《新民晚报》第 5 版,1982 年 01 月 12 日)

我们夫妻之间

我今年七十五岁,我的妻子今年七十二岁,我们结婚已经五十二年了。虽然在新社会里,我们的家庭还是一个旧式的家庭。

我是一个中学教师,我的妻子则是一个家庭妇女,一生从来没有拿到过一分钱的工资。我们的分工是很明确的,我在外面工作,她在家里管家务。从前夫妻互称内子与外子,现在不这样叫了,但我们却依然是内外分工。中学教师的工作是比较忙的,可是我的妻子比我还要忙。她往往是早上第一个起身,晚上最后一个睡觉。除了保证全家的衣、食、住,还要在子女幼小时,辅导他们做功课,背书默生字。家务劳动,琐琐碎碎,永远没有个底。真是十分辛劳。一九七八年,我参加学校工作满五十年,学校里为我开了一个庆祝会,也邀请我妻子参加。我在会上发言的时候,说我五十年来能够安心工作,是因为家里有一个人做好后勤工作。我的子女的学习成长,最早的基础也靠他们的母亲配合学校打下来的。如果说我们现在在工作上能够勉强胜任,我的夫人应该有一半的功劳。当时她也戴上了大红花,算是分享了一点荣誉。

但是,她的思想上还是存在问题的。她虽然在解放后也做过十多年的里弄工作,因为是义务,就不算作国家工作人员,没有独立的工作身份而是一个附属身份的"家属"。我教书时,她是教师家属,可以做里弄干部;我隔离时,她是"牛鬼蛇神"的家属,就落得一个里弄扫地的下场。现在我又做教师了,她也不再扫地了。确实是浮沉相随,荣辱与共。在经济上,她说你们是挣钱的,我则永远是用钱的;无论我做多少工作,怎样劳累,还总是"靠你养活的"。她的这个思想问题,我也没有办法解决。人已经老了,这个局面也改变不了了,只能向她表示歉意,安慰她一番。

至于夫妻之间,有没有矛盾? 我看没有矛盾是不符合辩证唯物主义的。我们之间,当然不至于大吵三六九,但有时也有小争论,不过大抵是属于家务安排的细小事情。在这种场合,我总是让她说最后一句话。因为社会上有一条不成文的规律,在吵架时,谁说最后一句话,谁就算是胜利者,至少可以自以为是胜利者。所以,在家庭争论中,我总是把最后一句说话的权利让给她,自甘失败。家务本来是分工给她的,当然应该让她有职有权,才能调动她的工作积极性。我奉劝做丈夫的人,都应该有这样一个风格。这样家庭就会和睦,天下就会太平。

我们的家庭还多少带有一点封建传统的残余。这大概也是阶级烙印吧!

(原载《新民晚报》第 5 版,1982 年 04 月 21 日)

《三国演义》中的庞统

《三国演义》这部小说，一开头把庞统的身价抬得很高。在司马德操与刘备的谈话中，说是"伏龙凤雏，得一可平天下"。但是后来书中写到庞统的事情，并不很多，在他投奔蜀国之后，只有短短的几回书，而且描写他态度骄傲，功绩不大，没有多久，便在落凤坡兵败丧身了。与卧龙先生诸葛亮相比，实在相差太远了。

我最不满意他的是在他做耒阳县令时的那种表现。他本来带有孔明和鲁肃两封荐书的，但自以为了不起，不肯拿出来。因为他生得容貌丑陋，所以一开始没有被刘备重用，要他来当耒阳县令。他在那里做了一百来天的父母官，却从早到晚，饮酒不管政事。后来刘备派张飞和孙乾去视察，张飞责他误了公事，他就在半日之间，把百来天延搁下来的公事，一一解决，迅速非凡。张飞才对他另眼相看，他也才拿出鲁肃荐书。这一段描写，是小说的作者想突出地写他是有才干的。区区一县之事，他是看不起的，大材小用了，所以积极性就没有能调动起来。

这当然只是演义小说，并非信史。依演义所述，庞统这种因为官卑职小，就借酒浇愁，把公事拖延不管的办法，我觉得总是不妥当的。即便你真有经天纬地之才，一下子就做军师副军师那样的大官，我看也不一定合适。马谡熟读兵书，不是也因为独断专行，不听副将王平之谏，而招致街亭失守，险些使诸葛军师丧身吗？耒阳县令，虽然官卑职小，实际上却是亲民之官，是十分重要的。拿现在的话来说，那正是为人民服务的最好机会。即使在三国时代，刘备号称是以得民心而能够与魏吴抗衡，三分天下的，如果县令都像庞统那样糊涂，一天到晚喝酒不理政事，不论是真糊涂还是假糊涂，总是要失去民心的。老百姓希望急于解决的问题，不理不睬，一拖就是一百天，老百姓会不感觉到失望吗？

谈历史总是想借古论今的，庞统其人及秘事早已成为历史陈迹了，但现在还有没有庞统式的人物呢？有没有自以为有本领而大材小用，怀才不遇，因而不安心工作，马马虎虎，拆拆烂污，把人民所急望解决的问题，拖拖拉拉，有的甚至把公文锁在抽屉里，自己出去旅游，一搁几个月呢？有没有因为几个单位，各争本单位的利益，互相扯皮，把可以早日解决的问题，久拖不能解决呢？在庞统的时代，做官主要是对上负责,士为知己者死。今天我们的任何工作,都应该是对人民负责的。或者说,对上负责和对人民负责是应该统一的。在现代而再做庞统式的人物,那就更对不起人民对不起国家了。

(原载《新民晚报》第 6 版,1986 年 12 月 31 日)

南洋公学的武术教师

最近关于霍元甲的电视连续剧上映，吸引了许多观众。三月十七日《夜光杯》载有《霍元甲与精武体育会》一文，说霍元甲有一徒弟叫刘振声。看了刘振声这个名字，好生面熟。回忆在二十年代初期，我当时还是十四五岁的少年，在上海南洋公学附属中学读书（南洋公学即现在的交通大学），那时大学校长是唐文治，规定中学一二年级学生，要参加课外活动，在三个项目中任选一项。这三项是军乐队、童子军和武术。我对这三项都不感兴趣，但学校规定，不得不勉强选择一项，第一个半年选了童子军，半年下来，索然无味，又改选武术，也只是敷衍了事，不很认真。

记得当时的武术教师姓刘，还在脑后留一短辫，不到一尺长，所以我们背后都叫他绰号：刘小辫子。他的姓名依稀觉得，就叫刘振声。当时同学告诉我，他曾经参加过义和团，对拳术很有功夫。还听到过一个传闻，说曾有学生和青年教师四人，要试试他的本领，有一次约齐了去戏弄他，四个人分别从四面进攻，有的拉他的手，有人攀他的脚，想把他弄倒，结果他略一用力，把四个人都打散了。这四个人是谁，语者不详，但有人说后来担任南洋模范中学校长的沈同一先生，也在其列。沈先生当时是附属小学的体育老师，身材魁梧，年少力大，也有可能。这个故事颇像《水浒传》里鲁智深在东京大相国寺菜园里的故事，不知确否。

沈同一是我在南洋附小时的老师，后来我追随他在南模工作近四十年。因为这件事没有放在心上，没有问过他。现在沈老师逝世已经十八年了，没有法子再核实了。不过交通大学的校友中，比我年长的前辈还不少，如交大教授朱麟五同志，在附中时就爱好武术，他擅使三节链棍，挥舞自如。他比我高两班，现在年逾八十，不知还在练功否？他应该知道得比我更多更详细。其他前辈学长，为数还很多。因此，我把这件事写出来，作为小掌故，请知道的予以补充或纠正。至于这位刘老先生是否叫刘振声，是否就是霍元甲的那个曾与外人比武的徒弟，还希望读者中了解得多的人给以指示。

（原载《新民晚报》第 6 版，1984 年 04 月 03 日）

教师与相面先生

相面是一种骗人的行当,相面先生所说的吉凶祸福,妻财子禄,全部是胡言乱语,丝毫没有科学根据。但是,他们吹嘘的"善观气色",却有一些江湖本领。他们的胡说八道,开始时往往是试探性的模棱两可的,可以作几种不同的解释,一面在乱说一通,一面却在观察听者的反应,猜测哪些话是对路的,哪些话是不对路的。从你的"气色"语言中,逐步诱你走上受骗上当的道路。

教师工作是传道授业解惑的。我们传的是马列主义的道,授的是社会主义四个现代化之业,解的是学生在学习上的惑。我们讲的是科学,是真理,不需要骗人,这和相面先生的江湖骗子是截然不同的。但是,我们在教学工作中,要讲求效果,讲求针对性,就也应该要"善观气色"。我接触到有些老师,业务水平很高,但有时效果不好,问题往往就出在没有能"善观气色"。我们在讲课的时候,学生是会有表情的。你看学生的眼神,如果笑眯眯地对你看着,听你讲的时候微微点头,这就是他们对你的讲话,表示接受和欣赏了。相反,当你讲课的时候,他们皱眉摇首,或者目光呆滞,那就说明你的话他们有不懂之处。有时候他们闭目养神,或者干脆打瞌睡,这就是他们没有兴趣听了。教师的教学,应该要随时扫视课堂,观察动静,来对你自己的讲课内容,作必要的补充、修改或者删节。一定要使自己的教学与学生的思维活动,大致同步,略有领先。这样,我们就处于比较主动的地位,教与学就可以比较生动,效果也就比较好了。这就是教师的"善观气色"。

我们有一个时期,在学习苏联凯洛夫教育学的时候,以为教师的备课教案是必须完成的计划,要不折不扣地执行。这就忽视了学生学的一面了,我以为是值得研究的。

我们教师和相面先生,还有一个大的不同点:相面先生的骗人,往往是一对一进行的;而我们教师现在进行的都是班级教学,一个班里的反应,随着学生智力和基础的不同,还会各不相同。因此,我们的教学要适应各种不同的反应,寻求各方面都合适的针对性,这就是教师的艺术了。

（原载《新民晚报》第 5 版,1984 年 11 月 17 日）

要 珍 惜 信 誉

大概是在六十年代初期，记得有一次看见食品店里出售玻璃罐头的河豚鱼，上面说明是经卫生机关检验，保证无毒。当时在困难时期，食品很少，我也有点嘴馋，就买了两罐。一到家里，家人见了，说你不怕死吗？拼死吃河豚！我说我是从国营商店买来的，而且说明经卫生机关检验，保证无毒。国营商店的信誉，卫生机关的证明，我是信得过的。我就大胆地饱了口福。事实证明，安全无恙。

在两三年前，上海市蚊香中途脱销，那时蚊子还很猖獗。我有一天在马路上看见一个贩子摆摊，有小匣装的蚊香，我就一下子买了四匣。不久以后，才知道这是有毒的，不宜使用。我只好自认晦气，谁叫我在非国营商店里买这些滑头货的劣品呢！

国营商店可以说是信誉卓著的，至少在我的心目中是如此的。

但是，最近以来在报上连续看到了一些吓人的消息。一是有伪药假药，只在晋江地区，就一下子出现了一大批，而且用各种贿赂欺骗方法，已经推销到各地的国营药房药店，进入许多医院。二是时髦货的软管冷饮，发现有旧管重装，照样贴着原有生产厂家的牌子标签，经检验有大肠杆菌。三是本市某区检查十七家饮食商店出售的所谓三黄白斩鸡，竟然全部不合格。真是性命交关，令人胆战心惊。我们连忙检查最近看病配来的药品，凡是那些可疑的外地出品的，只好一概丢掉。小孩要吃冷饮，也不再吃软管的了。虽然如此，总觉得还有许多不放心，有没有其他没有揭露的问题呢？

我感觉痛心的还不在于自己的一家一户。我觉得我们的国营商店，几十年来，好不容易树立起来的信誉，这下子可受了很大的损失。社会主义的商业，难道又要回到解放前那样的欺骗顾客，唯利是图吗？商业当然要讲利润，要讲赚钱，但是社会主义的商业，更加重要的应该是为人民服务，这是千万不能丢掉的。而且商业要兴旺发达，繁荣昌盛，即便在旧社会，也是信誉第一啊！

我们的国营商店都是有党组织的，都是有国家机关领导着的。我们决不能听之任之，让商店欺骗甚至危害顾客啊！

现在报载政府机关有关方面已经在注意干预了，亡羊补牢，犹未晚也。我衷心希望有关方面,一定要认真彻查,严肃办理。我们说"管而不死,活而不乱",是指对正当经营的工商业而说的,至于对那些欺骗、为害人民的害群之马,那就应该是管得死死的,让它们动弹不得,这样才能澄清风气,挽回信誉。否则就是失职,就是渎职。民无信不立,鉴诸鉴诸。

(原载《新民晚报》第 5 版,1985 年 08 月 04 日)

大 饼 和 蛋 糕

前几天我参加了一次中学校长的座谈会，有一位同志谈到有些中学招生的生源较差，水平不高，可也要按较好的中学程度来要求学生，这就好比要把大饼的作料做出奶油蛋糕来，这样要求是不够实事求是的。结果是不论教师还是学生，都吃力不讨好，投入多而产出少，效率不高，积极性削弱。

我觉得这位同志的谈话，很有启发性。大饼的作料是只能做大饼的。我们要求的是大饼分量足，质量好，而决不是要求变大饼为奶油蛋糕。当前的市场却正是犯着这个毛病。许多大饼摊不做大饼了，改做奶油蛋糕或者改做其他高档食品。结果是人们买不到大饼，早点发生困难。早点不能天天吃奶油蛋糕，一来我们的经济水平还没有这种可能，二是天天吃奶油蛋糕，可能也是乏味的。

话还应该回到对学生要求这个主题上。学生的水平高低有所不同，恐怕是不可避免的。这里我们应该承认有天赋的不同，也有家庭环境和前期基础的差异。至于需要呢？我们国家也是需要各方面多层次的人才的，并不要求所有的人才都一个样。拿我国当前的情况来说，确实是各种人才都大大缺少大大需要的。但是，照我看来，高层次的人才固然缺少，低层次的人才是更加紧迫地需要提高质量。拿工厂的生产工人来说，七级八级的老工人大量地退休了。他们的"余热"大有用武之地，可以换一个单位或者换一个地区继续工作，拿相当大的津贴或补助。工厂里的青年工人在技术上有许多人还跟不上，有一部分人还不太安心工作。我们的中学当前正应该培养大量的新的能工巧匠。而刚才所说的那些所谓水平不高的学生中，实际上有许多人做工做匠的水平是着实不低的。他们在这方面有兴趣，有爱好，他们的家长往往在家里也在手把手地教，有一定基础。为什么我们不能因势利导，在这方面加以鼓励，而要以奶油蛋糕式的高档升学水平来训练他们要求他们，舍其所长而求其所短呢？当然对他们也要有一定的文化修养的要求，有一定的道德修养的要求，正如做大饼也要求分量足质量高一样。但他们的要求毕竟和准备升入大学的学生的要求是有深浅难易之不同的，不能用同样的尺子来衡量。

听说英国现在有得过诺贝尔奖的科学家十余人，而日本则只有三人，但英国的工业生产却远不如日本的生产发展得快,据说原因是日本的工人素质比较好。西德似乎也有这样的经验。

大饼我所欲也,奶油蛋糕亦我所欲也。从数量比例来说,恐怕还是要多大饼而少奶油蛋糕也。点心如此,人才的培养也是如此。两者档次不同,培养和检验的方法也应该有所不同。本文开头的那位同志的话,是值得教育部门领导重视的。

(原载《新民晚报》第 6 版,1986 年 04 月 11 日)

"级 别"与"学 历"

我们现在实行改革,必须先在思想上对某些不适应形势的观念加以转变。如果不,那么有可能我们的改革还是在老框框里兜圈子,兜不出什么名堂来,只是新瓶装旧酒,换汤不换药罢了。

我接触的天地比较小,但即使在我接触到的小天地里,坐井观天,也觉得有些旧观念值得研究一下。略举两例,供大家研讨。

一曰"级别"。级别在我国是历史悠久的。从前讲做官,就要看几品,"品"就是级别,后来没有皇帝了,但政府官员里还有所谓特任、简任、荐任、委任之类,特、简、荐、委,当然也是级别。解放以后,我们的工资,也是有级别的。现在在改革过程中,各机关、各学校,都在纷纷实行职务聘任制,也在纷纷排各人的"级别"。当然,级别高低与责任的重轻,是有直接关系。这个道理谁也不会否认。但我在思考,现在许多行政职务,不是都有任期吗? 任期满了,经过领导和群众的考核,有的可以升迁,有的可以留任。恐怕也难免有少数或个别的人要落职卸任吧。那么是不是级别也随之而下降呢? 答曰:"当然。"问曰:"做得到吗?"我看现在许多同志,行政职务卸任了,并非有重大的过失或犯什么错误,怎么能降低他们的级别呢? 何况有许多人卸职,是因为年龄到线了。由于年龄到线而卸去行政职务,许多人还是有许多贡献的,怎么能降级别呢? 我感觉到常见的情况是另立一些非行政性质的单位,去安排他们。我们说要精简机构,精减人员,事实上这几年却是机构和人员都是越来越多,说是能上能下,谈何容易! 如果不讲级别,改掉这种级别观念,那么行政职务下来,也仍然可以在原机关做其他工作,不减工资,我看比现在的增加许多名目繁多的机构要合理得多。

二曰"学历"。学历表示一个人的文化或专业水平,谁也不能加以否定。但与水平直接有关的实际上是"学力",而不一定是"学历"。现在追求学历之风甚盛,领导提倡,下面也支持。但如果我们把这几年的各机关企业情况回顾、反思一下,追求学历,脱产进修,也存在不少问题,如有相当一部分人去脱产进修,并不是工作上需要,而是以学历为阶梯,或者求工资的上升,或者求职务之调动。在单位里进修的人一多,工作影响不小,一旦学成归来,又往往不安心于原来的工作岗位。我决不反对学历,也决不反对进修。但不问是否需要,一律以追求高学历为好事,我却未敢苟同。有些人的工作,所缺的是"努力",而不是学历。我们当然应该重视学历,但似乎更重要的应该是重视真正的学力,更重要的是安心工作和"努力"。

(原载《新民晚报》第 6 版,1988 年 02 月 01 日)

得诸社会,还诸社会

"得诸社会,还诸社会",是"叔苹奖学金"同学会的一句箴言。"叔苹奖学金"是由顾乾麟先生于 1939 年开始设立的。当时在抗战时期,上海在沦陷区,有许多学生因家庭经济不富裕,学费生活费都有一定困难。那时顾先生也在上海,目睹这种情况,乃开始创设"叔苹奖学金",资助一定名额的优秀而困难的学生。这些学生要由学校证明推荐,确实品学兼优,再经奖学金委员会的统一考试,成绩确实优秀的,每学期给以一定数额的奖学金。以后如在校成绩优秀,再由学校证明,可以继续领取,从中学一直到大学。最近,顾老先生虽身居香港,仍然非常关心大陆和桑梓的青年一代,所以已决定恢复"叔苹奖学金",由当时得奖的学生组织同学会,具体办理这一工作,准备在上海、北京和顾老先生的家乡湖州三地指定若干学校,设立奖学金,名额要达到八百名。顾老先生今年已八十一高龄,他说,我要"得诸社会,还诸社会",并以这两句话鼓励他以前得奖的学生和今后得奖的学生。他从 1939 年开始设立奖学金,到现在已经五十年了。日前他从香港回到上海,邀请当时得奖的一部分学生,这些学生大多已六十开外了,在工作上都有一定的成就,顾老先生又邀请了一些现在得奖的年轻一代,和他们共同到杭州去游览,并对他们谆谆教导,要"得诸社会,还诸社会"。不论是经济上的财富,或工作上的成就,固然是自己的努力,但从根本上来说,是得诸社会的。因此,也不可以自傲自私,要对社会作出贡献,以还诸社会。

我所在的学校,早在 1939 年的时候,就有几位同学获得了"叔苹奖学金"的资助,现在有的在上海,有的在北京,工作上都有一定的成就,并担任着"叔苹奖学金"同学会的工作。我有机会遇见了几位负责的同学,而且我们学校最近又经顾老先生和叔苹同学会的同意,给我们学校以一定的推荐名额。我是非常感激并感到非常光荣。

特别使我感动的是顾老先生提出的"得诸社会,还诸社会"这个八字箴言,这是一个很好的思想教育的内容。如果在我们今天的社会上,经济上发了财、工作上有成就的人,都能体会到这些都是得诸社会的,因而也在有机会时适当地还诸社会,那么我们的社会文明程度,我们人民的道德水平,我们的各种人际关系,不是可以大大向前迈进一步吗？因此,我想把顾老先生的这个"八字箴言"介绍给读者,而且希望读者同志们能广为宣传,一定可以有益于世道人心的。

（原载《新民晚报》第 6 版,1988 年 10 月 23 日）

赵宪初老师教书育人点滴

任光融(1935届校友)

我在1930年插班到南洋模范中学初中二年级,风华正茂的赵宪初老师教我们代数。在原先学校里,我认为代数课枯燥乏味,上课不爱听,学得不好。记得头一回遇到赵老师课堂测验,我就考了个不及格。在走廊里正难过,听到有人叫我名字。我心中纳闷,作为新来的插班生,同班同学尚没几个能叫上我的名字,谁叫我呢?回头一看,竟是赵老师。显然赵老师觉察了我的心情。他亲切地说道,这次考不好,不用怕。这里隔个把星期就测试一次,事前都不通知的。你只要专心听课,做题就不觉厌烦,下次一定会考好。简简单单的一番话,说在点子上,化解了我的惶恐和惭愧。加上他那高超的授课艺术,确实能引起学习兴趣,我的成绩得以迅速赶上。

赵老师讲究体察学生于细微,他能叫出每个学生的名字,谙熟每个学生基本情况和座位,在讲台上眼睛一扫,便知谁缺课,而且总是竭力设法为其补课。他跟学生之间非常融洽,学生们的文体活动,时常能见到赵老师的身影,甚至热情地和学生一起表演话剧。我想,这些看似细枝末节,却透射出赵老师对教育事业之钟爱,对教学对象饱含深情。

听赵老师的课已事隔六十多年,可他的课堂形象和教学方式仍像昨天般清晰可见。他来到课堂上,春、秋、冬总是长袍一袭,夏天是中式对襟短褂和白长裤。他阐述精湛,语言练达,除了对要点的重复强调,几乎找不到多余话。对所讲授的内容,赵老师善于先以问题形式提出,吸引学生投入思考,使内容变得趣味盎然。有许多公式,经过不同角度提出,使你自然背记下来。他时常强调数学上一丝不苟的逻辑性,注重培养学生科学严谨之素质。而奠定缜密思维、科学推理之基础,对于所有踏上求学之路的学生而言无疑是极其重要的。顺便一提的是,赵老师那时讲课,尽量引用英文,考试题也用英文出,对学生们英文基础训练帮助很大。

受到赵宪初老师教书育人恩泽滋润的学生,都有一种终身受用的感受。南模的优良学风、严格要求给学生们以扎实的基础和深远的影响。学生们正是通过以赵宪初为代表的园丁们卓越的身传言教认识南模、热爱南模的。

闻现任南模名誉校长的赵老师,耄耋之年,身体康健,而且不辞高龄,热心为南模的持续发展和校友联谊作出贡献,感到十分欣慰和敬佩。在一代名师赵宪初老师从教七十周年的喜庆日子里,敬祝他健康快乐,长寿无疆!

一代名师　育人模范

夏禹龙(1946届校友)

我是南洋模范中学1946届的学生。今天,我代表南模众多的校友对我们敬重的赵宪初老师从教70周年表示最衷心的祝贺。

赵宪初老师在南模中学这块教育园地上默默地勤勤恳恳地耕耘了70年,为中国培育了一代又一代的优秀人才,数以万计,真可谓是桃李满天下,不愧为一代名师,育人模范。我们不是正在基础教育战线上努力实现从应试教育到素质教育的转变吗?赵宪初老师的一生,正是在身体力行地实施素质教育,而且卓有成效。

赵老师总结南模的传统,第一条就是学业要扎实。赵老师的讲课,十分重视基础知识的传授。他用颇为幽默的语调,把一些基础概念和公式讲解得非常清楚、透彻,使学生能牢固地掌握。他不主张死记硬背,对一些必须记住的公式,如代数一元二次方程的求根公式,赵老师却带领着全班学生用抑扬顿挫的声调,一遍又一遍地朗读,使学生永记不忘。我记得这个公式是在初二年级时学的,至今整整56年了,但还是记忆犹新。可以说,凡是上过赵老师小代数课的南模学生,很少有人不记得这一公式的。

更为重要的是,赵老师不仅使学生扎实地掌握基础知识,而且通过基础知识的传授,培养学生勤于思考的习惯和善于思考的头脑。这种科学思维的能力要比数学基础知识本身更为重要,使学生终身受益。南模学生的一个重要特点,是头脑比较灵活,学习方法比较科学,逻辑推理能力强。以我个人的经验,我虽念过几年大学,但由于从事党的地下工作和参加学生运动,3年里换了3个大学,在大学里很少学到什么东西。我今天拥有的一些学识,主要是靠在南模中学里打的基础并通过自学得来的。难怪许多事业有成就的南模校友,都异口同声地称颂母校南模是自己的根。

南模校友中,名列中国科学院和中国工程院的有23人,其中有4人是双院士,所以共获得院士称号27个。其中年龄最大的有1927届年近九十的张光斗,年龄较小的1954届年方六十的王选,1959届的王震西。院士之多,恐怕是全国中学中绝无仅有的。其实,南模校友不仅在自然科学、工程技术方面有杰出的贡献,而且在其他各条战线,如新闻出版、教育卫生、社会科学、人文学科等方面都作出了突出的成绩。赵老师当年栽培的果树,如今终于结出了累累硕果,这是值得赵老师欣慰的。

赵老师不仅重视培养学生的思维能力和动手能力,而且重视培养学生处理事情、处理人际关系的能力。赵老师历来主张"多学少考",在课堂上尽可能把学生应该掌握的知识讲清楚,使学生弄懂弄通,而课外的作业并不很多,学生有许多供自己支配的课余时间。南模历来有民主、自治的风气,全校有学生自治会,各班有班会,还建立各种社团。课外活动丰富多彩,如举行读书会、时事讨论会、座谈会,办壁报和油印刊物,开展歌咏、讲演、参观、旅游活动和棋类、球类比赛,以至开设工人夜校等,吸引了众多学生参与,从中培养办事和处理人际关系的能力。

赵老师总结南模的传统第二条就是生活要朴实。赵老师一生俭朴无华,安贫乐教,是为全校师生的楷模。在学校的领导下,形成了良好的崇尚朴实的校风。新中国成立前,南模是私立学校,学费较贵,学生的家境一般比较富裕,大官、大资本家的子弟不乏其人。但是,学生的穿着都较朴素,女生一律短发、蓝布旗袍,很少有人摆阔。有的贵族学校在上学、放学时门口停满汽车,南模校门前决无此现象。即使有学生乘汽车前来,也把车停得远远的,然后步行进校。在学生中,依靠家庭地位神气是没门的。只有品学兼优又团结友爱的人,在全校和班级中才有威信。

赵老师是爱国的、正直的,一贯清廉自守。既不屈服于日寇的压力,也不让国民党插手。限于历史条件,在新中国成立前赵老师既对国民党的腐败不满,也对共产党缺乏了解。有时迫于环境的压力,也对进步的学生运动作一些限制,甚至开除个别进步学生,以求学校的自保。但总的来看,南模校方还是为南模地下党的活动和进步学生运动的开展创造了颇为有利的环境和条件。

南模地下党支部建立于1945年2月,到1949年5月上海解放,先后共有党员135名,成为上海中学界进步学生运动的堡垒。南模地下党和进步学生运动在4年多的时间内如此迅速和蓬勃的发展,与南模这块教育园地的小气候有关。当时地下党员多半是品学兼优的好学生,如1946届的钱树柏,1947届的杨昌琪、王政人,1949届的唐孝威等,都是班级里数一数二的学习尖子。据我的经验,学习成绩优良的学生,对个人的前途和国家的命运都比较关心,能认真地进行思考,只要把他们的"读书救国"提升为"革命救国"，就能把他们吸引到进步学生运动以至党内来。而读书不用功的学生，对待有关国家前途和命运的大事也往往缺乏认真的态度。

南模学生好学和多思的风气，为地下党的发展和进步，学生运动的开展提供了有利条件。同时，南模相对宽松和民主的氛围，活跃的课外活动，也为地下党的活动开辟了较广阔的天地。我作为南模地下党第一任支部书记，从工作中感觉到，校方最了解地下党活动的就是赵老师，他心里有一本账。因此，在南模撰写地下党和学生运动史时，他以惊人的记忆力，按照他认为可能是地下党员的名单发信，要求他们提供资料和扩大线索，其准确度达到八九不离十的地步。但是，赵老师始终与国民党保持距离，南模地下党一直没有遭到破坏，这也可见赵老师的为人。

回忆 1947 届毕业时，赵老师曾为毕业班留念题了一首诗：

> 家贫无奈作先生，作势装腔论古今。
>
> 岁岁旧规送毕业，班班小子变豪英。
>
> 喜闻今日皆爱国，但愿他年不害人。
>
> 临别千言并一句：有为奋发向前程。

1947 届是地下党力量很强、进步学生运动蓬勃开展的一个年级。"皆爱国"是赵老师对这届学生的肯定，"不害人"是对他们将来的期望，也是赵老师一贯的做人信条。

王政人同志是 1947 届的高材生，也是地下党的支委。他长期从事出版工作，1988 年出任北京出版社社长。1993 年在美国患癌症病逝。在临终前不久，忍着病痛，花了极大的精力，工工整整地给赵老师写了一封信：

宪初吾师大鉴：

　　五十年前，忝列门墙。毕业时，蒙谆谆教诲："喜闻今日皆爱国，但愿他年不害人。"今，身染重病。回顾一生碌碌，但未背离师训。故不揣浅陋，步吾师原头，得打油诗一首：

"少年无识心纯正,家邦多难哀众生;当时曾许身报国,今朝堪慰未害人。"谨此奉达台端,以志不忘师恩。

恭祝福体康泰!

学生王政人拜上

1993 年 6 月

赵老师今年高龄已九十有一,作为南模校友,赵老师的学生,衷心希望他健康长寿。同时,也希望母校南模能很好继承和发扬赵老师教学的宝贵经验和做人的高尚风范,使南模越办越好,真正做到后浪推前浪,青出于蓝而胜于蓝。

赵宪初关心南模学运史

倪善锦（1949 届校友）

南洋模范中学已有 87 年历史。中共南模地下支部从 1945 年 2 月建立到上海解放，历 7 届支委会，共有地下党员 135 人，是上海名牌中学中有较强战斗力的一个支部。

南模地下党支部的斗争史料，现已有《群众的核心，战斗的堡垒》和《解放前学生运动大事记》两稿。这些集体创作，在南模党支部的大力支持下，凝聚着许多共产党员的心血。前后历时 8 年，五易其稿。值得一提的是，今年 82 岁高龄，在南模执教 60 年的名誉校长赵宪初先生（市政协副主席、市民主促进会主任委员）对两稿的倡导、组织和编写等，做了大量工作，发挥了重要作用。

早在 1981 年，筹备南模校庆 80 周年纪念特刊时，赵先生感到解放前党领导的南模的地下斗争应当有所反映，但学校现任支部书记较年轻，对历史情况不了解。自己虽是非党员，但当时与地下党员接触较多。他便以个人名义向地下党员发信收集史料，第一任地下党支部书记夏禹龙同志很快写来了回忆材料。1982 年 10 月，市学生运动史资料征集委员会成立，赵先生任委员，他参加学运史资料征委会通知中所列的征集参考提纲的撰写，较大范围地向以原地下党员为主的校友，发出了征集通知。1983 年，他经过综合整理，列出了南模 1944—1949 年主要学运大事 22 件的参考提纲，组织在沪部分地下党同志座谈，提供材料，弄清史实。赵先生的通知和亲笔信，勾起了同志们对阔别 40 多年的母校、对以赵先生为代表的师长、对战友们的无限思念。来自全国 18 个省市、25 个城市的 60 名原地下党员和 12 名同学给赵先生复了信，并提供了 152 件资料，包括专题材料、回忆文章、信件和当年的文字资料、照片等。在此基础上，赵先生在 1983 年 6 月写成了《南洋模范中学学生运动大事记》第一稿，经地下党同志集体修改后，作为征求意见稿，印发给有关同志。9 月，赵先生又写了第三稿。

由于当时的历史条件，赵宪初虽然对国民党政府的腐败不满，但对共产党也不甚了解。赵宪初支持学生"读书救国"在校内开展活动，可是反对学生参加政治活动，"危及"学校的秩序和生存，有些地下党员就是因此经他手而被开除的。

根据这样的地位和经历,他组织整理学运史的过程,无疑是对地下党领导的学生运动和对地下党员的重新认识,也是对他自己的过去重新认识。这充分反映出赵先生追求真理的认真精神和勇气。

在征集学运史的同时,赵先生花了大量精力收集、弄清地下党组织情况和地下党员名单。根据解放前打交道过程中早就"刻"在脑中的名单和依靠各方面线索,他广泛调查和核实后,汇集列出了地下党员共 135 名的名单。为了查清情况,赵先生在蔡茂堂老师的协助下,为每个党员做了卡片,还亲自制作和复写了"中国共产党南模地下党时期党员名单"和"中国共产党南模支部组织情况"等表式。南模地下党共 7 届支部,书记、委员先后离校,谁也说不清楚究竟有多少党员。而作为非党校长、数学教师,他以特有的数学天才,查清并亲自制作了 135 张卡片,利用废旧数学讲义纸的背面制表、填写、统计、复写等。可以想象,赵先生为之付出了多少心血。

1984 年 2 月,中学党史资料征集小组决定,名牌学校中以南洋模范中学为重点进行总结,由 1949 届校友、南模地下党支部上级领导人张效浚负责。赵宪初先生不但为总结提供了材料基础,而且推荐 1946 届校友、南模地下党第二届支部书记、已离休的安徽省化工研究所所长秦安之(原名王治平)承担这一工作。赵先生为秦来沪写总结,提供了生活条件和工作条件,配备了助手。在南洋模范中学和赵先生的全力支持下,秦安之写出了《南洋模范中学地下党支部工作回顾》(1945—1949)稿,分"贯彻中央指示""建立群众组织""推动学生运动""加强党的建设""争取团结校方""利用家庭条件"等 7 个部分,总结了正反两个方面的经验教训。赵宪初先生每次都积极参加讨论,发表自己的见解。9 月上报市中学党史征集小组后,经潘文铮等同志提了意见,赵先生综合了各方面的意见,补充了关于 1949 年迎接解放和南模教师贾冰如支持学生会工作等情况,经张效浚修改后定稿。与此同时,秦安之在 1984 年 11 月、1987 年 11 月、1988 年 8 月又 3 次到上海住在南模修改《学生运动大事记》,前后在沪工作累计近一百天,完全是义务劳动。用他自己的话说,一是他热爱南模,在这里奠定了他人生的道路,搞好党史是一个党员的责任;二是为赵先生的精神所感动,80 高龄的非党校长如此负责,我们怎能不加倍尽力呢? 今年 10 月,当我们打开赵宪初先生亲自保管的近 10 包材料,看到了赵先生在两稿形成过程中的原始记录、表格、材料和草稿。特别是看到一张纸,上面有 161 名南模地下党员和同学的名字,在名字的前后标着各种符号,记载着赵先生和他们联系反馈的情况,我们的眼睛湿润了。

赵宪初先生 22 岁大学毕业后在南洋模范中学耕耘 60 个春秋,学子上万,成为著名的教育家和社会活动家。他以八旬高龄,前后 8 年为征集和总结地下党斗争史呕心沥血,将天南地北的地下党员联系起来。同志们对赵先生怀着崇高的敬意,为祝贺他执教 60 周年,向他祝词献画。赵先生也动情地说:"当年我开除的,现在对我最好。"这充分体现了赵宪初先生和我党之间的深情厚谊。

(原载《上海党史资料通讯》1986 年第 11 期)

南模的教育思想

赵树屏(1950 届校友)

昨天(1999 年 3 月 26 日)在北加州同学会上得到了南模的网址,今天查看之后,对南模的现况很感兴奋。从它的今天可以看出它既有从前的影子又有几代老师辛勤耕耘的成绩。百岁的南模不是一位耄耋之年的老人,而是一位风华正茂极具现代感的壮年人。网页说从张光斗(1927 届)到王选(1954 届)共有二十几位院士和众多的社会名人毕业于南模。事出有因,决非偶然。

首先,南模非常注重德、智、体全面发展。记得每周在饭厅举行的周会上,老师(好像是赵宪初先生)领诵校训"我为研究学识而来,愿尊敬师长;我为陶冶品性而来,愿遵守校规;我为锻炼体魄而来,愿爱护自己。"到现在,老师领诵的腔调仍依稀于耳。这校训或许就是那时培养学生的目标,类似于现在的德、智、体全面发展。

德育方面,我的印象就是一个"严"字。低年级学生胡闹要打手心,但只是在极端情况下才用,我只见过一次,多数情况是晓之以理。初中时,有一次因为作弄语文老师龚宇平先生,把他气走了。在赵先生的严词教导下,班上派了一个代表团去向龚先生讨饶,保证不再重犯,才把龚先生请回来。考试纪律其严无比,偷看、交头接耳,如被发现,一般是收缴考卷,吃鸭蛋。夹带书或抄书,罪大无比,要开除学籍。记得有一位同学在考试将结束时犯了此大忌,被当场拿获。监考老师的训育主任瞿先生,收缴了他的考卷后,即刻去训育处写了开除通知,张贴于通告栏。这一切做得如此坚决、迅速,我们先出考堂的同学都看在眼里。那位倒霉的同学慢腾腾地在教室里收拾完书包走出教室后,看见同学们在围观通告,在人堆里看了通告一眼,才知道自己的下场。从第二天开始我们再没见到这位同学。初看,这样的重大举动,由监考老师一人在几分钟内完成,做得有些轻率。仔细一想,考试纪律的处罚条文应是有非常明确规定的。只要证据确凿,不需再有讨论研究之类的程序,也避免了事后走后门的麻烦。此例说明学校在执行考试纪律时的决心:把对学生的生杀大权彻底下放给了监考老师,也说明了对老师的信任程度。如此纪律严明的环境对青少年影响极大,且有终生的效果。影响至少有两个方面:首先定下了标准,舞弊是罪大恶极的;其次是心理上的威慑力,此类事是万万做不得的。六年中见到违犯考试纪律的例子并不多见。

那时期的南模,富家子女多,但衣着大方,没有奇装异服,学生没有衣着规定,但服装朴素得体。可能是因为学校提倡全面发展,再没有精力去研究穿着了。1945年抗战胜利以后,洋货、好莱坞电影充斥上海。当时电影中流行的花衣在南模只偶尔可见,因寡不敌众,不久也就绝迹了,赶时髦者充其量穿一点美国大兵的军服而已。

1945年,各路神仙云集上海,可能迫于各方压力,学校突然招了不少插班生。其中大多数成绩颇佳,且不乏今日的知名学者及事业有成者。少数品德或学业不佳者数年中皆被淘汰出局。后门守不住,侧门往外请,不得已时也不失是保证学生质量的一种办法。

那时有评定模范生制度,记不得模范生有效期多长,只知道每次只有一名,条件是德、智、体全面发展。高中时有一名模范生是高我一两班的徐情。他体育很棒,记得在运动会上跳高得第一,人品很好,学业优秀。毕业十余年后在哈尔滨街上见到他,知道他在哈尔滨工作。十余年前在哈尔滨的南模同学会上又见了一面,仍不失当年的风度。

学校对老师的配置极为重视。赵、贾、俞三位支柱老师可谓沪上泰斗。贾、俞二位先生不幸早殁,未见到社会对他们的评价。赵先生晚年被授以教育家称号,我想无论怎样称呼都不为过。他们长期在南模任教,与沈同一校长、施蓥德先生可谓珠联璧合,共同把南模办得有声有色,是南模实实在在的支柱。除了三位先生以外,南模当时教师整体阵容之强是少有的。初高中各年级的国语、英语、数学等课的教师随着自己年岁增长才知道是多么难得。在交大上第一堂物理课时令我大吃一惊,初中几何老师任象天先生竟然是物理教授、物理系主任;英语老师中有名家凌渭民先生和交大管理学院院长郁仁充先生;初中英语老师陈冰慧著有《初中英文法》;国语老师中有秀才,精通古文;历史老师中有经历了辛亥革命和五四运动者,讲起那段历史时眉飞色舞,其中颇多是学生运动的细节,非亲历其境者难以知晓。在高中时,学校补充了几位数学老师,其中有两位是从扬州中学请来的。在这两位先生上课前赵先生介绍了他们的水平,要我们珍惜机会,不负学校一番苦心。当时似懂非懂地听,不知好数学老师为什么要到"扬中"去找。很多年以后知道"扬中"是名校,出了不少有名的数学家,这时才真正明白了学校的用心。徐宗骏、沈克超两位先生的化学课是有口皆碑的。毕业前夕,徐先生在最后一堂课结束前说,你们把我讲课的笔记都背下来,保证考大学化学一百分。后来据说女中果然有考满分者。当然还有很多校友们的回忆文章中经常提到的一些老师,这里不再赘述。我那时也不太清楚究竟有多少交大老师在南模兼课。当时我们年纪太小,不知幕后谋求优秀教师的艰辛及其细节。但今日看来,校领导把教师问题看做重中之重才能把阵容配备到那种水平。在报上见到报道,已允许大学教师在中学兼课,这或许对南模是条好消息。南模有在大学请老师的传统与经验,渠道也是通的,不妨一试。

南模的教学计划是很有特点的。以英语为例,我上过的课有初中语法、高中语法、作文、英语(精读)课、泛读课(张蓓蕙先生经常要我们去买 Readers Digest 读她指定的文章,现在可理解为泛读课),花样不少。这些课对我们后来的听、说、读、写方面的能力影响极大。另外,高中时采用部分英文版教本,老师讲课时中英文混用,记英文笔记,受这样训练的机会终生难遇。尤其是语言训练的年纪宜小不宜大,初高中五六年的熏陶,终身受用。我们班上的英语尖子,别号活字典方能济 50 年毕业后去朝鲜,在志愿军中任翻译。在学校上英语作文课时,坐在方能济四周的人遇到难题懒得查字典就去问他,他拍拍脑袋答案就出来了。活字典的名声就是这么来的,但不幸他牺牲在异国。

普通中学当然不能集中过多时间去学英语,但没有磨炼的机会也难以学好。现在也不一定要用英文教本,计算机如果从使用英文版软件开始,进而在网上查阅英文资料不也是一个途径? 现在感觉不便,但将来接轨也容易些。

南模极重视体育。我在校时期的篮球校队屡得中学联赛冠军,1950 年曾与解放军军政大学队(八一队前身)比赛,结果输了。不知是南模队敢碰硬,还是不知天高地厚。我们班的篮球队名叫"青鸟",参加市乙二组(按年龄段划分)联赛,在百余队中得了分组冠军。当时市内足球高手组成"英萃"队参加市内(按年龄段划分)七人小足球联赛。我曾观战一次,那场比赛以绝对优势胜了对方,戴、曾两位同学的球艺发挥极佳;我对"英萃"队的水平感到自豪。联赛最终成绩记不清了,可能是冠亚军之一。我们年级甲(乙)班有棒球队。女中 1949 届朱锦云是上海历届女篮联赛冠军队"绿队"的第一主力。1951 届陶楚南后来进了市代表队。1950届周克峻是那时市内排球强队（忘了队名）的主力。一个中学在几届学生中连续出几个名运动员决不是偶然的。

南模对音乐课的设置极为罕见，一直到高中都有音乐课。老师周遇春是聂耳的同学，歌唱得很好，唱歌时面部表情丰富，唱到高音区额部皱纹集中在一只眼的上方。毕业前，周先生作词谱曲一首歌赠予我班，他在最后一堂课上以自弹自唱的方式高歌一曲向我们展示他的作品以示告别。

体育、音乐对一个人的人生有何影响，早有定论。问题是在中学应如何安排好这两门课，尤其在现行教育制度下的确是个难题，请专家考虑。

纵观南模在数理化三方面的教学效果，校友们已写了不少文章，这里不再赘述。数、理、化当然应是南模教育的主体，目前在课程设置和教材上作文章的空间不是很大，我只提出一个问题请大家考虑：在保持南模优势的前提下，在与我国大学衔接的同时是否要考虑国际化？我国去西方留学和工作的人员遇到的困难不完全是在语言和学术内容上，而往往是由于教学模式的不同而形成的学习方法和工作方法、能力的不适应。这段困难时期短则两三年，长则四五年，甚至更长，可这几年的光阴对青年人一生极为重要。解决的办法就是教育国际化。南模在境外可追踪的校友估计不少于五百人，其中不少在教育和科技界工作，且不乏有影响的知名人士，这是极珍贵的人力、信息资源。南模实施教学的国际化，他们是可依靠的力量。实现教学的国际化需多方面的长期努力。例如，建立国际姊妹学校，教师和学生互访、互派，甚至保送毕业生进行学术讨论、交流和学生课外研究合作等。眼下立刻可做的是选用几本与统编教材比较接近的英文版参考书，让有余力的学生使用。

在南洋模范的日子

王选（1954 届校友）

我 4 岁时进入上海南洋模范中小学附属幼稚园,5 岁入一年级,直到高三毕业,在南洋模范(简称南模)上学达 13 年。南模从 30 年代起成为上海的名校,校友中有 20 多名院士,也有不少海外的知名学者。朱镕基同志任上海市市长时,有一次谈起上海的中学教育,专门提到了南模,他说他 1947 年以长沙地区考分第一的成绩考取清华大学电机系,大学一年级时发现同班两位同学学习成绩比他还好,一问才知道毕业于上海南洋模范中学。中小学的水平关键在于师资,小学时教我历史的是陆维周先生,毕业于上海大夏大学,我至今仍喜欢历史大概与小学时的基础有关。我从小学开始语文成绩一直较好,小学 5 年级时举办过一次作文比赛,我还得到了优胜奖。当时抗战胜利,很多同学在作文中叙述了抗战中的经历,我在作文中则谈到了我印象很深的一件事:日本人占领上海后,我父亲把一本有中国军人照片的画刊放在我的抽屉里,以免被搜走,我便一直精心保存了这本画刊直至抗战胜利。南模高中毕业生中大多数考入理工科,但语文、历史等文科知识对我后来的科研和教学大有好处,所以我很赞成理工科学生要增加人文科学知识,而文科学生应具备更多的自然科学基础知识。

南洋模范小学教导主任陈友端先生是师范毕业,他组织了不少有意义的课外活动来培养学生对科学的兴趣。我印象较深的是参观明代科学先驱徐光启的墓地,徐光启最早引入和翻译西方科学著作,而南模和我的出生地均在徐家汇,也是徐光启的祖居所在地。参观徐家汇天文台和佘山天文台,并由有关专家在现场介绍天文知识,使我们这些小学生萌发好奇心,而好奇心是科学发现和创造的重要推动力。

小学的学习环境是宽松的,只要上课比较专心,每天的课外作业大约一小时就能完成,剩下的时间就是做各种有趣的事情。我小学时课余的爱好是打乒乓、拍毽子和在泥地上打玻璃弹球,练就了一些"绝技"。这些户外活动培养了同学间的友谊和集体精神。大概由于我人缘较好,有一次以压倒多数的票数被选为班上品行最好的人。小学五年级我被选为班长,以后一直当学生干部直到大学毕业。12 年学生干部的经历使我终身受益。除了组织能力、交往能力的提高外,更重要的是,学生干部必须懂得为别人考虑、为别人服务,习惯于接受来自各方面的批评意见,而这些是一个人能够作出成绩的不可缺少的素质。前几年我看到了美国某著名心理学家的一个公式:"I+We = Fully(developed)I",只有把个人融入集体,才能体现完整的自我价值,而小学和中学的环境,使我在青少年时代就较好地融入了集体。

1948 年小学毕业时,我以班上第二名(第一名是位女生)的成绩升入初中。但不巧的是,南模初中部从那年起迁往郊区七宝镇,必须住宿。父母兄姊均劝我改读其他中学,高一时再考回南模,但我已对南模有了感情,加上想当从幼稚园到高三的第一届"元老",所以坚持去了七宝。想不到坏事变成好事,七宝的条件差,没有电,晚上自习点的是汽油灯,宿舍里是煤油灯。从 11 岁起三年的住宿生活对我的锻炼不小,初一时不论寒暑,每天清晨出操。七宝初中部地方较大,我的课余活动又增加了踢小足球和玩捉人游戏,国民党军队留下的碉堡成了我们玩游戏时躲藏的场所。在这种集体活动中,性格孤僻、自私和不合群的人是不容易受欢迎的,也会受到压力的。而这些缺点恰恰是今天高科技时代取得成就的重要障碍,需要在青少年时代加以纠正。南模初中的老师比小学更加优秀,数学老师刘叔安先生已年过花甲,经验丰富,上课时轻松愉快地教会我们很多知识,也启发了学生的学习兴趣。我喜欢数学是从初中开始的,有一次学期中间我就把该学期数学课程的全部习题提前做完了。

初中毕业时我以班上名列前茅的成绩升入高中,并在 14 岁那年加入共青团,以后就一直任团干部。

南模高中部的特点是名师多,40 年代和 50 年代初南模对高水平教师实行高薪,使一些老师宁愿放弃交大副教授或讲师的职位到南模任教。教物理的俞养和、贾冰如,教化学的徐宗骏、沈克超,教历史的沈起炜,教数学的吴宗初等先生均为学术渊博的名师,50 年代中期他们和其他一些优秀教师先后调入大学任教,使南模损失不小,无怪当时校长沈同一先生说:"南洋模范是一碗馄饨,现在把馄饨都捞走,只剩一碗汤了。"其实,还留下若干大"馄饨",例如后来的校长、著名的特级教师赵宪初先生,他教三角是一绝。"文革"期间,赵先生进了牛棚。一位著名美籍华人学者访问上海,指名要见赵先生,于是在工宣队的"陪同"下赵先生出现了。那位学者一见面就深深地鞠躬说:"中学的课程我已忘了,唯独赵先生教的三角记得。"上述这些名师都教过我,他们的教学生动活泼,特别重视概念清楚,从来不搞题海战术、疲劳轰炸,而是启发学生的兴趣和主动性。习题是为了更好地掌握原理,应该每做完一道题就思考一下有些什么收获,绝不是习题做得越多越好。高中期间每天家庭作业也从不超过二小时,所以我可以花很多精力从事社会工作,高一时全班仅我一个共青团员,高三时已发展了十多个团员。近年来我在北大方正研究院招聘员工时很注意他们是否当过干部,因为组织管理能力对于研究、开发和经营都是至关重要的。

中小学是一个人成长的关键时期,幸运的是我在南模受到了良好的教育,为大学学习和日后取得成绩打下了扎实基础。

南模伴随我一生

冒怀功(1956届校友)

离开南模已经47年了,值得回忆和留恋的事很多,回顾人生经历,最难忘的还是南模读高中的3年,母校给了我很多、很多,她给的不仅是书本知识,更多的是书本上没有的一种精神,一种感染,一种氛围,一种熏陶,更确切地说,是一种永恒的感触,它几乎指点了我一生,伴随了我一生。

我想借此机会谈一些南模3年"修炼"带来终身受用的东西。

一、我在南模学到的知识是非常扎实的,以致我在进入同济大学后,毫无困难地完成了学业并取得了良好成绩,记得面对来自全国各地的同学,南模的功底和优势是显而易见的。在南模求学,更重要的收获是老师教会了我们许多书本外的知识,教会了我们学习方法、思考方法,提升了我的学习能力和思维能力,这是我一辈子用不尽的。3年高中能学到的知识是很有限的,但能力的提升其作用就难以估量了。

我在设计院工作了30余年,其间不仅搞了设计和科研,还做过技术管理和行政管理工作。从80年代开始,我转而从事工程总承包和项目管理工作,带领了一批骨干,经过20年的不懈努力,取得了良好业绩,我也成为国内最早从事这方面工作的专家和教授。当时我们引进德国的这种工程发包模式时,不仅在国内同行、在业主,甚至在我们设计院中都得不到认可和支持,几乎是孤军作战。我虽然去德国考察,也请德国专家来沪讲座、研讨,但如何结合国情、结合当时的建筑市场则完全没有现成的捷径可循,要靠自己的探索精神和科学态度去实践。今天,工程总承包和项目管理的模式,可以说已在全国得到普及,在许多重大项目中开花结果并进而打入国际建筑市场。回想自己能从这段崎岖不平的道路上走过来,靠的不外乎两样东西,一是精神,二是能力,这种精神和能力使你不惧怕任何挑战,它能引导你渐入佳境,取得成功。而让我在精神和能力两方面打下基础的就是母校南模。

二、回顾一生,无非是做学问、做事和做人,其中最重要也最难的是做人,它又是做学问和做事的基础和保障。南模的课堂在传授知识,同时讲坛上、校园里也在教你做人的道理。整个校园里的氛围,不光是琅琅读书声,也处处渗透着做人的教育,这是无形的,有时候是无声的,但却是实实在在、潜移默化地影响着你。例如老师朴实无华、诲人不倦的言传身教,他们身上焕发出对学生、对知识、对社会的责任心和奉献精神。又如同学们在课余交往中对人生和理想的探索,对知识和对丰富多彩业余生活的渴望,整个校园朴素、协调、和睦、充满朝气。生活在这样一个大家庭中,无疑会使我们树立一个正确的人生观、价值观,会不断提升我们的气质、格调和品位,使我们懂得了、学会了、树立了做人的原则,这个原则影响了我们整个人生中的处事做人。就我而言,一生中最问心无愧或者说做得比较好的大概就是按照南模人的标准去做了。南模教育我们要做一个正直的人、充满爱心勇于奉献的人,她培养的是坦荡君子,而非势利小人,要我们不以财富地位论人,更看重内涵。想当初,南模学子家庭背景各不相同,有达官贵人,有富豪大贾,也有知识分子和平民百姓,但校园里面人人平等。这种平等意识和校风使我们走上社会后,从不懂得巴结权贵,也不会盛气凌人,而是以平等的心态待人接物,养成了尊重每一个人的美德。

以我为例,也算是出身"高贵",我的祖先是明末四公子之一的冒辟疆,再往前推是忽必烈帝。我的祖父、父亲也都是学术造诣很深的人。我自己也算是在社会上站得住脚的人,事业上有所建树,成为我从事的专业领域的专家、教授,当上公司的总经理、董事长,但我从来没有感觉到这有什么了不起,人在社会这个大家庭中无贵贱之分,在人生这个大舞台上各人扮演不同的角色是社会分工的需要,是成长背景和人生机遇不同所致,人的真正价值应体现在人格的魅力上,体现在对社会、对事业、对亲友、对同胞所作出的贡献上,在于付出,在于感染。

三、南模校歌有一句"……全校精神个个向上,何等蓬勃气象",真是非常形象。可以这么说,我的良好心态以及调整心态的能力也是在南模打下的基础。与其说南模是造就业务尖子的基地,不如说南模是培养复合型人才的摇篮。她看重能力的培养、性格的塑造和德智体的全面发展,造就了一批善于思考、心态稳定、爱好广泛的人才。我就是在南模培养了对西洋古典音乐的爱好,对桥牌的爱好,对体育的爱好,对文学艺术的爱好。记得在课间休息时,广播里常常会播放贝多芬、莫扎特的交响乐、协奏曲,这时候我定会竖起耳朵接受熏陶,我是班级和年级的篮球队主力,我还是当时学校跳远和三级跳远两项纪录的保持者。下课后,我的业余生活很丰富,除了看球、打球外,音乐厅、剧院、展览会常有我的身影。这种对文体活动的爱好和积极参与,不仅是对课堂知识的补充,也提高了自己的整体素养,扩大了校园外的接触面和交流渠道,养成了多通道思考问题和处理问题的习惯,培养了团队精神和亲和力,更重要的是,它造就了健康的身体、开朗的个性和稳定的心态。想想我们这一代人是从坎坷和磨难中走过来的,历经多次运动,从反"右"、三年自然灾害、"文革"到最近的非典,以及多种多样的挫折和考验,可谓天灾人祸都遇到了。由于出身非红,社交圈子也非工农兵,又有海外关系,至亲好友也受到多种多样的冲击或程度不同的打击。我们能在这样的境遇下逆水行舟,理想不动摇,革命意志不衰退,一个稳定的心态,一个能处变不惊、善于调整和始终保持良好的心态实在太重要了;心态的"修炼"应该说也是起源于南模的。

参 考 书 目

《赵宪初教育文集》,上海教育出版社1991年7月第一版。

《一代名师赵宪初》,百家出版社1997年9月第一版。

明浩:《一代宗师,风范长存》,少年儿童出版社2008年1月第一版。

《嘉善精英》,政协嘉善县文史委员会1997年10月编辑。

《我和南模》第一辑,1996年南洋模范中学校友会编。

《我和南模》第二辑,1998年南洋模范中学校友会编。

《我和南模》第三辑,1999年南洋模范中学校友会编。

《我和南模》第四辑,2001年南洋模范中学校友会编。

《我和南模》第五辑,2004年南洋模范中学校友会编。

《我和南模》第六辑,2006年南洋模范中学校友会编。

《新民晚报》副刊《夜光杯》。

后 记

　　上海市南洋模范中学是一所享誉中外的百年名校,赵宪初先生是在南模耕耘70年的一代名师。为了迎接南洋模范中学110周年校庆,我们受校友会委托,在学校党委和行政的领导下,2011年编写了"校园读本"《赵宪初与南洋模范》在校内印发,征求广大师生和校友的意见。2012年,在上海教育丛书编辑委员会相关编委的具体指导下,我们对原书稿的结构和内容作了很大的调整和修改。

　　本书引用的有关赵宪初先生的材料,大多来自南洋模范校史资料、报章杂志上有关赵先生的记载,赵先生的自述,以及南洋模范同仁和校友的回忆等。在此谨向校友会秘书处、《我和南模》编写组和广大校友致以衷心的感谢。

　　限于我们的水平,本书难免存在错误和疏漏之处,企盼读者不吝指正。

编 者

2013 年 6 月

图书在版编目（CIP）数据

上海教育丛书：典藏版.综合卷 / 上海教育丛书编
辑委员会编. — 上海：上海教育出版社，2023.8
ISBN 978-7-5720-2197-8

Ⅰ.①上… Ⅱ.①上… Ⅲ.①地方教育－基础教育
－教育改革－上海－丛书 Ⅳ.①G639.2-51

中国国家版本馆CIP数据核字(2023)第234567号

总 策 划　缪宏才
执行策划　刘　芳
统　　筹　公雯雯
责任编辑　张文忠　谢冬华
整体设计　陆　弦